Politische Erwachsenenbildung

Martin Allespach / Hilbert Meyer / Lothar Wentzel

Politische Erwachsenenbildung

Ein subjektwissenschaftlicher Zugang am Beispiel der Gewerkschaften

Mit einem Vorwort von Peter Faulstich

Bibliografische Information der Deutschen Nationalbibliothek
Die Deutsche Nationalbibliothek verzeichnet diese Publikation in der Deutschen
Nationalbibliografie; detaillierte bibliografische Daten sind im Internet über
http://dnb.d-nb.de abrufbar.

Schüren Verlag GmbH
Universitätsstr. 55 · D-35037 Marburg
www.schueren-verlag.de
© Schüren 2009
Alle Rechte vorbehalten
Lektorat: Katharina Mieskes
Gestaltung: Nadine Schrey
Titelzeichnung: Hilbert Meyer
Druck: fva, Fulda
Printed in Germany
ISBN 978-3-89472-223-4

Inhalt

Die Autoren

PD Dr. habil. Martin Allespach
Funktionsbereichsleiter für Grundsatzfragen, Gesellschaftspolitik und strategische Planung beim Vorstand der IG Metall, Privatdozent an der Universität Hamburg

Prof. Dr. Hilbert Meyer
Schulpädagoge an der Carl von Ossietzky Universität Oldenburg mit den Schwerpunkten Allgemeine Didaktik, Unterrichtsmethodik und Schulentwicklung

Dr. phil. Lothar Wentzel
Funktionsbereich für Grundsatzfragen, Gesellschaftspolitik und strategische Planung beim Vorstand der IG Metall

Lesehinweis: Wir bitten um Verständnis, wenn wir der besseren Lesbarkeit halber zumeist von den «Teilnehmenden» oder den «Lehrenden» und «Lernenden» sprechen. Die Teilnehmerin bzw. der Teilnehmer, entsprechend die Lehrende / der Lehrende, die Lernende / der Lernende usw. sind dabei immer mitbedacht.

Vorwort

Die Bildungsarbeit der Gewerkschaften hat immer wieder wichtige Impulse für die Entwicklung der Erwachsenenbildung gegeben. Sie knüpft an die lange Tradition der Arbeiterbildung an, die politisch einerseits auf die von einer eigenen, proletarischen Kultur getragenen Emanzipation der Arbeiterklasse, andererseits auf die Verbesserung der Lage der Arbeiterschaft innerhalb des Kapitalismus zielte.

Die nach dem Zweiten Weltkrieg wieder entstandenen Gewerkschaften sahen zunächst die dringende Notwendigkeit einer guten Ausbildung für ihre neu gewonnenen Funktionäre. Dies führte in der Folge zum raschen Aufbau einer eigenständigen gewerkschaftlichen Bildungsarbeit mit eigenen Institutionen und Organisationsformen innerhalb des Deutschen Gewerkschaftsbundes und der Einzelgewerkschaften.

Nach 1960 rückte angesichts einer passiver werdenden Mitgliedschaft die Notwendigkeit einer Breitenbildung in den Vordergrund. Wichtige Anstöße kamen von den Vertretern einer betriebsnahen Bildungsarbeit, z. B. von den Tagungen der «Sozialwissenschaftlichen Vereinigung». Als kollektives Produkt entstand die 1964 von Oskar Negt in Lambrecht/Pfalz vorgestellte, 1968 veröffentlichte und nach wie vor wichtige Schrift «Soziologische Phantasie und exemplarisches Lernen». An der Tagung nahmen die wichtigsten Vertreter der westdeutschen Erwachsenenbildung teil. Aus einem Arbeitszusammenhang mit «Arbeit und Leben» sind auf dieser Basis ab 1968 die vier Bände des «Themenkreises Betrieb» («Industriearbeit und Herrschaft», «Der Konflikt um Lohn und Leistung», «Die Interessenvertretung der Arbeitnehmer im Betrieb», «Die Würde des Menschen in der Arbeitswelt») von Brock u. a. entwickelt worden.

Man wollte sich bei der betriebsnahen Bildungsarbeit an die abhängig Beschäftigten wenden, wobei es darum ging, notwendige Qualifikationen und kritische Distanz bezogen auf gesellschaftliche Zusammenhänge zugleich zu vermitteln. Um das Nebeneinander von abstrakten Postulaten und praktischen Konsequenzen in der Bildungsarbeit aufzuheben, knüpfte man an das **Prinzip des exemplarischen Lernens** an. Das Prinzip wird auf drei Stufen entfaltet: erstens als Orientierung an den individuellen Interessen der abhängig Beschäftigten, zweitens in seiner Bedeutung für die Emanzipation der Arbeiterklasse und drittens als Förderung der über die unmittelbaren Interessen hinausweisenden Momente des Arbeiterbewusstseins.

Bis dahin war die Bildungsarbeit in allen Gewerkschaften zu einem großen Teil Funktionärsbildung für Betriebsräte, bei der Fachreferenten einzelne Themen des Arbeitsrechts oder der Betriebsverfassung und andere mehr vortrugen. Mitte der 1960er Jahre wurde dann der Blick stärker auf die gewerkschaftliche Betriebspolitik gelegt. Ziel war die Heranbildung von Bildungsobleuten in den Betrieben und eine engere Verzahnung der Bildungsarbeit mit der betrieblichen Gewerkschaftspolitik unter dem Stichwort «betriebsnahe Bildungsarbeit».

Regionale Arbeitskreise wurden aufgebaut und die regionale Bildungsarbeit insgesamt wurde auf ehrenamtliche Füße gestellt. Die Bildungsarbeit nahm betriebliche Konflikte zum Ausgangspunkt, um den gesellschaftlichen, ökonomischen und politischen Ursachen nachzugehen und Lösungen für die Lage der abhängig Beschäftigten zu erarbeiten. Insgesamt kann die Debatte und auch die Umsetzung unter den Stichworten «Demokratisierung der Wirtschaft», «mitgliedernahe Bildungsarbeit», «betriebsnahe Tarifpolitik», «Mitbestimmung am Arbeitsplatz» zusammengefasst werden.

Die Bildungsarbeit war in den Gewerkschaften immer auch ein Feld politischer Kontroversen und Konflikte. Die betriebsnahe Bildungsarbeit war heftig umstritten und wurde Anfang der siebziger Jahre zurückgenommen. Andererseits verteidigte z. B. Hans Preiss – lange Jahre verantwortlich für die Bildungsarbeit in der IG Metall – entschieden den politischen Charakter der Bildungsarbeit. Seine immer wieder zitierte Position aus den «Thesen zur Bildungsarbeit der IG-Metall» vom Oktober 1972 hieß:

> «Gewerkschaftliche Bildungsarbeit ist Zweckbildung für soziale Auseinandersetzungen. Sie bezieht den Betrieb, die Wirtschaft und die Gesellschaft ein. Zweckgebundene Bildungsarbeit aber heißt auch organisationsgebundene Arbeit. Ziel aller gewerkschaftlichen Bildungsarbeit muss stets sein, die Teilnehmer zu gesellschaftspolitischem Engagement zu befähigen.»

Ein zentrales und immer noch ungelöstes Problem gewerkschaftlicher Bildung, das schon in den Debatten um die betriebsnahe Bildungsarbeit eine wesentliche Rolle spielte, ist die Verbindung zwischen konkreten Erfahrungen und der Einsicht in gesellschaftliche Strukturen. Die theoretische Debatte ist hier wenig vorangekommen. Desto erfreulicher ist es, nun einen neuen Diskussionsimpuls zu erhalten. Die Autoren dieses Buches, die alle langjährige Erfahrungen in der gewerkschaftlichen Bildungsarbeit haben, versuchen einen neuen Anlauf und entwickeln einen **subjektwissenschaftlichen Ansatz** gewerkschaftlicher Bildungsarbeit, der sich an der Lerntheorie von Klaus Holzkamp und der Kritisch-konstruktiven Didaktik von Wolfgang Klafki orientiert. Dies mag zunächst verwundern. Bei genauerem Hinsehen ist Holzkamps Vorstellung eines «expansiven Lernens» aber durchaus anschlussfähig an Klafkis Idee einer kritischen Bildung.

Einige Probleme können in diesem Buch allerdings nur skizziert werden. Eine weitere Ausarbeitung des Ansatzes erfordert noch viel gemeinsame Arbeit. Wichtig aber ist, den Impuls aufzunehmen und in einen offenen Diskurs einzutreten, der Grabenkämpfe vermeidet. Die Bildungsarbeit der Gewerkschaften ist bei allen kontroversen Positionen angesichts der gesellschaftlichen Lage zu wichtig, um ins Abseits gedrängt zu werden. Gerade angesichts des Zerbrechens neoliberaler Dominanz kommt es darauf an, Orientierungshilfen zu geben und mögliche Zukünfte zu bedenken.

Peter Faulstich

Einleitung

Politische Bildungsarbeit befindet sich seit Jahren auf dem Rückzug. Obwohl Desintegrationsprozesse, Politikverdrossenheit und ungelöste gesellschaftliche Probleme zunehmen, wie die Finanzkrise in jüngster Zeit dramatisch gezeigt hat, scheint besonders die politische Erwachsenenbildung zu einer Restgröße zu verkümmern. Eine Ausnahme in dieser Entwicklung bilden die Gewerkschaften. Nach wie vor findet hier eine intensive politische Bildungsarbeit statt. Mit etwa 200 000 Teilnehmerinnen und Teilnehmern im Jahr dürfte dies das größte nicht-staatliche Angebot politischer Bildung sein. Die Gewerkschaften sprechen Teilnehmerschichten an, von denen immer wieder behauptet wird, sie seien für politische Bildung unerreichbar. Die gewerkschaftliche Bildungsarbeit verfügt darüber hinaus über eine spannende eigene Tradition didaktischer Debatten zur politischen Bildung, die es zu bewahren und weiterzuentwickeln gilt.

Dieser Tradition sind auch die Autoren dieses Buches verpflichtet mit ihrer langjährigen Erfahrung in der gewerkschaftlichen Bildungsarbeit. Sie entwickeln einen subjektorientierten Ansatz gewerkschaftlicher Bildungsarbeit, der sich an der Lerntheorie von Klaus Holzkamp und an der Kritisch-konstruktiven Didaktik von Wolfgang Klafki orientiert. Dazu werden einleitend wesentliche Merkmale und Strukturbedingungen gewerkschaftlicher Bildungsarbeit skizziert und durch einen Überblick über deren historische Entwicklung ergänzt. Kapitel 2 liefert eine lerntheoretische Begründung gewerkschaftlicher Bildungsarbeit. Kapitel 3 und 4 geben Anregungen zu ihrer didaktischen und methodischen Umsetzung. Kapitel 5 und 6 thematisieren Fragen der Bildungsplanung und Qualitätssicherung.

Das Buch wendet sich an theoretisch interessierte Praktiker/-innen der gewerkschaftlichen Bildungsarbeit und an alle, die sich in der politischen Erwachsenenbildung engagieren – so an ehrenamtliche Weiterbildner/-innen, an Teamer/-innen von Jugendseminaren und an hauptamtliche Seminarleiter/-innen.

Das Buch enthält sowohl theoretische Reflexionen und Positionsbestimmungen wie auch praktische Tipps für die alltägliche Arbeit. Wir stellen nicht den Anspruch, die breite akademische Diskussion zur politischen Bildung in Deutschland darzustellen oder auch nur zu kommentieren. Vielmehr konzentrieren wir uns auf die Bildungsdiskussionen in den Gewerkschaften.

Frankfurt a. M. und Oldenburg, Martin Allespach
August 2009 Hilbert Meyer
Lothar Wentzel

1 Politische Bildung in den Gewerkschaften

Unsere Überlegungen zur politischen Weiterbildung haben wir auf der Basis von Erfahrungen in der gewerkschaftlichen Bildungsarbeit entwickelt. Daher nehmen wir diese Form der politischen Bildung auch zum Ausgangspunkt unserer Untersuchung. In diesem ersten Kapitel klären wir die Voraussetzungen, Ziele und Inhalte einer politisch bewussten gewerkschaftlichen Bildungsarbeit:

- *Kapitel 1.1 bringt eine knappe theoretische Klärung des besonderen Charakters gewerkschaftlicher Bildungsarbeit,*
- *Kapitel 1.2 einen ebenso knappen Rückblick auf die inzwischen mehr als 150 Jahre alte Geschichte gewerkschaftlicher Bildungsarbeit.*
- *Im Kapitel 1.3 wird geklärt, ob und wie zwei widersprüchliche Zielsetzungen miteinander verknüpft werden können: das Interesse an Allgemeinbildung einerseits und an Zweckbildung andererseits.*

1.1 Der besondere Charakter gewerkschaftlicher Bildungsarbeit

1.1.1 Unser Verständnis politischer Bildung

Unser Bildungsverständnis ist politisch, handlungsorientiert und interessengeleitet. Politische Bildung soll dazu beitragen, dass Menschen ihr soziales Schicksal in die eigenen Hände nehmen. Dazu gehört das Erkennen der eigenen Interessenlagen, das Entwickeln politischer Orientierungen und der Aufbau all jener Kompetenzen, die für praktisches politisches Handeln erforderlich sind. Das betrifft insbesondere die Fähigkeit und Bereitschaft, seine Anliegen gemeinsam mit anderen zu vertreten. Insofern können wir uns gewerkschaftliche Bildungsarbeit – zu welchem Spezialthema auch immer – nur als politische Bildung vorstellen. Die politische Dimension der fachlich spezialisierten Bildungsanstrengungen tritt aber nicht automatisch ein. Sie muss den Fachthemen durch politisch-didaktische Reflexion abgerungen werden.

Die Gewerkschaften nehmen ein politisches Mandat für sich in Anspruch. Sie wollen über die Entgelt- und Arbeitsbedingungen hinaus die gesamten Lebensverhältnisse der entgeltabhängigen Bevölkerung verbessern – von der Chancengleichheit im Bildungssystem bis zur Altersabsicherung. Dies betrifft auch den Erhalt der natürlichen Lebensdingungen, die Sicherung demokratischer Rechte und den Erhalt des inneren und äußeren Friedens.

Als Gewerkschafter haben wir ein arbeitsorientiertes Politikverständnis. Wir konzentrieren uns auf die Frage, wie sich abhängig Beschäftigte politisch weiterbilden können und welche Hilfestellungen die gewerkschaftliche Bildungsarbeit dafür leisten kann. Wir suchen Bündnispartner überall dort, wo andere Institutionen und Organisationen eine vergleichbare demokratische Orientierung haben.

Unter den tonangebenden Theoretikern der politischen Bildung wird gegenwärtig ein Modernisierungsrückstand und Reformstau beklagt. Es gibt krisenhafte Entwicklungen, die einen hohen Veränderungsbedarf anzeigen:

* Politische Bildung wird immer mehr abgebaut. Die Kürzung von Mitteln für Jugendarbeit und politische Bildung findet nahezu flächendeckend statt.

* Politische Bildung in der Schule ist häufig formalisiert und auf Staatsbürgerkunde oder bestenfalls auf ein inhaltsleeres Demokratietraining reduziert.

* Die prozentualen Anteile der politischen Bildung an der allgemeinen Weiterbildung sind verschwindend gering.[1]

* Forschung im Bereich außerschulischer politischer Bildung wird marginalisiert.

* Bildungsurlaub wird immer weiter reduziert und beginnt sich zu verflüchtigen.

Es ist nicht übertrieben, von «gravierenden Defiziten», von «Krisen» und sogar von einem «Desaster» zu sprechen. Dies allein wäre Grund genug zu scharfer Kritik am Handeln der Verantwortlichen. Aber die Einwände, die von einigen führenden Vertretern der politischen Erwachsenenbildung in Deutschland geübt werden, zielen noch auf etwas anderes: Sie kündigen den für lange Jahre gültigen Konsens auf und wenden sich gegen eine politische Bildung, die sich auf die Idee von Emanzipation und Mündigkeit als übergeordnete Bildungsziele bezieht.

Nach Klaus Ahlheim (Arnold 1998) ist die Absage an eine aufklärende, gesellschaftskritische politische Bildung im Mehrheitsdiskurs der Politikdidaktiker unübersehbar. So distanziert sich beispielsweise Wolfgang Sander (2001) vom «Habitus kritischer Aufklärung». Auch für Jochen Kade steht fest, dass die Erwachsenenbildung nicht mehr als Ort zu denken ist, «von dem aus eine gesellschaftskritische, an den Ideen der Aufklärung orientierte Menschheitsverbesserungsposition mit

---

1 Im Jahr 2003 haben nach dem Berichtssystem Weiterbildung IX insgesamt 41 Prozent der Deutschen im Alter von 19 bis 64 Jahren an Weiterbildungsmaßnahmen teilgenommen. Hochgerechnet sind dies bundesweit etwa rund 20,4 Millionen Teilnehmende. 26 Prozent beteiligten sich an «allgemeiner Weiterbildung». Die Aufschlüsselung nach Themenbereichen nennt aber lediglich ein Prozent der Teilnahmefälle für «Rechte und Pflichten der Staatsbürger, Wissen über Politik» (BMBF 2006). Auch wenn der eng ausgelegte Politikbegriff dieser Statistik kritisiert werden muss, ist dies alles andere als ein Erfolgsbeleg.

Aussicht auf Erfolg artikuliert und praktisch auf den Weg gebracht werden könnte» (Kade 1993, S. 392). Und Rolf Arnold (1998) schreibt den Unternehmen – nicht etwa der Kategorie Arbeit – eine neue, zentrale Rolle bei der politischen Bildung zu. Er sieht vermehrte Ansätze zur Integration von politischer und beruflicher Bildung, die aber vor allem von der Seite der beruflichen Bildung ausgehen. Diese würde nämlich zunehmend Aufgaben der Kompetenzentwicklung übernehmen, die traditionell der politischen Bildung zugeschrieben wurden. Flexibilität, Kreativität, Entscheidungskompetenz, Kommunikationsfähigkeit und anderes mehr werden als Beispiel genannt. Das betriebliche Lernen wird dabei gar zum «Trägermedium politischen Lernens» umdefiniert (Arnold 1998).

Wir möchten nicht missverstanden werden – wir halten eine stärkere Integration von politischer und beruflicher Bildung für sinnvoll, ja notwendig. Wir sind *für* die Politisierung beruflicher Bildung und *für* die arbeitsorientierte politische Bildung, schließlich ist der Betrieb einer der wichtigsten Erfahrungs- und Lernorte. Wir können als Gewerkschafter aber nicht akzeptieren, dass die politische durch die berufliche Bildung *ersetzt* werden soll, weil dies zur Folge haben wird, dass Umfang und Qualität politischer Bildungsmaßnahmen auf den Verwertungszusammenhang beschränkt werden. Es ist nämlich genau dieser ökonomische Verwertungs- und Verwendungszusammenhang, der die freie Entfaltung der Persönlichkeit in beruflich-betrieblichen Weiterbildungskonzepten immer wieder begrenzt.

Politische Bildung darf nicht instrumentalisiert werden. Sie lebt von der Utopie einer Gesellschaft ohne Statusgrenzen und ohne Übervorteilung der Schwächeren. Deshalb folgen wir der Kritik von Klaus Ahlheim, wenn er formuliert:

> «Solche Befunde rufen nach politischen (Gegen)strategien, nach Alternativen und Utopien, auch nach politischer Bildung, nach einer politischen Bildung freilich, die sich nicht in der Vermittlung persönlicher Schlüsselqualifikationen und formaler Kompetenzen erschöpft. Sie rufen nach einer politischen Bildung, die – auch im Betrieb und im Blick auf den Betrieb – neben vielen anderen Fragen das Problem von Macht und Ohnmacht, Reichtum und Armut offensiv angeht, die, statt sie ideologisierend abzuwehren, der Frage der Gerechtigkeit (auch und gerade als Verteilungsgerechtigkeit) nachgeht, die Interessen, auch die der Lernenden, aufnimmt, die Herrschaft, ökonomische Macht und Besitz problematisiert, weil sie – ein Basisproblem auch demokratischer Gesellschaften – mit (politischer) Definitionsmacht unmittelbar verknüpft sind. Solche Befunde verlangen, anders als es viele Fachkollegen glauben, nach einer gesellschaftskritischen, auch utopiefähigen politischen Bildung, weil angesichts der verheerenden Auswirkungen des Globalisierungsprozesses und der Krise auf dem Arbeitsmarkt so etwas wie eine neue Kapitalismuskritik inzwischen wieder überfällig ist.»
>
> *(Ahlheim 2004, S. 40 f.)*

Ein auf Aufklärung und Emanzipation der Lernenden verzichtender Ansatz politischer Bildung beraubt ihr den Stachel der Kritik. Sie hinterfragt nicht gesellschaftliche Vorgaben und Machtkonstellationen, sondern rechtfertigt sie. Gerade deshalb hat Peter Faulstich den gescholtenen Begriff der Emanzipation – gegen den wissenschaftlichen und politischen Trend – erneut aufgenommen. Er führt aus:

> »Ebenso wie Aufklärung ist … Emanzipation eine kritische Kategorie, welche nur begründbar ist, indem sie sich mit bestehenden Verhältnissen und Verhaltensweisen nicht zufrieden gibt. Sie erhält dann ein utopisches Potential im Sinne von Karl Marx in der ‹Kritik der Hegelschen Rechtsphilosophie›: Alle Verhältnisse umzuwerfen, in denen der Mensch ein geknechtetes, ein entrechtetes, ein verlassenes und verächtliches Wesen ist. Ein solcher kritischer Begriff von Emanzipation, der die Realität konfrontiert mit unausgeschöpften Möglichkeiten, ist dann für Bildungsarbeit ebenso schwierig wie unverzichtbar.«
>
> *(Faulstich 2002, S. 91 f.)*

Die zitierte Kritik am Emanzipationsansatz darf aber nicht pauschal abgewiesen werden. Es war und ist richtig, auf Diskrepanzen zwischen hochgesteckten Ansprüchen und bescheidenen Erfolgen hinzuweisen. Es gibt stimmige theoretische Konzepte kritisch-emanzipativer Bildung – aber zugleich entziehen sich viele Adressaten dieser Emanzipationsbemühungen den damit gesetzten Ansprüchen. Insofern muss zumindest eine realistischere Einschätzung der Umsetzungsmöglichkeiten emanzipationsorientierter Bildung erfolgen. Vielleicht sind einige der Aussagen über «Krisen», «Defizite» und «Probleme» der politischen Bildung auch darauf zurückzuführen, dass von Anfang an der Erfüllungshorizont zu weit gefasst und vielleicht auch falsch abgesteckt war. Falsch war er auf alle Fälle dort, wo damit die Illusion verbunden wurde, man könne die gewünschten Kompetenzen instrumentell in einer Ziel-Mittel-Wirkungskette erzeugen. Politische Bildung gerät dabei in das Fahrwasser einer technisch operierenden Herstellungsdidaktik, die gar nicht funktionieren kann.

Was folgt daraus für die gewerkschaftliche Bildungsarbeit? Politische Bildung heißt nicht Akzeptanzbeschaffung für bestehende gesellschaftliche Verhältnisse – ganz im Gegenteil. Sie ist eine kritische Instanz zur Problematisierung gesellschaftlicher Widersprüche. Sie stellt den Anspruch, Politik zu entschlüsseln, Zusammenhänge durchschaubar zu machen und neue Perspektiven aufzuzeigen. Das kann sie aber nur dann leisten, wenn durch die Bildungsarbeit die Subjektposition der Teilnehmer/-innen gestärkt wird. Deshalb sind – mit Wolfgang Klafki – die Förderung der Selbstbestimmungs-, der Mitbestimmungs- und der Solidaritätsfähigkeit übergeordnete Ziele gewerkschaftlicher Bildungsarbeit.

Man kann Wissen und Haltungen in den Köpfen anderer nicht erzeugen. Man kann das Lernen nicht erzwingen. Deshalb halten wir am Anspruch einer kritisch-emanzipatorischen politischen Bildung fest.

1.1.2 Strukturelle Macht, Organisationsmacht und institutionelle Macht als Ansatz- und Bezugspunkte gewerkschaftlicher Bildungsarbeit

Die Macht zwischen Kapital und Arbeit ist unterschiedlich verteilt. Um ihre eigenen Interessen trotz der überlegenen Möglichkeiten der Kapitalseite zur Geltung bringen zu können, stehen den abhängig Beschäftigen drei verschiedenartige Machtressourcen zur Verfügung: strukturelle Macht, Organisationsmacht und institutionelle Macht (Brinkmann u. a. 2008, S. 24 ff.). Gewerkschaftliche Bildungsarbeit kann auf allen diesen Ebenen wirksam werden und – wenn auch auf unterschiedliche Weise – die Entfaltung von Gegenmacht unterstützen.

Strukturelle Macht

Sie entwickelt sich aus der Stellung der abhängig Beschäftigten im ökonomischen System. Sie basiert unmittelbar auf der wertschöpfenden Potenz der Lohnarbeit, denn die Unternehmen sind auf die engagierte Arbeit der Beschäftigten und den kontinuierlichen Fluss des Arbeitsprozesses angewiesen. Dies geht nicht ohne das Einverständnis und die Kooperationsbereitschaft der Arbeitskräfte. Das ist die Grundlage struktureller Macht der Beschäftigten.

Strukturelle Macht zeigt sich oft in spontanen, eher kurzfristigen Aktionen. Beschäftigte nutzen z. B. die angespannte Arbeitssituation durch hohen Auftragsdruck oder eine günstige Lage auf dem Arbeitsmarkt (etwa das Fehlen von Facharbeitern) zur Durchsetzung bestimmter Interessen. Strukturelle Macht kann viele Formen annehmen, wie etwa Dienst nach Vorschrift oder offene Empörung und Unruhe.

Die Ausübung struktureller Macht setzt in gewissem Umfang das Bewusstsein gemeinsamer Interessen und die Fähigkeit zu kollektivem Handeln voraus. Nicht selten verbindet sie sich mit institutioneller Macht (z. B. dem Betriebsrat) und mit Organisationsmacht (z. B. den Gewerkschaften).

Konflikte auf der Ebene struktureller Macht gehören zum betrieblichen Alltag. Gewerkschafter/-innen müssen sich zu ihnen verhalten oder sind darin aktiv beteiligt. Deswegen sind solche Situationen vielfach Gegenstand gewerkschaftlicher Bildungsarbeit. Kompetenzen, die in der Bildungsarbeit erworben werden, werden in solchen Konflikten genutzt und erhöhen die Durchsetzungskraft der Beschäftigten.

Organisationsmacht

Sie basiert auf struktureller Macht, überführt sie aber in langfristiges, strategisches Handeln. Sehr frühzeitig haben sich zwei unterschiedliche Typen der Organisationsmacht von abhängig Beschäftigten durchgesetzt: *Gewerkschaften*, die die unmittelbaren Interessen der abhängig Beschäftigten vertreten, und *politische Parteien* mit einer weiterreichenden Programmatik. Bei politischen Richtungsgewerkschaften gehen beide Organisationstypen eine enge Verbindung ein.

Gewerkschaften sind überall dort entstanden, wo sich marktwirtschaftliche Bedingungen durchgesetzt haben und die politischen Verhältnisse es erlaubten (Silver 2005). Sie bildeten sich als Selbsthilfeorganisationen der entgeltabhängigen Bevölkerung gegen die Zumutungen der kapitalistischen Produktionsweise. Gewerkschaftsmacht «basiert auf dem Bemühen von Lohnabhängigen, ihre Konkurrenzen zumindest zeitweilig und in Grenzen bestimmter Branchen und Territorien zu überwinden, um auf der Basis geteilter Interessen und Wertorientierungen gemeinsame Ziele zu verfolgen» (Brinkmann u. a. 2008, S. 26).

Der eigentliche Kern der Gewerkschaftsmacht ist die Bereitschaft der abhängig Beschäftigten zur Selbstorganisation und zu solidarischem Handeln auf der Basis gemeinsamer Interessen. Die Stärke von Gewerkschaften hängt wesentlich davon ab, ob sich in den wichtigsten Betrieben ihres Organisationsbereichs genügend Beschäftigte in ihren Reihen organisieren, um handlungsfähig zu sein, das heißt, Aktionen durchführen und gegebenenfalls streiken zu können. Eine passive Mitgliedschaft allein reicht dazu nicht aus. Von dieser Mobilisierungsfähigkeit hängt die Glaubwürdigkeit der Gewerkschaften als Gestaltungskraft wesentlich ab. Das gilt vor allem für ihre Stärke als Tarifpartei, also für ihre Fähigkeit, über Tarife die Entgelt- und die Arbeitsbedingungen im Sinne der abhängig Beschäftigten regeln zu können.

Gerade in Deutschland sind die Arbeitsbeziehungen in hohem Maße verrechtlicht. Es existieren verschiedene institutionell und juristisch abgesicherte Mitbestimmungsebenen. Die wichtigste davon ist die Einrichtung von Betriebsräten und die Regelung ihrer Mitbestimmungsrechte auf Grundlage des Betriebsverfassungsgesetzes.

Der Beitritt zu Gewerkschaften ist keineswegs selbstverständlich. Je mehr sich traditionelle Arbeitermilieus auflösen, umso mehr wird dies eine Sache der individuellen Ansprache und der persönlichen Entscheidung. Solidarisches, interessengeleitetes Handeln beruht auf Alltagserfahrungen, muss aber zugleich immer wieder erarbeitet und organisiert werden. Gewerkschaften sind also gezwungen, die Grundlagen ihrer Macht immer wieder selber neu zu schaffen – dazu kann und soll Bildungsarbeit einen besonderen Beitrag leisten.

Die Durchsetzung und Entwicklung kapitalistischer Produktionsverhältnisse verlief und verläuft in sehr unterschiedlichen Formen. Auf der Grundlage dieser verschiedenartigen sozialen Strukturen und Erfahrungen entfalteten sich auch Gewerkschaftsbewegungen mit jeweils besonderen Prägungen: von radikal antikapitalistischen Gewerkschaften bis hin zu solchen, die sich als reine Marktparteien verstehen und sich auf die unmittelbaren Interessen ihrer Mitglieder beschränken.

Bildungsarbeit in Gewerkschaften ist daher sehr stark abhängig vom Selbstverständnis und der gewerkschaftspolitischen Praxis der jeweiligen Organisationen.

Institutionelle Macht der abhängig Beschäftigten

Sie «entsteht als Resultat von Aushandlungen und Konflikten, die auf struktureller Macht und Organisationsmacht beruhen. Ihre Besonderheit wurzelt in dem Faktum, dass Institutionen soziale Basiskompromisse über ökonomische Konjunkturen hinweg festschreiben und teilweise gesetzlich fixieren.» (Dörre 2008, S. 25)

Durch die relative Selbstständigkeit solcher Institutionen sind sie nicht unmittelbar vom aktuellen Kräfteverhältnis zwischen Kapital und Arbeit abhängig. Das gibt der Interessenvertretungsarbeit ein höheres Maß an Kontinuität und Berechenbarkeit, was sich vor allem in Krisenzeiten positiv bemerkbar machen kann. Aber auf längere Sicht sind auch solche institutionellen Formen von gesellschaftlichen Machtverhältnissen abhängig und verändern sich je nach Stärke oder Schwäche der jeweiligen Seite.

Die institutionellen Regelungen bestimmen in hohem Maße die Formen, in denen die Kompromisse zwischen Unternehmensseite und Beschäftigten ausgehandelt werden. Sie drücken den Arbeitsbeziehungen ihren besonderen Stempel auf. Allerdings verbindet sich die institutionelle Macht oft mit anderen Ressourcen. Gewöhnlich sind die institutionellen Rechte der abhängig Beschäftigten nur schwach ausgebildet und ihre Interessenvertretung nutzt strukturelle und organisatorische Macht, um ihre Durchsetzungsfähigkeit zu verbessern, indem sie die Beschäftigten mobilisiert oder auf die Unterstützung durch die Gewerkschaften zurückgreift.

1.1.3 Voraussetzungen, Ziele und Einrichtungen gewerkschaftlicher Bildungsarbeit

Die oben skizzierte stark institutionalisierte Form der Arbeitsbeziehungen prägt auch die gewerkschaftliche Bildungsarbeit. Sie muss die Voraussetzungen dafür schaffen, dass die Ressource «institutionelle Macht» möglichst professionell genutzt werden kann. Sie muss die Interessenvertreter/-innen in den Gremien, besonders die Betriebsräte, so ausbilden, dass sie das Optimale für die Beschäftigten erreichen können. Dies bedeutet keineswegs eine Fixierung auf rechtliche Regelungen. Eine effektive Interessenvertretung ist nur dann möglich, wenn alle Machtressourcen strategisch klug genutzt werden und die Abhängigkeit der eigenen Arbeit von politischen Rahmenbedingungen erkannt wird.

Die Formen gewerkschaftlicher Bildungsarbeit sind jeweils stark abhängig von den Besonderheiten der Arbeitsbeziehungen eines Landes und dem politischen Selbstverständnis der Gewerkschaften. In Deutschland sind die maßgeblichen Gewerkschaften im DGB (dem Deutschen Gewerkschaftsbund) zusammengeschlossen, auf die sich unsere Untersuchung auch beschränkt. Die Strukturen dieser Gewerkschaften, ihre politischen Ausrichtungen und ihre Bildungsarbeit haben je ein eigenes Profil, sie lassen sich aber durch einige gemeinsame Merkmale charakterisieren:

- Die Gewerkschaften organisieren ihre Mitglieder auf der Basis von *Wirtschaftszweigen* und Betrieben und nicht auf der Grundlage von Berufszugehörigkeit oder dem arbeitsrechtlichen Status (Arbeiter/Angestellte/Beamte). Sie sind nicht berufständisch organisiert, sondern orientieren sich an den grundlegenden Interessen der abhängig Beschäftigten.

- Sie sind *«Einheitsgewerkschaften»*; sie sind also keine politischen Richtungsgewerkschaften, sondern streben eine überparteiliche Vertretung von den Interessen abhängig Beschäftigter an.

- Sie nehmen für sich ein *«politisches Mandat»* in Anspruch (s. Kapitel 1.1.1). Die Reichweite und Bedeutung dieses Mandates wird aber im innergewerkschaftlichen Diskurs unterschiedlich gewichtet.

- Sie sind *demokratisch verfasste Mitgliederorganisationen* und verfügen über professionell arbeitende Apparate. Sie finanzieren sich über das Beitragsaufkommen und besitzen Rücklagen, mit denen sie unter anderem bei Arbeitskämpfen Unterstützungsgelder für den Entgeltausfall zahlen können. Sie sind in der Lage, ein systematisch und langfristig arbeitendes Bildungswesen finanziell zu tragen.

- Sie wollen durch ihre *Bildungsarbeit* die Interessenvertretung von abhängig Beschäftigten verbessern helfen, indem die organisatorische Verankerung der Gewerkschaften und ihre Mobilisierungsfähigkeit verstärkt und die Arbeit der Mitbestimmungsorgane unterstützt wird.

Die Gewerkschaften verfügen über Bildungsabteilungen, in denen die Bildungsarbeit langfristig geplant, durchgeführt und ausgewertet wird. Die meisten haben darüber hinaus Bildungsstätten mit hauptamtlichen pädagogischen Mitarbeitern. Ein erheblicher Teil der Bildungsveranstaltungen wird aber auch von ehrenamtlichen Lehrkräften geleitet und findet in angemieteten Häusern statt. Typisch für die Bildungsarbeit sind – neben kürzeren örtlichen Veranstaltungen – Wochenend- und Wochenseminare. Längere Bildungsveranstaltungen sind heute eher selten.

Als Beispiel für den Aufbau gewerkschaftlicher Bildungsarbeit kann das folgende Strukturbild (siehe Abbildung 1) aus der IG Metall dienen.

Die Gewerkschaften zählen damit zu den größten Trägern politischer Bildungsarbeit. Die IG Metall, die mitgliederstärkste Gewerkschaft in Deutschland, erreicht mit ihren Seminaren ca. 100 000 Personen im Jahr. Insgesamt dürfte die gewerkschaftliche Bildungsarbeit deutlich über 200 000 Teilnehmer/-innen in meist mehrtägigen Seminaren aufweisen.

Die Gewerkschaften müssen, um ihre Machtressourcen noch besser nutzen zu können, eine möglichst breite, die Mitglieder und auch interessierte Nichtmitglieder einbeziehende Bildungsarbeit anbieten. In der Realität scheitert dies oft an den finanziellen Möglichkeiten. Intensive Bildungsarbeit in Form von Seminaren ist sehr kostenaufwendig. Zwar gibt es eine Reihe von Bundesländern, die durch Bildungsurlaubsgesetze eine begrenzte Freistellung von der Arbeit bei Fortzahlung des Entgeltes ermöglichen; auch sieht das Betriebsverfassungsgesetz die teilweise oder völlige Übernahme der Weiterbildungskosten der Betriebsräte durch den Arbeitgeber vor. Aber diese Entlastungen sind begrenzt.

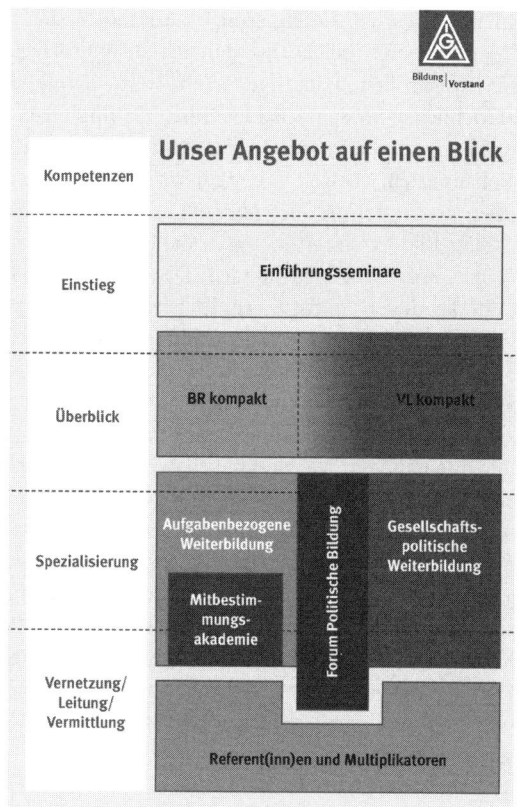

Abb. 1: Bildungsprogramm IG Metall, s. a. S. 163

Deshalb konzentrieren sich die Bildungsangebote auf aktive gewerkschaftliche Schlüsselgruppen, insbesondere auf Betriebsräte und Vertrauensleute.

1.1.4 Leitende Prinzipien gewerkschaftlicher Bildungsarbeit

Die Bildungsarbeit der Gewerkschaften ist politisch, handlungsorientiert und interessengeleitet. Alle Inhalte – von der Arbeitssicherheit bis zu den Zeitkonten – beziehen sich auf ein von widersprüchlichen Interessen geprägtes gesellschaftliches Umfeld und sie sind immer umstritten. Ziel ist die Veränderung unbefriedigender Zustände. Daher müssen in der gewerkschaftlichen Bildungsarbeit Interessenlagen geklärt, gesellschaftliche Hintergründe diskutiert, Perspektiven und Bündnismöglichkeiten aufgezeigt und Durchsetzungsstrategien entwickelt werden. Deshalb ist die Schärfung des politischen Urteilsvermögens und die Erarbeitung von gesellschaftspolitischen Orientierungen unverzichtbar. Zugleich sollen alle Arten von Kompetenzen entwickelt werden, die für politisches Handeln notwendig sind. Die Einzelnen sollen in die Lage versetzt werden, unter den sich ständig verändernden betrieblichen und gesellschaftlichen Bedingungen verantwortungsbewusst und wirkungsvoll die Interessen abhängig Beschäftigter vertreten zu können. In einer globalisierten, weltweit immer mehr zusammenwachsenden Ökonomie muss diese Interessenvertretung auch über die nationalen Grenzen hinausgehen.

Die Bildungsarbeit ist eng in die Dynamik der gewerkschaftlichen Interessenvertretungspolitik eingebunden. Das jeweilige Verständnis der Handlungssituation, das dieser Politik zugrunde liegt, die Schwerpunktsetzungen und aktuellen Kampagnen finden sich in der Bildungsarbeit wieder. Zugleich hat die Bildungsarbeit auch eine eigenständige Rolle und trägt zur Kontinuität und kritischen Reflexion der Gewerkschaftsarbeit bei.

In der Bildungspraxis müssen Wege gefunden werden, unterschiedliche Seiten miteinander in Verbindung zu bringen: die Lerninteressen der Teilnehmenden einerseits und andererseits die Kompetenzen, die nach den Erfahrungen der Gewerkschaften für die Erfüllung ihrer Aufgaben notwendig sind. Das gilt auch für die Erfahrungswelten der Beteiligten und das Verständnis der dahinterliegenden gesellschaftlichen Prozesse. Die Interessenvertretung von abhängig Beschäftigten schließlich organisiert sich gewöhnlich über gewählte Gremien. Es gibt bestimmte Kenntnisse und Fähigkeiten, die unmittelbar zur Erfüllung der Aufgaben in diesen Gremien notwendig sind. Sie bleiben aber unzureichend, wenn sie nicht mit einem breiteren gesellschaftspolitischen Wissen, mit dem Aufbau von Orientierungswissen und Werthaltungen verbunden werden.

Betriebsräte spielen eine Schlüsselrolle

Im Kernbereich der Gewerkschaftsarbeit, in der gewerkschaftlichen Betriebspolitik, haben die Betriebsräte mit ihren Mitbestimmungsmöglichkeiten eine Schlüsselrolle. Sie haben deswegen auch eine besondere Bedeutung für die Bildungsarbeit. Dabei geht es um mehr als nur um die Nutzung der rechtlichen Instrumentarien. Betriebsräte, die ihre Machtressourcen ausschöpfen und gewerkschaftliches Handeln stärken wollen, werden versuchen, die Menschen, deren Interessen sie vertreten, so weit wie möglich in ihre Politik einzubeziehen. Solche Rückkopplungs- und Beteiligungsprozesse sind in der Praxis nicht leicht zu organisieren. Die Befähigung, eine beteiligungsorientierte Betriebsratsarbeit zu organisieren, ist daher eine ebenso wichtige wie anspruchsvolle Aufgabe für die Bildungsarbeit.

Mit den **Eurobetriebsräten** existiert zum ersten Mal eine Form der institutionellen Interessenvertretung auf internationaler Ebene, wenn auch auf die EU beschränkt. Auf gewerkschaftlicher Ebene wird in wachsendem Maße versucht, Netzwerke in multinationalen Konzernen aufzubauen, und in einigen wenigen Fällen ist es auch geglückt, Weltbetriebsräte zu installieren. Bildungsarbeit zur Unterstützung der internationalen Zusammenarbeit bis auf die Ebene einzelner Konzerne steckt heute erst in den Kinderschuhen, gewinnt aber immer mehr an Bedeutung. Solche Bildungsarbeit hat ein ganz eigenes Profil: Es geht um das gegenseitige Kennenlernen verschiedener Kulturen und politischer Systeme, unterschiedlicher Arbeitsbeziehungen und gewerkschaftlicher Praxis bis hin zum Erlernen von Sprachen.

Vertrauensleute stärken gewerkschaftliches Engagement

Vertrauensleute werden von den Gewerkschaftsmitgliedern eines Betriebes gewählt. Wenn möglich, soll in jeder Abteilung eine Vertrauensfrau oder ein Vertrauensmann als gewerkschaftlicher Ansprechpartner vorhanden sein. Vertrauensleutearbeit ist in den einzelnen Gewerkschaften unterschiedlich weit verbreitet. Sie existiert eher in Mittel- und Großbetrieben. Aktive Vertrauenskörper können eine bedeutende Rolle für die betriebliche Mobilisierungsfähigkeit und Verankerung von Gewerkschaften spielen. Sie sind nahe an der strukturellen Machtbasis der Gewerkschaften. Als Vertrauensfrau oder -mann gewählt zu werden, ist oft der erste Schritt zu einem stärkeren gewerkschaftlichen Engagement. Bildungsarbeit unterstützt hier insbesondere den Einstieg in gewerkschaftliche Arbeit, ist aber auch darüber hinaus eine wichtige Ressource für kontinuierliche, engagierte Vertrauensleutearbeit.

Ehrenamtliche als Referenten/Referentinnen

Die regionale Bildungsarbeit wird überwiegend von ehrenamtlichen Lehrkräften durchgeführt. Diese «Referenten/Referentinnen» genannten Seminarleiter/-innen, meistens Betriebsräte/Betriebsrätinnen, müssen im Rahmen ihrer geringen zeitlichen Möglichkeiten für diese anspruchsvolle Arbeit qualifiziert werden. Die gewerkschaftliche Bildungsarbeit leistet hier auch ein Stück Lehrerausbildung.

Entwicklung von Kompetenzen

Für die Handlungsfähigkeit von Betriebsräten, Vertrauenskörperleitungen und anderen Gremien haben prozessbezogene und arbeitsorganisatorische Kompetenzen eine nicht zu unterschätzende Bedeutung. Die gewerkschaftliche Bildungsarbeit hat den praktischen Stellenwert dieser Kompetenzen erst spät entdeckt. Gemeinsames, beteiligungsorientiertes Arbeiten erfordert ein hohes Maß an sozialen Kompetenzen, insbesondere das Verstehen und Reagierenkönnen auf Gruppenprozesse sowie ein respektvolles, anerkennendes Verhalten und ein rationaler Umgang mit Konflikten. Dazu zählt auch die Fähigkeit, systematisch zu lernen und kreatives Arbeiten zu entwickeln. Leitungstätigkeiten erfordern zusätzliche eigene Qualifikationen.

Zugleich stellen solche kooperativen Arbeitsformen große Ansprüche an die Planung und die Strukturierung von Prozessen sowie an die Kommunikation und die Transparenz nach innen und außen. In den letzten beiden Jahrzehnten ist das

Bedürfnis nach Seminaren zur Stärkung der sozialen Kompetenzen und zur Erweiterung der arbeitsorganisatorischen Möglichkeiten, z. B. in Form von Projektarbeit, ständig gestiegen. Diese Seminare haben sich als fester Bestandteil der Angebote etabliert. Bildungsarbeit versteht sich deshalb inzwischen auch in einem umfassenden Sinne als gewerkschaftliche Personalentwicklung.

Gewerkschaftliche Bildungsarbeit überschreitet teilweise die bisher üblichen Grenzen, wenn Lehrkräfte nach einer entsprechenden Ausbildung auch zur Personalentwicklung oder zur Konfliktbearbeitung in einzelnen Gremien oder zum Coaching von Leitungspersonen eingesetzt werden. Bildungsarbeit entwickelt sich so stärker zu einer Beratungstätigkeit.

Aufbau von Haltungen

Kompetenzentwicklung allein reicht nicht aus. Gewerkschaftliche Bildungsarbeit hat in ihrer Praxis viel mit dem Aufbau von Haltungen zu tun. Dabei geht es darum, verinnerlichte Wertvorstellungen in persönliche Handlungsorientierungen zu übersetzen.

Ein Beispiel: Eine wesentliche Voraussetzung für selbstbewusstes politisches Handeln ist die Überwindung der gesellschaftlich zugewiesenen Rolle passiver Anpassung und Unterwerfung unter die bestehenden Verhältnisse, die eng mit dem Status abhängig Beschäftigter verbunden ist. Es geht um das «Gefühl, berechtigt zu sein, sich überhaupt mit Politik zu beschäftigen, ermächtigt zu sein, politisch zu argumentieren» (Bourdieu 1983, S. 639) und dies selbstbewusst und auf gleicher Augenhöhe zu tun. Diese Einstellung hat der Philosoph Ernst Bloch (1885 – 1977) mit seinem eindringlichen Bild des «aufrechten Gangs» (Münster 1977) ebenso gut beschrieben wie der Gewerkschaftler Willi Bleicher (1907 – 1981) mit dem Grundsatz «Du sollst dich nie vor einem lebenden Menschen bücken» (docfilm 1983). Es ist deshalb eine grundlegende Aufgabe gewerkschaftlicher Bildungsarbeit, zu ermutigen und das Vertrauen in die eigenen Fähigkeiten zu stärken, um zusammen mit anderen in politische Prozesse eingreifen zu können.

Was Bloch und Bleicher gefordert haben, gilt ganz besonders im wichtigsten Handlungsfeld der Gewerkschaften, dem Betrieb. Hier herrscht nach wie vor, wenn auch in veränderten Formen, das «Kommando des Kapitals über die Arbeit» (Karl Marx 1968, MEW 26.3, S. 414). Für die Interessen der abhängig Beschäftigten einzutreten bedeutet daher oft, eine Gegenposition einzunehmen zu seinem unmittelbaren Vorgesetzten oder zur Geschäftsleitung. Das verlangt Mut und Zivilcourage.

Aber nicht nur in diesem allgemeinen Sinne geht es in der gewerkschaftlichen Bildungsarbeit um Haltungen. In der Bildungspraxis wird immer wieder um gewerkschaftliche Wertorientierungen gerungen. Was bedeuten Freiheit, Gerechtigkeit, Gleichheit und Solidarität heute? Kämpfen wir für gleiche Entgelt- und Arbeitsbedingungen für Leiharbeiter, auch wenn dadurch der Firma Aufträge verloren gehen, was Rückwirkungen für alle haben kann? Was tun bei der Kündigung eines Kollegen, dessen Arbeitsleistung stark nachgelassen hat, weil er in einer persönlichen Krise steckt und sich auch in seiner Abteilung weitgehend isoliert hat? Welche Bedeutung haben Anerkennung, Respekt und Würde? Die Wertmaßstäbe für gewerkschaftliches Handeln müssen ständig überdacht und für veränderte Situationen neu erarbeitet werden. Das betrifft die betriebliche Wirklichkeit wie die gesellschaftlichen Verhältnisse. Die gewerkschaftliche Bildungsarbeit ist dabei eine wichtige Plattform, auf der diese Diskurse geführt werden können.

Solche Debatten berühren auch gewerkschaftliche Grundpositionen, die an Humanität und Menschenrechten orientiert sind. Das ist besonders dann der Fall, wenn es um Formen des alltäglichen Rassismus und der sozialen Ausgrenzung geht. Wie solchen Verhaltensweisen in der betrieblichen Realität und darüber hinaus begegnet werden kann, ist ein Thema, das sich unter verschiedenen Aspekten durch die gewerkschaftliche Bildungsarbeit hindurchzieht.

Reflexion und Erfahrungssicherung

Gewerkschaftliche Bildungsarbeit schafft – das wird in seiner Bedeutung oft unterschätzt – Räume zum Austausch und zur Klärung von Erfahrungen. Dies geschieht im offiziellen Seminar genauso wie im so genannten zweiten Seminar, den freien Zeiten. Die Teilnehmer/-innen der Bildungsarbeit sind fast immer schon in gewerkschaftliches Handeln eingebunden. Sie kommen mit Lerninteressen und Fragen aus ihrer Praxis, die sie reflektieren und beantwortet wissen wollen. Hier spielen fachliche Fragen eine Rolle, Handlungsstrategien und Orientierungsmaßstäbe. Aber es geht auch um die Aufarbeitung schwieriger Situationen, um die Mühsal der Alltagsarbeit, um Erfahrung von Rückschlägen und Niederlagen. Das Gefühl, mit diesen Erfahrungen nicht allein zu stehen, sie sich nicht persönlich anrechnen zu müssen und in einer Gruppe zu sein, die ähnliche Ziele verfolgt, bedeutet oft eine große persönliche Stärkung und Ermutigung (vgl. auch Weischer 1996 b).

Persönlichkeitsbildung

Vieles vom dem, was im Seminar gelernt wird, trägt über den gewerkschaftlichen Handlungszusammenhang hinaus zur persönlichen Entwicklung bei. Nicht wenige Teilnehmer/-innen haben seit der Schul- und Lehrzeit, die oft problematisch verlief, keine Bildungserfahrungen mehr gemacht und werden durch die Seminare noch einmal neu an Lernen und Bildung herangeführt. Viele der neu erworbenen Kompetenzen lassen sich auch auf das berufliche und persönliche Lebensumfeld übertragen. Das gilt für Kritikfähigkeit und strategisches Denken ebenso wie für soziale und arbeitsorganisatorische Kompetenzen oder politisches Zusammenhangswissen.

Für viele Teilnehmer/-innen eröffnet die gewerkschaftliche Bildungsarbeit neue Horizonte. Ihr Selbstbewusstsein wird gestärkt, sie sehen sich und ihre Arbeit in einem anderen Licht und beginnen, sich für Dinge zu interessieren, die ihnen bisher verschlossen waren. Das trifft auch für kulturelle Aspekte zu, die in die Bildungsarbeit immer wieder eingewoben werden. An den Lebenswegen einzelner Teilnehmer/ -innen lassen sich solche Entwicklungen gut nachverfolgen (Frerichs 2002).

Die gewerkschaftliche Bildungsarbeit, wie sie hier kurz skizziert wurde, unterscheidet sich nicht prinzipiell von anderer, an Humanität und gesellschaftlicher Emanzipation interessierter politischer Bildung. Es gibt allerdings zwei Eigenschaften, die eine besondere Stellung dieser Bildungsarbeit begründen. Gewerkschaftliche Bildungsarbeit ist strikt auf eine Verbesserung der Vertretung der Interessen von Beschäftigten ausgerichtet und will dazu die strukturellen, institutionellen und organisatorischen Machtressourcen der abhängig Beschäftigten nutzen – und sie erreicht damit breite Schichten, die in der politischen Erwachsenenbildung sonst nur eine untergeordnete Rolle spielen.

1.2   Kurze Geschichte der gewerkschaftlichen Bildungsarbeit

1.2.1   Vorläufer (1848/49)

In der ersten Hälfte des 19. Jahrhunderts lösten sich die ständischen Wirtschaftsstrukturen in Deutschland Schritt für Schritt auf. Diese Entwicklung wurde verstärkt durch den Industrialisierungsschub, der ab 1830 einsetzte. Immer mehr Menschen wurden in ein Lohnarbeitsverhältnis gezwungen und mussten vom Verkauf ihrer Ware Arbeitskraft leben. Sie standen weitgehend schutzlos der Kapitalseite gegenüber. Die gesellschaftlichen Spannungen, die in diesem Umwälzungsprozess entstanden, entluden sich 1848/49 in einer bürgerlich revolutionären Bewegung, die sich aber nicht durchsetzen konnte.

Im Vorfeld der Revolution von 1848/49, vor allem aber in der Revolutionsphase selber, entstanden Arbeiterbildungsvereine. Parallel dazu schlossen sich zum ersten Mal gewerkschaftliche Organisationen auf Landesebene zusammen. Als erster überregionaler gewerkschaftsähnlicher Verband entstand im Juni 1848 der «Nationale Buchdrucker-Verein» und kurz darauf im September 1848 die «Assoziation der Zigarrenarbeiter Deutschlands» (Schneider 2000, S. 24).

Die Arbeiterbildungsvereine wurden teilweise vom liberalen Bürgertum gegründet, teilweise von Handwerkern und Arbeitern selbst. Sie dienten der beruflichen und allgemeinen Bildung, bildeten aber zugleich einen Ort der Klärung des politischen Selbstverständnisses. Es beteiligten sich vor allem qualifizierte Handwerker, die sich mit den Folgen der entstehenden industriellen Produktionsweise, der Auflösung der alten Handwerksordnung durch marktwirtschaftliche Verhältnisse, dem Verlust ihrer Selbstständigkeit und dem Absinken in einen entgeltabhängigen Status auseinandersetzen mussten. Es ging um die Selbstaufklärung über ihre eigenen Interessenlagen, gerade auch in Abgrenzung zum liberalen Bürgertum. Aus diesem Grunde kann man hier von einem Vorläufer gewerkschaftlicher Bildungsarbeit sprechen, auch wenn die Arbeiterbildungsvereine organisatorisch noch nicht mit den Gewerkschaften verbunden waren.

1.2.2 Die Anfänge

Nach der Niederschlagung der 1848er-Revolution fielen die meisten Arbeiterbildungsvereine wie auch die Gewerkschaften der Verbotswelle gegen politische Arbeiterorganisationen zum Opfer. Erst in den sechziger und siebziger Jahren des 19. Jahrhunderts konnten sich die Gewerkschaften reorganisieren. Es entstanden viele kleine, meist auf bestimmte Berufszweige und manchmal auf einige Regionen beschränkte Verbände. Diese Gewerkschaften standen organisatorisch und finanziell oft noch auf schwachen Beinen,

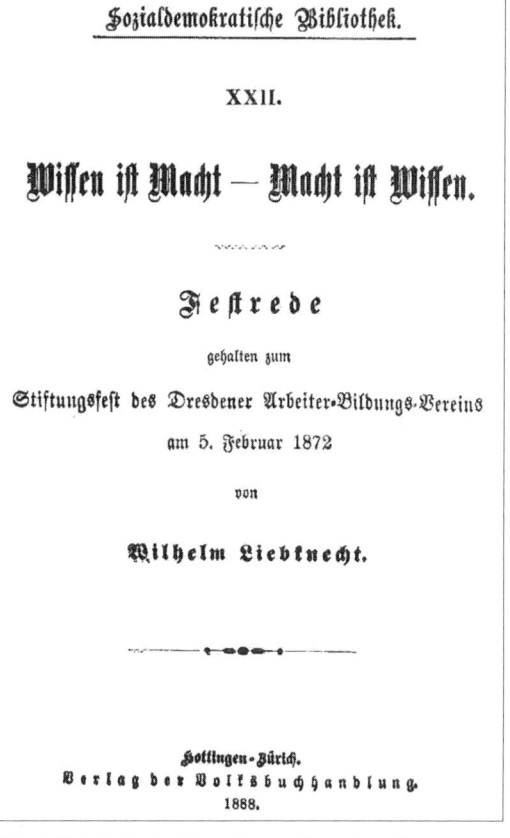

Abb. 2: Faksimile der Titelseite zur Festrede «Wissen ist Macht – Macht ist Wissen» von Wilhelm Liebknecht (1888)

ein einziger verlorener Streik konnte ihr Ende bedeuten. Bildungsarbeit fand in Versammlungen oder in den Verbandsorganen und auch mit Hilfe von Flugschriften statt – meist in enger Zusammenarbeit mit den Vorläuferorganisationen der sozialdemokratischen Partei (Krug 1980).

In einem Vortrag vor dem Dresdner Arbeiter-Bildungs-Verein im Jahre 1872 entwickelte Wilhelm Liebknecht (1826 – 1900) – der Vater Karl Liebknechts (1871 – 1919) und neben August Bebel (1840 – 1913) der führende Kopf der deutschen Sozialdemokratie – ein Verständnis der politischen Rolle von Bildung, das für die damalige Arbeiterbewegung charakteristisch war. Das deutsche Bürgertum hatte zum Ausgleich für seine politische Schwäche das Feld der Bildung stark besetzt, um seinen Status zu behaupten und sich sozial abzugrenzen. Umso schärfer empfand die Arbeiterbewegung ihr weitgehendes Ausgeschlossensein von Bildung.

Liebknecht verwies in seinem Vortrag darauf, dass es im Rahmen der bestehenden Gesellschaft unmöglich sei, die Bildungsprivilegien der herrschenden Klassen zu überwinden. Bildung habe daher in erster Linie dazu zu dienen, die Eroberung der politischen Macht vorzubereiten. «Nur in einem freien Volksstaat kann das Volk Bildung erlangen» (W. Liebknecht 1888, S. 44). Er fasst seinen in hoher Auflage als Flugschrift immer wieder veröffentlichten Vortrag zu dem prägnanten Motto zusammen: «Wissen ist Macht, Macht ist Wissen» (ebd.).

In dieser Gründungsphase der Gewerkschaften spielten mündliche Bildungsprozesse in Alltagssituationen und am Arbeitsplatz eine große Rolle. Unter den Bedingungen einer halblegalen Existenz, schwacher Organisationsmacht und bei geringen Bildungsvoraussetzungen war diese informelle Form der Bildungsarbeit eine wichtige Möglichkeit, gewerkschaftliche Vorstellungen zu verbreiten. Aus Lebensgeschichten von Arbeitern wissen wir, welche ausschlaggebende Bedeutung die Begegnung mit bestimmten politischen oder gewerkschaftlichen «Lehrmeistern» hatte. Dies waren meist engagierte Gewerkschafter, die versuchten, in den Zeiten, die der Alltag übrig ließ, bewusst und planvoll ihre «Schüler» mit den Gesellschaftstheorien und Positionen der Arbeiter- und Gewerkschaftsbewegung vertraut zu machen. Diese Gespräche gingen weit über politische Tagesdiskussionen hinaus. Sie lassen sich daher zu Recht als wichtiges Stück Bildungsarbeit bezeichnen (Loreck 1978).

Der Erfolg dieser Bildungsarbeit hing offenbar stark vom persönlichen Verhalten der «Lehrer» ab. Immer wieder wird von deren besonderer Hilfsbereitschaft und von ihrer Courage gegenüber Vorgesetzten berichtet oder es wird hervorgehoben, dass sie die einzigen Gesellen waren, die Lehrlinge nicht schlugen. Ein solches Verhalten schuf eine Vertrauensbasis, die Bildungsprozesse erst ermöglichte. Hinzu kamen Eigenschaften wie Geduld, die Fähigkeit, lebendig zu erklären, und die Bereitschaft, Jüngere als gleichberechtigt zu behandeln.

Informelle Bildungsprozesse als besondere Form gewerkschaftlicher Bildungsarbeit haben auch heute noch eine erhebliche Bedeutung, sind aber wenig erforscht. Sie bleiben eher im Dunkeln, nicht zuletzt, weil sie immer an bestimmte Personen und Lebensumstände gebunden sind.

1.2.3 Nach dem Sozialistengesetz (1890 – 1918)

In den Jahren des Sozialistengesetzes (1878 – 1890), in denen sozialdemokratische Organisationen verboten waren, bewegten sich auch die Gewerkschaften erneut an der Grenze zur Illegalität, konnten sich aber behaupten. In den folgenden Jahrzehnten vor dem Ersten Weltkrieg schafften sie dann – getragen von der schnell voranschreitenden Industrialisierung – den Durchbruch zu Massenorganisationen. Der

Deutsche Metallarbeiter-Verband (DMV) besaß 1911 mehr als 500 000 Mitglieder und nannte sich stolz die größte Gewerkschaft der Welt. Neben den Industriegewerkschaften existierte allerdings weiterhin eine große Zahl kleinerer Berufsverbände. Angestellte organisierten sich, wenn überhaupt, in separaten Interessenverbänden. Gewerkschaften waren außerdem politisch gespalten. Zwar war die große Mehrheit der Gewerkschaftsmitglieder in den «freien», der Sozialdemokratie nahe stehenden Organisationen, daneben bestanden jedoch auch noch die christlichen und die liberalen Hirsch-Dunkerschen Gewerkschaften.

Die inzwischen gewachsene Stärke der Verbände schlug sich auch in der Bildungsarbeit nieder. Organisierte gewerkschaftliche Bildungsarbeit fand wie bisher vor allem auf zwei Wegen statt:

- über Publikationen
- und über Vorträge und Diskussionen in den zahlreichen gewerkschaftlichen Versammlungen.

Druckerzeugnisse waren in dieser Zeit als Medium der politischen Öffentlichkeitsarbeit praktisch konkurrenzlos. Die Gewerkschaften schufen sich schon früh ein ausgedehntes Pressewesen. Große Organisationen besaßen Wochenzeitungen, die mit der Beitragskassierung verteilt wurden. Neben Tagesinformationen publizierte man dort ausführliche Artikel, die von akuten Anlässen ausgingen und exemplarisch gesellschaftliche Hintergründe beleuchteten, um die Leser an die Positionen der Gewerkschaftsbewegung heranzuführen. Diese Artikel gingen weit über aktuelle Informationen und Kommentare hinaus und verfolgten deutlich Bildungsabsichten. Darüber hinaus veröffentlichten die Verbände eine Flut von kleinen Broschüren, oft didaktische Meisterwerke, mit denen zu bestimmten gewerkschaftspolitischen Fragen Stellung genommen wurde.

Für das gewerkschaftliche Leben vor Ort spielten Versammlungen eine Rolle, deren Bedeutung man sich heute kaum noch vorstellen kann. In den zahlreichen örtlichen Einheiten der Gewerkschaften waren monatliche Mitgliederversammlungen üblich. Daneben kamen oft auch noch die gewerkschaftlich Organisierten aus verschiedenen Berufsgruppen, z. B. die Klempner, zu regelmäßigen Treffen, den so genannten Branchenversammlungen, zusammen. Die Gewerkschaftsmitglieder eines Betriebes, einer Abteilung oder einer Werkstatt versammelten sich ebenfalls, aber meistens zu bestimmten Anlässen, etwa während einer Tarifbewegung. Der Jahresbericht des Deutschen Metallarbeiter-Verbandes registriert für das Jahr 1912 über 92 000 Versammlungen bei etwa 560 000 Mitgliedern (Wentzel 1995, S. 42).

Aus den erhalten gebliebenen Protokollbüchern können wir uns eine ungefähre Vorstellung von den regelmäßig stattfinden Versammlungen, also den Mitglieder- und Branchentreffen, machen. Im Mittelpunkt der Versammlungen am Abend stand ein Vortrag, der mehr oder weniger intensiv diskutiert wurde. Die Vortragenden waren oft hauptamtliche Gewerkschafts- oder Parteisekretäre. Neben politischen Fragen spielten auch allgemeinbildende Themen eine erhebliche Rolle. Darin spiegelte sich der Wunsch wider, die durch den schlechten Schulunterricht und die Lebensumstände verwehrte Bildung wenigstens ein Stück weit nachzuholen. Sehr beliebt waren auch öffentliche Vorträge mit bekannten Rednern, bei denen dann die Außenwirkung stärker im Vordergrund stand (Wentzel 1995, S. 39 ff.). Das Bewusstsein, von den Bildungsgütern ausgeschlossen zu sein, war in den Gewerkschaften weit verbreitet. Aus diesem Grund wurden auch in vielen Gewerkschaftshäusern Bibliotheken aufgebaut, die von den Mitgliedern kostenlos benutzt werden konnten. Darüber hinaus wurde versucht, die Mängel der Berufsausbildung und das Fehlen einer beruflichen Weiterbildung durch eigene Angebote ein wenig aufzufangen.

Das Versammlungswesen in den Gewerkschaften hatte seinen Höhepunkt in den Jahren vor dem Ersten Weltkrieg. Es war ein wesentliches Element einer innerorganisatorischen demokratischen Kultur. In den Versammlungen mischten sich der Wunsch nach Geselligkeit mit Bildungsbedürfnissen, die Klärung aktueller Fragen mit langfristigen Selbstverständigungs- und Willensbildungsprozessen. Allerdings muss auch gesehen werden, dass dies eine typische Organisationsform für Facharbeiter war. Vor allem Frauen wurden damit kaum erreicht.

Die gewerkschaftliche Versammlungskultur geriet bereits in der Weimarer Republik durch konkurrierende Freizeitangebote und die Öffnung des Arbeitermilieus unter Druck. Diese Entwicklung setzte sich nach dem Zweiten Weltkrieg verstärkt fort. Heute ist von dieser Kultur wenig übrig geblieben. Das hat auch die Rolle der Bildungsarbeit verändert. Die heutigen Seminare haben Teile der Funktion des früheren Versammlungswesens übernommen, indem sie einen neuen Rahmen für gewerkschaftliche Selbstverständigungsprozesse bieten.

Im letzten Jahrzehnt vor dem Ersten Weltkrieg begann sich die gewerkschaftliche Bildungsarbeit auszudifferenzieren und zu professionalisieren. Zum ersten Mal wurden Personen eingestellt, die schwerpunktmäßig für Bildungsarbeit zuständig waren und als «Wanderlehrer» mit Vorträgen durch die gewerkschaftlichen Gliederungen reisten. Mit den Diaprojektoren hielten moderne technische Medien Einzug in die Bildungsarbeit. Neben Vorträgen wurden nun vereinzelt auch Kurse angeboten. Zum ersten Mal wurden über lokale Veranstaltungen hinaus von den «freien» Gewerkschaften seit 1906 zentrale Unterrichtskurse in Berlin eingerichtet. Diese vier- bis sechswöchigen Kurse dienten vor allem der Qualifizierung der hauptamtlichen Gewerkschaftssekretärinnen und -sekretäre.

1.2.4 Weimarer Republik (1918 – 1933)

Der Erste Weltkrieg beendete diese hoffnungsvolle Entwicklung vorläufig. Die Novemberrevolution 1918 und das Entstehen einer parlamentarischen Demokratie bedeuteten einen deutlichen Einschnitt für die Entwicklung der gewerkschaftlichen Bildungsarbeit. Die Gewerkschaften erreichten eine rechtliche Absicherung ihres Status, des Streiksrechts und der Tarifverträge. Zum ersten Mal wurden die Arbeitsverhältnisse in den meisten Wirtschaftszweigen durch Tarifverträge geregelt. Es gelang, die große Mehrheit der Arbeiterinnen und Arbeiter gewerkschaftlich zu organisieren und selbst solche Bereiche zu erschließen wie die Schwerindustrie, die aufgrund der Härte der Unternehmer bisher als unorganisierbar galten.

Die Anfangsjahre der Weimarer Republik waren eine für die Arbeiterbildung sehr fruchtbare Zeit. Es wurde viel experimentiert, neuartige Einrichtungen entstanden und unter dem Einfluss der Reformpädagogik[2] bekamen seminarförmige Arbeitsformen, so genannte «Arbeitsgemeinschaften», ein größeres Gewicht. In der Heimvolkshochschule Tinz wurde exemplarisch versucht, in Halbjahreskursen mit einem breiten Fächer von politischen und kulturellen Angeboten und durch das Zusammenleben der Teilnehmer/-innen eine neue Form von Arbeiterbildung zu realisieren.

Die gewerkschaftliche Bildungsarbeit sah sich vor allem vor zwei Probleme gestellt, die ein zeitgenössischer Theoretiker der Arbeiterbildung, Georg Engelbert Graf (1881 – 1952), folgenderweise beschrieb:

> «Heute ist Schulung ... an zwei Stellen besonders notwendig: einmal bei den Betriebsräten, die als neues Element in die Arbeiterbewegung gekommen sind, und dann bei den Gewerkschaftsfunktionären, weil sie vor neue gewerkschaftliche Aufgaben gestellt worden sind, die vor dem Krieg nicht bestanden.»
>
> *(Wentzel 1995, S. 213)*

Die hauptamtlichen Gewerkschaftssekretärinnen und -sekretäre mussten mit dem neuen Tarif- und Arbeitsrecht, dem Betriebsrätegesetz und anderen Mitbestimmungsmöglichkeiten umgehen lernen. Darauf waren sie wenig vorbereitet. Dahinter verbarg sich aber ein altes Problem. Die politisch Beschäftigten in den Gewerkschaften waren zumeist Arbeiter/-innen mit der üblichen schlechten Volksschulbildung, die direkt von ihrem Arbeitsplatz und ohne weitere Vorbildung eingestellt wurden und von ihren Kolleginnen und Kollegen eingearbeitet wurden. Zwangsläufig fühlten sie sich oft überfordert. Aus diesem Grunde wurde von den Gewerkschaften 1920 an der Universität Frankfurt die «Akademie der Arbeit» eingerichtet, in der in einem einjährigen Kurs junge Gewerkschafter auf eine hauptamtliche Tätigkeit

---

2 Die europaweite Reformpädagogik war eine von 1890 bis 1933 mächtige, aber auch buntscheckige Reformbewegung, die die Kritik an der «Buchschule» einte. Wichtige Vertreter waren z. B. John Dewey, Maria Montessori, Peter Petersen und Célestin Freinet; wichtige Neuerungen die Einführung von Wochenplanarbeit, die Projektarbeit und die Einrichtung von Landerziehungsheimen.

vorbereitet wurden (Antrick 1966). Außerdem wurde ein gewisser Teil der eigenen Bildungsarbeit für die Weiterbildung der eigenen politischen Angestellten genutzt.

Die stärkste Veränderung in der gewerkschaftlichen Bildungsarbeit aber ging von den im Zuge der Novemberrevolution neu entstandenen Betriebsräten aus. Deren Aufgaben wurden mit dem Betriebsrätegesetz von 1920 festgelegt. Ihre Rechte waren enttäuschend schwach und fielen oft hinter das in der Revolutionszeit Erreichte zurück. Ihr Wirkungskreis blieb außerdem weitgehend auf Mittel- und Großbetriebe beschränkt. Dennoch erhielten die Gewerkschaften durch die Betriebsräte neue innerbetriebliche Handlungsmöglichkeiten. Allerdings waren die auf gesetzlicher Basis bestehenden Betriebsräte eine Konkurrenz zu den Vertretungsansprüchen der Gewerkschaften. Sie mussten daher in die gewerkschaftliche Politik integriert werden. Auch dazu sollte die gewerkschaftliche Bildungsarbeit beitragen.

Die Bildungsarbeit für Betriebsräte erforderte neue, intensivere Arbeitsformen als die bisherigen Vorträge und Diskussionen. In vielen Orten entstanden so genannte Betriebsräteschulen. Das waren längerfristig angelegte Abendkurse, in denen die Betriebsräte auf ihre Aufgaben vorbereitet wurden. Die Bildungsarbeit für Betriebsräte entwickelte auch ein neues inhaltliches Profil. Sie war stärker anwendungsbezogen. Arbeitsrecht rückte in den Vordergrund, daneben waren Kenntnisse in Betriebs- und Volkswirtschaft gefragt.

Neben den Abendkursen versuchten die Gewerkschaften ein- oder mehrwöchige Vollzeitkurse für Betriebsräte einzurichten, die dann in den verschiedenen Regionen durchgeführt wurden. Das Betriebsrätegesetz enthielt allerdings weder eine Freistellung für die Weiterbildung der Betriebsräte noch eine Kostenübernahme durch den Arbeitgeber. Die fehlende Freistellung führte zu ständigen Konflikten mit der Unternehmerseite. Die Kurse bedeuteten darüber hinaus eine große finanzielle Belastung für die Gewerkschaften.

Die Vollzeitkurse wurden in angemieteten Häusern an den unterschiedlichsten Orten mit zum Teil problematischen Arbeitsbedingungen abgehalten. Dies war einer der wesentlichen Gründe für den wachsenden Wunsch, eigene Bildungsstätten zu besitzen. Diese Bildungsstätten sollten als Internate eingerichtet sein, um durch das Zusammenleben auch über die Unterrichtszeiten hinaus einen engeren Erfahrungs- und Meinungsaustausch, persönliche Begegnungen und gemeinsame Aktivitäten zu ermöglichen. Sie sollten über festangestellte Lehrkräfte und alle erforderlichen Lehr- und Lernmittel verfügen. Davon versprach man sich eine wesentliche Verbesserung der Qualität gewerkschaftlicher Bildungsarbeit.

Als erster konnte der Metallarbeiter-Verband im Jahre 1926 in Bad Dürrenberg bei Leipzig mit der «Wirtschaftsschule» eine eigene Bildungsstätte eröffnen. Sie bot die Möglichkeit, zwei Lehrgänge mit jeweils etwa vierzig Teilnehmerinnen und Teilnehmern parallel durchzuführen und beschäftigte vier hauptamtliche Lehrkräfte. Jährlich besuchten etwa 600 Teilnehmer/-innen die Bildungsstätte.

Das Freizeitangebot bestand aus einer Bibliothek, einem Billardraum und einer Kegelbahn.

Die Basis des Angebots bildeten die dreiwöchigen, nach Branchen gegliederten Betriebsrätekurse. Regelmäßig auf dem Programm standen auch die Angebote für bestimmte Zielgruppen (wie Jugendliche und weibliche Funktionäre) oder für die Tätigkeit in öffentlichen Ämtern und Mitbestimmungsorganen (z. B. in Arbeitsamtsausschüssen oder für Betriebsräte in Aufsichtsräten). Die Bildungsstätte diente darüber hinaus zu einem erheblichen Teil der Qualifizierung der eigenen Beschäftigten, z. B. als Kassierer, Tarifexperte oder Arbeitsgerichtsbeisitzer. Im Durchschnitt waren etwa zwanzig Prozent der Teilnehmenden hauptamtliche Angestellte des Verbandes.

Eine Besonderheit stellte der dreimonatige Fortgeschrittenenkurs dar. Es handelte sich dabei de facto um eine Nachwuchsausbildung, denn die Teilnehmenden dieser breit angelegten Kurse wurden nachher größtenteils als Hauptamtliche in die Gewerkschaft übernommen.

Damit wies der Metallarbeiter-Verband bereits am Ende der Weimarer Republik wesentliche Merkmale eines modernen gewerkschaftlichen Bildungswesens auf: örtliche Veranstaltungen und Kurse, eine zentrale Bildungsstätte, Hauptamtlichen- und Nachwuchssekretärsausbildung, eine Bildungsabteilung beim Vorstand sowie ein breites Spektrum von Publikationen (Betriebsrätezeitschrift, Referentendienste usw.).

Nach den Metallarbeitern eröffneten in rascher Folge auch andere Gewerkschaften Bildungsstätten. Der «Verband der Fabrikarbeiter» richtete 1927 in Wennigsen am Deister eine Bildungsstätte ein. Die Eisenbahner folgten 1928 in Hammersbach und der Baugewerksbund 1929 in Fangschleuse bei Niederbarnim. Der Dachverband der freien Gewerkschaften, der «Allgemeine Deutsche Gewerkschaftsbund», konnte schließlich 1930 seine Bundesschule in Bernau bei Berlin einweihen.

Trotz dieser Erfolge befand sich die Arbeiterbildung in einer kritischen Situation. Die Gewerkschaften hatten vor allem in der schweren Wirtschaftskrise 1923/24 wichtige Positionsgewinne aus der Novemberrevolution verloren und waren teilweise auf die Situation der Vorkriegszeit zurückgeworfen worden. Die Arbeitermilieus verloren an Bindekraft und die Konkurrenz neuer Medien – Film, Boulevardpresse und Rundfunk – machte sich bemerkbar. Diesen neuen Medien hatte die Arbeiterbewegung zunächst nicht viel entgegenzusetzen. Die Gewerkschaften versuchten mit neuen Öffentlichkeitsformen und Bildungsangeboten darauf zu reagieren. In den Gewerkschaftszeitungen erschienen Fortsetzungsromane, die sich z. B. mit Problemen wie Abtreibung auseinandersetzten. Die Zielgruppenarbeit wurde intensiviert. Neue, lebendigere Darstellungsformen wie Kabarett, Revue und Chöre fanden einen stärkeren Eingang in die Gewerkschaftsarbeit. Es wurde sogar mit Filmen experimentiert.

Die Massenarbeitslosigkeit im Zuge der Weltwirtschaftskrise brachte die Gewerkschaften allerdings Anfang der dreißiger Jahre in eine verzweifelte Situation, auf die nur sehr begrenzt reagiert werden konnte. So war 1932 die Hälfte aller Kurse in der Bildungsstätte Bad Dürrenberg für Arbeitslose bestimmt.

Die fruchtbare und produktive Entwicklung der gewerkschaftlichen Bildungsarbeit in der Weimarer Republik wurde durch die Machtübernahme der Nationalsozialisten gewaltsam beendet. Mit den Gewerkschaftshäusern wurden im Mai 1933 auch die Bildungsstätten besetzt. In der folgenden Zeit einer brutalen, alles überwachenden Diktatur gab es für Bildungsarbeit kaum noch Spielräume. Sie konnte, wenn überhaupt, nur noch in kleinen illegalen Zirkeln stattfinden.

1.2.5   Wiederaufbau nach 1945

Nach dem Zweiten Weltkrieg organisierten sich die Gewerkschaften in Westdeutschland in neuer Form. Als Konsequenz aus den Erfahrungen mit dem Faschismus konnte die organisatorische Spaltung nach politisch-weltanschaulichen Richtungen überwunden werden. Es entstanden Einheitsgewerkschaften, die in den meisten Fällen an bestimmten Wirtschaftszweigen orientiert waren und sich in einem gemeinsamen Dachverband, dem DGB, zusammenschlossen. Beamte und Angestellte blieben allerdings weiterhin mehrheitlich in eigenen Organisationen.

Das Betriebsverfassungsgesetz von 1952 blieb weit hinter den Erwartungen der Gewerkschaften zurück. Es enthielt wiederum keine Bestimmung, die die Freistellung der Betriebsräte zur Qualifikation für ihre Betriebsratsarbeit und eine Kostenübernahme durch die Unternehmensseite vorsah. Solche Regelungen waren lediglich auf der Basis von Tarifverträgen oder Betriebsvereinbarungen möglich.

Die Gewerkschaften knüpften nach 1945 in ihrer Bildungsarbeit im Wesentlichen an die Traditionen der Weimarer Republik an und zwar eher an ihren «systemintegrativen Teil» (Müller 2008, S. 13). Die größeren Verbände versuchten, sich so schnell wie möglich wieder eigene Bildungsstätten zu schaffen. Die arbeits- und kostenintensivere Bildungsarbeit in Form von Seminaren konzentrierte sich auf die Betriebsräte und – in unterschiedlichem Ausmaß – auf Vertrauensleute, aus deren Reihen sich der gewerkschaftliche Nachwuchs rekrutierte (Müller 2008, S. 2 ff.).

Bereits im April 1946 konnte die Akademie der Arbeit, an der junge Gewerkschaftssekretäre und -sekretärinnen ausgebildet wurden, ihre Arbeit wieder aufnehmen. Von 1947 bis 1998 übernahm die Sozialakademie in Dortmund eine ähnliche Funktion.

Die fünfziger Jahre waren für die Gewerkschaften eine konfliktreiche Konsolidierungsphase, in der zwar ihr gesellschaftspolitischer Einfluss eng begrenzt blieb, in der sie aber vor dem Hintergrund des «Wirtschaftswunders» große tarifliche Erfolge erreichen konnte. In den sechziger Jahren setzten sich diese Erfolge auf der Basis der Vollbeschäftigung fort, aber die tariflich gesicherten Löhne blieben immer mehr hinter den tatsächlich gezahlten zurück, wodurch Gewerkschaftspolitik viel von ihrer unmittelbar erkennbaren Wirksamkeit und Überzeugungskraft verlor. Es zeigte sich deutlich, dass die organisatorische Stärke der Gewerkschaften mit der gesamten Beschäftigungsentwicklung nicht mithielt. Der Organisationsgrad sank oder stagnierte und wichtige Betriebe und Branchen waren nur schwach organisiert (Streek 1981, S. 78 ff.).

1.2.6 Neuer Aufbruch (1960 – 1972)

Diese Organisationsprobleme der Gewerkschaften waren ein wesentlicher Anstoß für den Entwicklungsschub, den die gewerkschaftliche Bildungsarbeit ab Anfang der sechziger Jahre nahm. Dazu kam, dass jüngere Personen auf der Arbeits- wie auf der Leitungsebene in der gewerkschaftlichen Bildungsarbeit aktiv wurden, die teilweise einen sozialwissenschaftlichen Hintergrund hatten. In der Erziehungswissenschaft fand zeitgleich unter dem Begriff «realistische Wende» eine Hinwendung zur Unterrichtswirklichkeit und zur Überprüfung des tatsächlichen Lerngeschehens statt, was auch Einfluss auf die gewerkschaftliche Bildungsarbeit hatte. Schließlich war dieser Neuanfang auch ein Vorbote des gesellschaftlichen Aufbruchs der 68er-Generation.

Anfang der sechziger Jahre erregte eine gewerkschaftliche Kampagne zur Reaktivierung der Gewerkschaftsarbeit in einem Großbetrieb, den Fordwerken in Köln, erhebliches Aufsehen. Bildungsarbeit und sozialwissenschaftliche Forschung wurde hier erstmalig direkt und folgenreich in eine längerfristige betriebspolitische Strategie eingebunden (Wittemann 1994). Für diesen Ansatz setzte sich bald der Begriff betriebsnahe Bildungsarbeit durch.

In den Fordwerken hatte die IG Metall zum Jahresbeginn 1960 bei mehr als 20 000 Beschäftigten nicht einmal 1 000 Mitglieder, also einen Organisationsgrad von weniger als fünf Prozent. Der Betrieb war nicht tarifgebunden, so dass alle Tarifverhandlungen über den Betriebsrat liefen und die Gewerkschaft auch auf diesem Gebiet nicht direkt präsent war. Der damalige Leiter der IG Metall-Bildungsabteilung, Hans Matthöfer, nahm dies zum Anlass, eine neue betriebspolitische Strategie zu entwickeln, bei der Bildung eine wichtige Rolle spielte:

- Matthöfer ließ von zwei jungen Soziologen – Manfred Teschner und Michael Schumann – vom Sozialistischen Deutschen Studentenbund (SDS) eine Befragung der Beschäftigten über die akuten betrieblichen Probleme und die Wahrnehmung des Betriebsrates und der Gewerkschaften durchführen.
- Auf der Basis dieser Ergebnisse entwickelte er in Zusammenarbeit mit dem Betriebsrat eine intensive innerbetriebliche Öffentlichkeitskampagne.
- In engem Zusammenhang damit wurde auch ein gewerkschaftlicher Vertrauensleutekörper aufgebaut.

- Die Bildungsarbeit unterstützte diesen Prozess mit Bildungsangeboten, in denen sie mit interessierten Kolleginnen/Kollegen die betrieblichen Probleme diskutierte und in einen größeren gewerkschaftspolitischen Zusammenhang stellte.

Die Kampagne verlief zunächst sehr erfolgreich. Die Firmenleitung versuchte daraufhin, dem wachsenden innerbetrieblichen Druck auszuweichen, trat dem Arbeitgeberverband bei und übernahm dadurch den Flächentarifvertrag. Bei Ford existierten allerdings sehr viele Leistungen, die deutlich über diesem Tarif lagen. Die Initiatoren der Ford-Kampagne hatten gehofft, einen eigenen, auf Ford bezogenen Tarifvertrag zu erkämpfen, indem diese Leistungen gesichert und ausgebaut würden. Dieser Ansatz im Sinne einer betriebsnahen Tarifpolitik fiel nun weg. Das nahm der Kampagne viel von ihrer Dynamik. Immerhin gelang es, innerhalb von vier Jahren 5 000 neue Mitglieder zu gewinnen und den Betriebsrat und die Vertrauensleutearbeit zu aktivieren (Wittemann 1994, S. 233 f.).

Die «Ford-Aktion» stieß auch bei anderen Gewerkschaften auf großes Interesse, insbesondere bei der IG Chemie, deren Vorstandsmitglied Werner Vitt sich engagiert für diesen Ansatz einsetzte. Bildung sollte systematisch in eine betriebspolitische Strategie zur Stärkung der Gewerkschaftsarbeit in einem Betrieb eingebunden werden. Dieses Konzept einer «betriebsnahen Bildungsarbeit» beherrschte die Diskussion der folgenden Jahre.

Diese Arbeit war auch mit didaktisch-methodischen Innovationen verbunden. Statt der teilweise noch üblichen täglich wechselnden Referenten setzten sich feste Lehrteams durch und es wurden vor allem Arbeitsgruppen benutzt, um die Selbstständigkeit der Teilnehmenden zu fördern.

Zur gleichen Zeit versuchte Matthöfer die betriebsnahe Bildungsarbeit auf eine breitere Basis zu stellen. Als personelles und politisches Rückgrat sollten dazu ehrenamtliche Bildungsobleute in möglichst allen größeren Betrieben gewonnen werden. Die Bildungsobleute bildeten örtliche Arbeitskreise, die der Unterstützung der Arbeit und der eigenen Weiterqualifikation dienten. Die Ausbildung der Obleute geschah in sechswöchigen Lehrgängen. Die Bildungsobleute sollten nicht nur für Bildungsangebote werben, sondern auch selber für ihre Betriebe Bildungsangebote organisieren – zumeist als Veranstaltungen nach der Arbeit mit betrieblichen oder gewerkschaftspolitischen Themen.

Dieses Programm wurde mit großem Elan angegangen. Das Entstehen einer neuen, oft hochmotivierten Gruppe von ehrenamtlichen Funktionären auf der betrieblichen Ebene führte zwangsläufig zu Spannungen mit den etablierten betrieblichen Interessenvertretungen, den Betriebsräten und den Vertrauenskörperleitungen, die sich teilweise auch auf der örtlichen Gewerkschaftsebene fortsetzten. Die Bildungsobleute wurden von den Geschäftsleitungen und Arbeitsdirektoren für die Unruhe in den Betrieben verantwortlich gemacht. Solche Konflikte blockierten letztlich die Durchsetzung dieses Konzeptes (Müller 2008, S. 105 ff.).

1.2.7   Exkurs: Soziologische Phantasie und exemplarisches Lernen

Um Hans Matthöfer bildete sich ein Arbeitszusammenhang, von dem wichtige Impulse für die gewerkschaftliche Bildungsarbeit ausgingen. Zu diesem Kreis gehörten die Bildungsabteilung der IG Chemie, Arbeit und Leben Niedersachsen, Heinz Dürrbeck (der von 1962 bis 1972 in der IG Metall für die Bildungsarbeit zuständig war; vgl. Großpietsch/Benz 2002; Müller 2008), Adolf Brock, Manfred Heckenauer, Wolfgang Hinrichs, Reinhard Hoffmann, Bernhard Lutkat, Oskar Negt, Willi Pöhler, Lothar Pinkall, Albert Schengber, Olaf Sund, Reinhard Welteke und andere.

Oskar Negt

Der wichtigste theoretische Beitrag aus diesem Kreis war die 1968 erschienene, von Oskar Negt verfasste Schrift: «Soziologische Phantasie und exemplarisches Lernen – Zur Theorie und Praxis der Arbeiterbildung».

Auf der Basis von Erfahrungen mit «betriebsnaher Bildungsarbeit» formulierte Negt in diesem Buch eine theoretisch anspruchsvolle Begründung für gewerkschaftliche Bildungsarbeit und entwickelte daraus didaktische Kriterien. Die Schrift stieß auf starke Resonanz und beeinflusste sowohl die gewerkschaftlichen Debatten wie die wissenschaftliche Diskussion um politische Bildung und wirkte auch in die damals neu entstehende Disziplin der Erwachsenenbildung hinein.

Negt ging von einer kapitalismuskritischen Position aus. Sein Ziel war, die in Klassenkonflikten gemachten «unmittelbaren Erfahrungen … in stabile sozialistische Einstellungen und in situationsunabhängiges Klassenbewusstsein» zu transformieren (Negt 1971, S. 9). Ausgangspunkt der Bildungsprozesse sollten betriebliche Erfahrungen sein, weil hier die Erfahrungen mit den grundlegenden Bedingungen der Arbeiterexistenz «am schwersten zu verschleiern sind» (Negt 1971, S. 46). Diese Bildungsarbeit sollte Inhalte aufgreifen, die bestimmt werden durch
*   «ihre Nähe zu den individuellen Interessen»,
*   ihre Nähe zu den «inhaltlich über die unmittelbaren Interessen hinausweisenden Elementen des Arbeiterbewusstseins, die allgemeinere gesellschaftliche Zusammenhänge betreffen»,
*   «die Bedeutung, die den Bildungsinhalten für die Emanzipation des Arbeiters zukommt» (Negt 1971, S. 97).

Diese betrieblichen Erfahrungen sollten «exemplarisch»[3] entfaltet werden, um an ihnen gesellschaftliche Hintergründe sichtbar zu machen und praktische Handlungskonsequenzen formulieren zu können. Auf diese Weise blieb es möglich, den Zusammenhang zwischen der eigenen Erfahrungswelt und gesellschaftstheoretischen Erkenntnissen zu wahren. Dieser Arbeitsprozess sollte die Teilnehmenden auch dazu befähigen, «soziologische Phantasie» zu entwickeln, das heißt, in gesellschaftlichen Zusammenhängen denken zu lernen. Die exemplarische Methode sollte ermöglichen, die Stofffülle zu reduzieren und zerstreutes Wissen um einen Problemkomplex zu bündeln. Dieses Konzept steht in engem Zusammenhang mit der Idee einer betriebsnahen Bildungsarbeit. Als Zielgruppe war daher nicht nur an Betriebsräte, sondern auch an Vertrauensleute und alle interessierten und engagierten Gewerkschaftsmitglieder gedacht (Rehbock 1989, S. 50 u. 63).

Oskar Negt versteht diese Art der Bildungsarbeit auch als einen Forschungsprozess. Er bezieht sich bei seiner Gesellschaftsanalyse auf die marxsche Kritik der politischen Ökonomie und sieht in den Erfahrungen aus der Bildungsarbeit eine wichtige Quelle zur Neuformulierung einer zeitgemäßen sozialistischen Theorie und Praxis (Negt 1971, S. 18). Negt thematisiert dabei ausdrücklich nicht nur materielle Konflikte. Es geht ihm in seiner Konzeption auch um alle sozialen und psychischen Formen der Entfremdung, die der Kapitalismus hervorbringt.

Negt versucht mit seinem Ansatz außerdem eine Brücke zu schlagen zwischen den Lerninteressen der Einzelnen, die oft aus unmittelbaren betrieblichen Problemen entstammten, und den aus gewerkschaftspolitischer Sicht nötigen Kenntnissen und Fähigkeiten. Damit berührt er ein zentrales Problem gewerkschaftlicher Bildungsarbeit: Wie können die Lerninteressen der Teilnehmenden mit den strategischen Handlungsanforderungen vermittelt werden, die Gewerkschaften aus ihren Beschlüssen, Kenntnissen und Traditionen für notwendig halten? Indem Negt den betrieblichen Erfahrungen einen hohen Stellenwert einräumt, gibt er diesen Lerninteressen auch bessere Chancen, sich bemerkbar zu machen und den Bildungsprozess zu beeinflussen.

Negt konkretisierte später noch einmal seine didaktischen Kriterien für die Arbeiterbildung. Er entwickelte insgesamt sechs gesellschaftliche **Schlüsselqualifikationen,** die sowohl die Aneignung von Sachwissen wie den Aufbau gewerkschaftlicher Orientierungen zum Inhalt haben (Forum Bildung 7/2000, S. 13 ff.):

---

3   In den sechziger Jahren gab es innerhalb der damals tonangebenden geisteswissenschaftlichen Pädagogik eine breite Diskussion zum «exemplarischen Lehren und Lernen», an der neben Negt auch Autoren wie Wolfgang Klafki und Martin Wagenschein beteiligt waren (vgl. Jank/ Meyer 2002, S. 219).

1. **Identitätskompetenz** – die Fähigkeit mit bedrohten und gebrochenen Identitäten umzugehen und auch die eigenen lebensgeschichtlichen Brüche bearbeiten zu können, ein Klima des Respekts und der Anerkennung zu schaffen und das Selbstwertgefühl zu stärken.
2. **ökologische Kompetenz** – die Fähigkeit, pfleglich mit der äußeren Natur, aber auch mit der inneren Natur des Menschen umzugehen.
3. **technologische Kompetenz** – die Fähigkeit, Technik als gesellschaftliches Projekt zu begreifen, Technikfolgen abzuschätzen und in unterschiedlichen Entwicklungswegen zu denken.
4. **ökonomische Kompetenz** – die Fähigkeit, sich von betriebwirtschaftlich beschränkten Sichtweisen zu lösen und die Ökonomie als Mittel zur Befriedigung gesellschaftlicher Bedürfnisse zu begreifen.
5. **Gerechtigkeitskompetenz** – die Stärkung der Sensibilität für Ungleichheit, Ausgrenzung und Unrecht.
6. **Geschichts- und Utopiekompetenz** – die Fähigkeit, die gesellschaftlichen Verhältnisse als historisch geworden und veränderbar wahrzunehmen und gesellschaftspolitische Perspektiven zu entwickeln.

Die weit verbreitete Fragmentierung und Zersplitterung des Wissens hält Negt für eine wesentliche Blockade für zielgerichtetes politisches Denken und Handeln. Daher ist das Herstellen von Zusammenhangswissen für ihn eine zentrale Anforderung an politische Bildung, durch die diese Schlüsselqualifikationen erst wirksam werden können.

Negts Veröffentlichung «Soziologische Phantasie und exemplarisches Lernen» löste heftige Kontroversen aus. Ihm wurde unter anderem vorgeworfen, die Bedeutung der alltäglichen betrieblichen Konflikterfahrung für politisches Handeln zu unterschätzen und die Bildungsarbeit zu hoch zu bewerten. Vor allem aber wurde Negt von denjenigen kritisiert, denen es um eine systematische Theorieschulung in der gewerkschaftlichen Bildungsarbeit ging. Die Bedeutung, die betriebliche Erfahrungen in der negtschen Konzeption einnahmen, war ihnen suspekt (Werner 1981, S. 15 ff.). Bei ihnen waren solche Erfahrungen eher Anlässe oder Illustrationen für begriffliche Ableitungen. Für Negt dagegen war die exemplarische Bearbeitung betrieblicher Erfahrungen nicht nur notwendig, um die Lern- und Handlungsinteressen der Teilnehmenden aufzugreifen, sondern auch, um die eigene Theorie und Praxis überprüfen und weiterentwickeln zu können.

Die Übertragung des negtschen Ansatzes auf die Alltagspraxis der gewerkschaftlichen Bildungsarbeit blieb schwierig, auch wenn versucht wurde, dies durch Bildungsmaterialien zu unterstützen – zu nennen sind insbesondere die Arbeitshefte des «Themenkreises Betrieb» (Müller 2008, S. 60). Besonders der Schritt von der Entfaltung der Erfahrungen zu größeren gesellschaftlichen Zusammenhängen erwies sich als sehr anspruchsvoll (Brammerts/Gerlach u.a. 1976, S. 76). Trotzdem gingen von diesem Konzept sehr viele Anstöße für die Erneuerung gewerkschaftlicher Bildungsarbeit aus.

1.2.8   Expansion und Konsolidierung (1971 – 1989)

In der zweiten Hälfte der sechziger Jahre entwickelte sich eine politisch-kulturelle Aufbruchstimmung, die auch die gewerkschaftliche Bildungsarbeit veränderte. Die sich 1967/68 entwickelnde Studentenbewegung führte zu einer starken Politisierung der jüngeren Generation, die auf die jungen Gewerkschafter/-innen ausstrahlte. Im September 1969 zeigte eine Welle spontaner Streiks eine ungewohnte Handlungsbereitschaft in den Betrieben.

Im Oktober 1969 entstand unter der Führung von Willy Brandt eine sozialliberale Koalition. Damit war die Adenauer-Ära endgültig zu Ende. Die Gewerkschaften fanden in der Öffentlichkeit wieder stärker Gehör und konnten erheblichen Einfluss auf politische Entscheidungen nehmen. Die gewachsene politische Stärke der Gewerkschaften drückte sich auch in den Mitgliederzahlen aus. In der Zeit von 1968 bis 1978 erhöhte sich die Zahl der Gewerkschaftsmitglieder im DGB von 6,376 auf 7,752 Millionen, das heißt um 22 Prozent.

Das Betriebsverfassungsgesetz wurde 1972 überarbeitet. Die Neufassung enthielt auf Druck der Gewerkschaften zum ersten Mal eine Bestimmung, die die Arbeitgeber verpflichtete, die Betriebsräte für die notwendigen Qualifizierungsmaßnahmen zur Ausübung ihrer Tätigkeit freizustellen. Der Arbeitgeber musste Lohn und Gehalt weiterzahlen und die Kosten des Bildungsangebots übernehmen. Außerdem war er in gewissem Umfang verpflichtet, die Betriebsräte für ihre politische Weiterbildung bei Lohn- und Gehaltsfortzahlung freizustellen.

Zwei Jahre später, 1974/75, folgte eine Welle von Bildungsurlaubsgesetzen in sozialdemokratisch geführten Bundesländern (Bremen, Hamburg, Niedersachsen, Hessen und Berlin (Görs 1978, S. 59 ff.). Sie ermöglichten allen Beschäftigten eine einwöchige bezahlte Freistellung für berufliche oder politische Weiterbildung. Auch die öffentliche Förderung politischer Bildung wurde ausgebaut. Bildungsurlaubsregelungen wurden jedoch nie flächendeckend eingeführt. In Baden-Württemberg, Bayern, Thüringen und Sachsen gibt es bis heute keine Bildungsurlaubsgesetze.

Das veränderte gesellschaftliche Klima und die verbesserten institutionellen Rahmenbedingungen bewirkten einen enormen Aufschwung der gewerkschaftlichen Bildungsarbeit. Es wurden neue Bildungsstätten geschaffen und die Zahl der hauptamtlichen Lehrkräfte wurde deutlich erhöht. Der spektakulärste Neubau war das 1971 in Anwesenheit von Bundespräsident Gustav Heinemann und Otto Brenner eröffnete IG Metall-Bildungszentrum Sprockhövel bei Hattingen mit neun Lehreinheiten und über 270 Betten. Der Neubau dieser Bildungsstätte war allerdings schon

1963 im Zuge des Aufschwungs der betriebsnahen Bildungsarbeit geplant worden (Müller 2008, S. 83). Hatte die Gesamtzahl der Seminarteilnehmer/-innen in der IG Metall-Bildungsarbeit im Jahre 1960 noch bei 2 700 gelegen, so kletterte sie bis 1975 auf mehr als 33 500.

Logo Bildungszentrum Sprockhövel

Viele Gewerkschaften bauten neben der zentralen Bildungsarbeit, die in Bildungsstätten durch fest angestellte Lehrkräfte durchgeführt wurde, auch ihre regionalen Bildungsstrukturen aus. Trotz der verbesserten Voraussetzungen war eine Bildungsarbeit in der Fläche mit Vollzeitkräften nicht bezahlbar. Daher gingen die meisten Gewerkschaften dazu über, ehrenamtliche Referentinnen und Referenten auszubilden, die die Seminare vor Ort leiten sollten. In der IG Metall konnte man an die Bildungsobleute anknüpfen, deren Arbeit jetzt aber nicht mehr auf einzelne Betriebe, sondern auf Bildungsregionen bezogen war; das entschärfte die internen Konflikte wesentlich. Der Ausbau der regionalen Bildungsarbeit war das Kernstück der Bildungspolitik von Hans Preiss, unter dessen Verantwortung in den Jahren 1972 bis 1989 die Bildungsarbeit in der IG Metall stark expandierte und ihr organisationspolitisches Gewicht weiter stärken konnte.

Die ehrenamtlichen Referenten/Referentinnen – meist Betriebsräte/Betriebsrätinnen – leiteten Einführungsseminare, während die weiterführenden Seminare in den Bildungsstätten stattfanden. Bei der Gestaltung dieser regionalen Seminare kamen den Referenten/Referentinnen ihre praktischen Erfahrungen und ihre Nähe zur Lebenswelt der Teilnehmenden zugute. Allerdings gab es für sie keine Freistellungsmöglichkeiten und sie waren zusätzlich durch ihre eigene Betriebsratstätigkeit eingeschränkt, so dass sie gewöhnlich höchstens zwei bis drei Wochenseminare im Jahr durchführen konnten. Sie hatten also wenig Möglichkeiten, pädagogische Erfahrungen zu sammeln. Um dies aufzufangen, wurde Wert auf eine sorgfältige Ausbildung gelegt. Daneben sollten örtliche Referentenarbeitskreise eine ständige Weiterbildung ermöglichen.

Die Arbeit dieser ehrenamtlichen Referenten/Referentinnen wurde durch eine Arbeitsform zusätzlich gefördert, die sich in dieser Phase in der gewerkschaftlichen Bildungsarbeit herausgebildet hatte: das Leiten der Seminare durch Zweierteams. Ursprünglich war die Doppelleitung als Mittel gedacht, «Außenteamer» als Lehrkräfte in die Bildungsarbeit zu integrieren, z. B. durch die Zusammenarbeit eines betrieblichen Referenten bzw. einer betrieblichen Referentin mit einem Studenten/einer Studentin. Diese Arbeitsform bewährte sich, soweit die Teams gut kooperierten. Die Arbeitsteilung erleichterte die Leitung der Seminare und ermöglichte es, besser auf Gruppenprozesse einzugehen. Ein Team bot den Teilnehmenden ein breiteres Spektrum an Erfahrungen, Kenntnissen, Positionen und Ansprechgelegenheiten.

In dieser Phase der Konsolidierung begannen die Gewerkschaften auch, ihre Bildungsarbeit programmatisch deutlicher festzulegen. Das bekannteste Beispiel sind die 17 Thesen zur gewerkschaftlichen Bildungsarbeit in der IG Metall aus dem Jahre 1972, die den Streit um die betriebsnahe Bildungsarbeit befrieden sollten und der gewerkschaftlichen Bildung zugleich eine kämpferische Ausrichtung als «Zweckbildung für die sozialen Auseinandersetzungen» (Der Gewerkschafter 11/72, S. 425) gaben. (Mehr dazu in Kapitel 1.3.)

Auch die mit Oskar Negt begonnene Zusammenarbeit von Wissenschaft und gewerkschaftlicher Bildungsarbeit wurde in dieser Periode fortgesetzt. Kooperationsbeziehungen zur Wissenschaft wurden seitdem zum festen Bestandteil der Entwicklung gewerkschaftlicher Bildungsarbeit. Das umfangreichste Forschungsprojekt in den siebziger Jahren war das so genannte «Sprockhöveler Modellseminar» (1973 – 1979). Diese vom Bundesministerium für Bildung und Wissenschaft geförderte Untersuchung sollte am Beispiel der Betriebsräteseminare eine didaktisch-methodische Grundstruktur für Gewerkschaftsseminare entwickeln. Das Projekt wurde von einer soziologischen (Dybowski/Thomssen 1976) und einer erziehungswissenschaftlichen (Schmidt/Weinberg 1978) Begleitforschung unterstützt. An der Ausarbeitung des Seminarmodells selbst waren Lehrkräfte des Bildungszentrums Sprockhövel stark beteiligt (Johannson 1990).

Trotz vieler interessanter Einzelergebnisse blieb das Seminarmodell als Ganzes unbefriedigend. Es lief auf einen fast vollständig durchgeplanten Seminarverlauf hinaus, der kaum noch Raum für spontane Äußerungen betrieblicher Erfahrungen ließ. Das «Modellseminar» blieb damit weitgehend in der zeitgenössischen «Curriculumeuphorie» (Negt in Brock u. a. 1978, S. 55) befangen. Es stieß auch innerhalb der IG Metall auf heftige Kritik und wurde in der Praxis bald modifiziert.

In den achtziger Jahren begann das gesellschaftliche Klima für die Gewerkschaften schwieriger zu werden, besonders nach dem Beginn der Kohl-Ära 1982. Zusätzlich gerieten sie durch die Massenarbeitslosigkeit unter Druck. Die Gewerkschaften reagierten darauf mit dem erfolgreichen Kampf um Arbeitszeitverkürzungen. Auch organisatorisch konnten sie sich in dieser Zeit behaupten.

Die gewerkschaftliche Bildungsarbeit hatte inzwischen eine ausdifferenzierte innere Struktur entwickelt. Auf der regionalen Ebene existierte ein unterschiedlich ausgeprägtes Angebot von Einführungsseminaren, die überwiegend von ehrenamtlichen Referenten/Referentinnen geleitet wurden. Diese Tätigkeit wurde von Referentenarbeitskreisen begleitet. In den örtlichen Gewerkschaftseinheiten gab es politische Sekretärinnen und Sekretäre, die für diese Arbeit verantwortlich waren und denen ein gewisser Teil ihrer Arbeitszeit dafür zur Verfügung stand.

Die zentrale Bildungsarbeit der Gewerkschaften fand in den achtziger Jahren in mehr als 30 Bildungsstätten mit insgesamt weit über 100 fest angestellten Lehrkräften statt. Die Vorstände aller größeren Gewerkschaften verfügten zusätzlich über eigene Bildungsabteilungen, die für die Koordination und Weiterentwicklung der Arbeit zuständig waren. Der Dachverband DGB ergänzte dieses Angebot teilweise auf arbeitsrechtlichem, teilweise auf gesellschaftspolitischem und internationalem Feld. Gewerkschaftsnahe Einrichtungen wie die Heimvolkshochschule Hustedt und die Akademie für Arbeit und Politik in Bremen boten auch halbjährige und längere gesellschaftswissenschaftliche Kurse für Beschäftigte an.

Die Zusammenarbeit mit wissenschaftlichen Einrichtungen nahm zum Teil feste institutionelle Formen an. Besonders an den neu gegründeten Universitäten wurden Kooperationsstellen mit dem DGB eingerichtet. 1980 konnte das Forschungsinstitut für Arbeiterbildung (FIAB) in Recklinghausen gegründet werden, das der Universität Bochum angeschlossen war und von den Gewerkschaften in Zusammenarbeit mit dem Land Nordrhein-Westfalen ins Leben gerufen wurde. Unter der Leitung von Kurt Johannson und später Klaus Dörre trat es als Vermittlungsstelle zwischen Gewerkschaften und Wissenschaft auf und initiierte und unterstützte Forschungsprojekte zu gewerkschaftsrelevanten Themen. Es musste 2007 geschlossen werden, nachdem sich das Land NRW aus der Finanzierung zurückgezogen hatte.

1.2.9 Neue Entwicklungen (1989 – 2000)

Mit dem Prozess der deutschen Vereinigung änderten sich die Handlungsbedingungen der Gewerkschaften dramatisch. Durch den Zustrom aus den neuen Bundesländern schossen die Mitgliederzahlen kurzfristig in die Höhe, um sich fast ebenso schnell durch den weitgehenden Zusammenbruch der ostdeutschen Wirtschaft wieder der Ausgangslage zu nähern.

Dem kurzen Aufschwung nach der Vereinigung folgte die schwere Krise 1993/94. Mit dieser Krise verschlechterte sich der Handlungsrahmen für die Gewerkschaften rapide. Der Konkurrenzdruck durch die wachsende Globalisierung der Ökonomie wuchs. Veränderungen der Wirtschaftsstruktur zu Lasten des Produktionssektors trafen vor allen Dingen traditionell gewerkschaftlich gut organisierte Bereiche. Die hohen Kosten der deutschen Vereinigung drückten auf den Sozialstaat, den staatlichen Beschäftigungssektor und die öffentlichen Investitionen. Die Exporterfolge konnten die wirtschaftliche Entwicklung nur noch begrenzt tragen. Die Wachstumsraten blieben gering, die Arbeitslosigkeit stieg rasch an und erreichte in den Spitzen (1999, 2004) mehr als fünf Millionen registrierte Erwerbslose. Der Niedriglohnsektor und der Bereich unsicherer Arbeitsverhältnisse breiteten sich aus.

Diese Entwicklung traf vor allem die gewerkschaftlich schwach organisierten Bereiche. In den traditionell kampffähigen Sektoren konnten die Gewerkschaften die Reallöhne verteidigen. Gegen Massenentlassungen und Betriebsschließungen aber waren auch sie weitgehend machtlos. Die Gewerkschaften verloren Mitglieder im großen Umfang. Die Mitgliederzahl des DGB sank von 9,768 Millionen (1994) auf 6,441 Millionen (2007).

Für die gewerkschaftliche Bildungsarbeit bedeutete diese Entwicklung zunächst, dass ihre finanziellen Spielräume geringer wurden und dass sie unter stärkeren Rechtfertigungsdruck geriet. Die örtlichen Einheiten der Gewerkschaften wurden außerdem immer mehr von den betrieblichen Konflikten in Anspruch genommen, so dass hier immer weniger personelle Ressourcen für Bildungsarbeit zur Verfügung standen. In der Bildungsarbeit verstärkten sich dadurch die Anstrengungen, die verbleibenden Seminare wirkungsvoller zu gestalten. Dies verband sich mit einem verbreiteten Unbehagen an der bisherigen Bildungspraxis und dem Wunsch, in den Seminaren stärker auf den subjektiven Beweggründen und Erfahrungen der Teilnehmenden aufzubauen.

Auch die Debatten über gesamtgesellschaftlich zu beobachtende Individualisierungsprozesse hatten den Gewerkschaften deutlich gemacht, dass sie immer weniger auf überlieferten Haltungen aus dem Arbeitermilieu aufbauen konnten, sondern auf persönliche Ansprache angewiesen waren. In diesem Zusammenhang wurde auch die Frage diskutiert, ob die Bildungsarbeit zu sehr auf eine männliche Facharbeiterkultur zugeschnitten gewesen sei und Angehörigen anderer Milieus und insbesondere Frauen zu wenige Zugangsmöglichkeiten geboten habe.

Dies ist auch der Hintergrund für ein weiteres großes, von der Hans-Böckler-Stiftung gefördertes Forschungsprojekt zur gewerkschaftlichen Bildungsarbeit, das wiederum im Rahmen der IG Metall stattfand und von Hanns Wienold geleitet wurde (1991 – 1994). Dieses Projekt, das unter dem Kurztitel «Bi–Metall» bekannt wurde, zeichnete sich durch eine umfangreiche und intensive Beobachtung von Seminaren in den Bildungsstätten aus. Leitende Fragestellung war, wie die je individuellen Wirklichkeiten der Teilnehmenden stärker zum Gegenstand der Seminararbeit gemacht werden können und wie die Aufarbeitung ihrer jeweiligen Erkenntnisinteressen zu einem gemeinsamen Lernprozess gebündelt werden kann (Wienold 1996; Hovestadt 1996 a und 1996 b; Weischer 1996 a und 1996 b; Weischer/Blöing u. a. 1998).

Das Forschungsprojekt sollte dazu beitragen, die Seminarkonzeptionen und die praktische Arbeit zu verbessern. Es arbeitete deshalb mit den Mitteln der Handlungsforschung, das heißt, die Lehrkräfte wurden in die Ausarbeitung der Forschungsfragen und die Auswertung der Beobachtungen einbezogen. Die Forschungsergebnisse unterstrichen die «Eigensinnigkeit» des Lernverhaltens der Teilnehmenden und die Bedeutung der persönlichen Lernanliegen für den Lernerfolg.

Die Forschergruppe plädierte dafür, die individuellen betrieblichen Handlungsräume der Teilnehmenden stärker aufzugreifen und auch gesellschaftspolitische Fragen daran anzuknüpfen. Darüber hinaus betonten sie – nicht zuletzt unter dem Eindruck der Krise von 1993/94 – die Bedeutung der Aufarbeitung der Anstrengungen und auch der Enttäuschungen der alltäglichen Gewerkschaftsarbeit. Wenn dies in einem Klima gegenseitiger Anerkennung geschehe, könne daraus so etwas entstehen wie ein «Gründungsakt der Gewerkschaft im Seminar, ihre Neugründung aus dem Zweifel» (Wienold 1996, S. 75). Die Untersuchung lieferte zusätzlich eine kritische Bestandsaufnahme der Situation von Frauen in den Seminaren (Hovestadt 1996a).

Die Ergebnisse des Forschungsprojekts gingen in die «Rahmenkonzeption für die Bildungsarbeit der IG Metall» ein, mit der die Ergebnisse der Diskussionsprozesse in dieser Organisation Ende der neunziger Jahre zusammengefasst wurden (Rahmenkonzeption 1998).

Die Kooperation mit Wissenschaftlern schlug sich auch in einer Reihe von weiteren Projekten nieder. Die IG Chemie entwickelte z. B. mit «Experten in eigener Sache» ein Bildungskonzept, das den Betriebsräten hilft, das Expertenwissen der Beschäftigten zur Unterstützung ihrer Arbeit heranzuziehen (Legner/Müller u. a. 1997). Im gleichen Zusammenhang entstand der Versuch, Formen des selbstorganisierten Lernens auf die gewerkschaftliche Bildungsarbeit zu übertragen (Greif/Rauen 1995).

Fragen der pädagogischen Alltagspraxis nahmen jetzt einen größeren Raum in den Debatten in der gewerkschaftlichen Bildungsarbeit ein. Erwachsenenbildner und Erziehungswissenschaftler wie Erhard Meuler, Karl-Heinz Geißler oder Hilbert Meyer wurden zu Weiterbildungsveranstaltungen für die pädagogischen Mitarbeiter/-innen herangezogen. Auch die bisher wenig beachteten Gruppenprozesse in Seminaren wurden stärker thematisiert und teilweise mit Hilfe der von der deutsch-amerikanischen Psychoanalytikerin Ruth Cohn entwickelten «Themenzentrierten Interaktion» (TZI) bearbeitet (vgl. Hartwich-Oppelt 2001).

Daneben weitete die Bildungsarbeit auch ihr Angebotsspektrum aus. In den neunziger Jahren versuchten fast alle Gewerkschaften, durch Organisationsentwicklungsprozesse die Effektivität ihrer Arbeitsabläufe zu verbessern. Vor diesem Hintergrund rückte die Förderung arbeitsprozessbezogener Kompetenzen stärker in den Blick der Bildungsarbeit. Dies schärfte das Bewusstsein dafür, wie sehr die Handlungsfähigkeit eines Betriebsrats auch dadurch gestört sein kann, dass er über keine effektive Arbeitsorganisation verfügt oder durch persönliche Differenzen der Akteure blockiert wird. Bildungsarbeit wurde jetzt stärker unter dem Gesichtspunkt der Personalentwicklung wahrgenommen.

Diese Angebote, für die sich die Bezeichnung «Bildung und Beratung» einbürgerte, umfassten arbeitsorganisatorische Aspekte, wie z. B. Projektarbeit, und den Bereich der sozialen Kompetenzentwicklung, wie Konfliktbewältigung, Prozessberatung von Gremien oder Coaching für Leitungstätigkeiten. Sie wurden und werden oft in Zusammenarbeit mit externen Trägern durchgeführt und haben eigene Arbeitsstrukturen entwickelt, z. B. Angebotsreihen mit gleichbleibendem Teilnehmerkreis.

Anfangs war umstritten, inwieweit es sich bei solchen Angeboten um politische Bildung handelt. Bald setzte sich jedoch die Auffassung durch, dass diese Angebote eine notwendige Erweiterung politischer Bildung sind. Die Kompetenzen, um die es geht, sind ja für politisches Handeln wesentlich. Allerdings dürfen sie nicht zu formalisierten und inhaltlich verselbstständigten Trainingseinheiten verkommen, sondern müssen immer auf gewerkschaftliche Aufgaben und Ziele zurückbezogen werden. Inzwischen sind solche Angebote ein fester Bestandteil der Bildungspläne der meisten Gewerkschaften geworden.

Auch die regionale Bildungsarbeit veränderte sich und gewann an Eigenständigkeit. Durch das hohe Tempo der betrieblichen Umstrukturierungsmaßnahmen und die Krisenhaftigkeit der Entwicklungen (Betriebsaufspaltungen, Massenentlassungen, Konkurse usw.) wuchs der Bedarf an schnellen, auf bestimmte Zielgruppen zugeschnittenen Bildungsangeboten. Die regionale Bildungsarbeit wurde insgesamt stärker zur Unterstützung der örtlichen Gewerkschaftsarbeit herangezogen und nicht mehr in erster Linie als Eingangsstufe zu den zentralen Angeboten verstanden. Diese Umstellung wurde durch Kooperationsprojekte der Bildungsstätten unterstützt. Das regionale Bildungsangebot begann sich aufzudifferenzieren und stärker an den unmittelbaren örtlichen Erfordernissen zu orientieren.

Mit diesem Bündel aus verschiedensten Maßnahmen versuchte der Bildungsbereich seinen Beitrag zur Stabilisierung der Gewerkschaften in dieser schwierigen Situation zu leisten.

Allerdings geriet die gewerkschaftliche Bildungsarbeit in dem strategisch wichtigen Bereich der Angebote für Betriebsräte heftig unter den Druck kommerzieller Anbieter. Solche Firmen hatten Bildungsangebote für Betriebsräte, deren Kosten die Unternehmen übernehmen müssen, als lukrativen Markt entdeckt. Sie weiteten ihre Angebote aus und konnten – oft mit wohlwollender Unterstützung von Unternehmerseite – ihre Teilnehmerzahlen ausdehnen. Sie warben vielfach mit ihrer angeblichen politischen Neutralität, der Beschränkung auf Rechtskenntnisse, mit namhaften Referenten oder einem besonderen Ambiente. Innovative Angebote waren eher selten und betrafen Themenfelder, die von den Gewerkschaften vernachlässigt worden waren.

1.2.10 Veränderungen seit 2000 und Ausblick

Ende der neunziger Jahre zwangen die zurückgehenden Mitgliederzahlen die Gewerkschaften zu weit reichenden organisatorischen Konsequenzen, um ihre Handlungsfähigkeit zu erhalten. 1997 schlossen sich die IG Bergbau und Energie mit der IG Chemie, Papier, Keramik und der Gewerkschaft Leder zur BCE zusammen. Danach folgte eine Reihe weiterer Fusionen. Am spektakulärsten war der Zusammenschluss von fünf Gewerkschaften zur Dienstleistungsgewerkschaft ver.di im Jahre 2001.

Diese organisatorischen Umwälzungen betrafen auch den Bildungsbereich. Der Zwang zu Einsparungen, der bis zur Schließung einzelner Bildungsstätten ging, wurde dadurch nur wenig gemindert. Es zeigte sich aber, dass die Bildungsarbeit ein unverzichtbarer Bestandteil gewerkschaftlicher Politik geworden war. Bei der Reorganisation der Gewerkschaften konnte sie ihre Stellung als wesentliches gewerkschaftliches Handlungsinstrument behaupten. Die Bildungsabteilungen entwickelten in diesem Prozess viele Ideen und Initiativen, um die Bildungsange-bote stärker an die aktuellen Handlungsanforderungen anzupassen und darauf zu achten, dass «aus jedem Euro mehr Bildungsarbeit gemacht werden kann» (Forum Bildung 2005, S. 34).

Die Herausforderungen durch die bedrängte Lage der Gewerkschaften und durch die organisatorischen Umwälzungsprozesse führten auch zu weiteren Selbst-verständnisdebatten über die Aufgaben und Formen der Bildungsarbeit und die neuen Ansätze. Kern der Debatten war die Frage, wie die politischen Ansprüche an die Bildungsarbeit unter den schwieriger gewordenen Bedingungen einzulösen sind und mit welchen Mitteln ein noch größerer Nutzen für die Handlungsfähig-keit der Gewerkschaften erreicht werden kann. Diese Debatten wurden in der IG Metall besonders heftig geführt.[4]

Im weiteren Verlauf der Diskussionen rückten Fragen der Handlungsorientie-rung stärker in den Mittelpunkt. Es wurde versucht, diese lerntheoretisch im Rück-griff auf Klaus Holzkamp (1927 – 1995) besser zu untermauern (IG Metall Bezirk Stuttgart [Hrsg.] 2005; Allespach 2006). Auch die inneren Strukturprobleme der Bildungsarbeit, insbesondere die Kooperation zwischen regionaler und zentraler Ebene, rückten wieder stärker in den Blickpunkt (Obermayr 2008).

Solche Debatten wurden aber auch in anderen Gewerkschaften geführt. Bei ver.di kam nach ihrem Entstehen hinzu, dass die unterschiedlichen Kulturen aus den ver-schiedenen «Quellgewerkschaften» auch im Bildungsbereich heftig aufeinander trafen (Michelbrink 2004; Todtenberg 2007). In der dritten großen Gewerkschaft, der BCE, wurden bisherige Strukturen ebenfalls infrage gestellt. Darüber hinaus setzte sich deren Bildungsabteilung frühzeitig dafür ein, dass auch die Industrie-gewerkschaften den ganzen Bildungsbereich von der frühkindlichen Erziehung bis zur beruflichen Weiterbildung zu ihrem Thema machen müssten. Zu sehr würden sowohl das Schicksal der Kinder ihrer Mitglieder als auch die Zukunft des Landes selber von der Entwicklung des Bildungssektors abhängen (Römer 2004).

Gegenwärtig (2009) stehen die Gewerkschaften durch die globale Wirtschafts-krise wieder vor neuen Herausforderungen. Trotz der Einschränkungen aus den zurückliegenden Jahren verfügt die gewerkschaftliche Bildungsarbeit heute mit 25 Bildungsstätten, mit mehr als 90 hauptamtlichen pädagogischen Mitarbeitern und Mitarbeiterinnen, den Beschäftigten der gewerkschaftsnahen Bildungswerke, den vielen Fachkräften, mit denen auf bestimmten Gebieten zusammengearbeitet wird, und mehreren tausend ehrenamtlichen Lehrkräften weiterhin über gute Vorausset-zungen, ihren Beitrag zur Stärkung der Interessen Beschäftigter und zur Demokra-tisierung der Gesellschaft zu leisten.

---

4   Vgl. Forum Bildung (08/2003 und 06/2004), Dreibus (2002 a; 2002 b; 2003), Ahlheim/Mathes (2005), Beerhorst (2006).

1.3 Allgemeinbildung oder Zweckbildung?

Bevor wir die Details gewerkschaftlicher Bildungsarbeit bestimmen, ist ein grundsätzlicher theoretischer Widerspruch zu klären:

- Die IG Metall beansprucht – wie die anderen Gewerkschaften auch – seit langem, in ihrer Bildungsarbeit «Zweckbildung für die sozialen Auseinandersetzungen» zu vermitteln, die deshalb auch immer «organisationsgebunden» sein muss. Ein prominenter Vertreter dieser These war der schon im Vorwort von Peter Faulstich zitierte Hans Preiss (s. Seite 10).
- In der Mehrzahl der im deutschsprachigen Raum diskutierten Bildungstheorien wird eine solche Zweckbindung von Bildung ausdrücklich abgelehnt.

Die Idee der Zweckbildung kollidiert mit der von Wilhelm von Humboldt (1767 – 1835) begründeten Denktradition, Bildung als «reine Menschenbildung» zu verstehen, die um ihrer selbst willen stattzufinden hat, also keinem anderen Zweck untergeordnet werden darf und deshalb von jeder Variante beruflicher Aus- und Weiterbildung abzugrenzen ist.

Allgemeinbildung soll den Heranwachsenden helfen, ihre je individuelle Persönlichkeit zu entfalten und mündig zu werden. Sie ist nur als Erziehung zur Selbstständigkeit und Selbstverantwortung denkbar. Alles andere wäre bloße Abrichtung und Dressur.

Der ehemalige Textilarbeiter und spätere Bildungstheoretiker Herwig Blankertz (1927 – 1983) argumentiert in der Zusammenfassung seiner «Geschichte der Pädagogik» (1982, S. 306/307) ähnlich wie Humboldt und schreibt:

Herwig Blankertz[5]

«Thema der Pädagogik ist die Erziehung, die den Menschen im Zustand der Unmündigkeit antrifft. Erziehung muss diesen Zustand verändern, aber nicht beliebig, sondern orientiert an einer **unbedingten Zwecksetzung**, an der Mündigkeit des Menschen.

Wo aber findet die Pädagogik den Maßstab für Mündigkeit? Nach Auskunft der Geschichte der europäischen Pädagogik ist der Maßstab nicht willkürlich gesetzt, sondern in der Eigenstruktur der Erziehung enthalten. Diese Struktur steht in Spannung zu den die Erziehung überformenden und überwältigenden, nicht-pädagogischen Normauflagen.

---

5 Das Foto zeigt Blankertz auf dem IG Metall-Bildungskongress 1972.

Doch auch dann, wenn die Erwachsenen nur die Bewahrung des Vorgegebenen wünschen, nur Gehorsam, Einübung, Nachahmung und Nachfolge verlangen, liegt das Ziel in der Freigabe der Erzogenen. Denn der Nachwuchs muss das Tradierte schließlich selbständig, in eigener Verantwortung und unter Berücksichtigung im einzelnen nicht vorhersehbarer Situationen verwalten, interpretieren und verteidigen. Wie die kommende Generation ihren Auftrag erfüllen und bewähren wird, kann inhaltlich von den Erziehenden nicht vorweggenommen werden und ist darum prinzipiell nicht operationalisierbar[6].

Die Erziehungswissenschaft aber arbeitet eben dieses als das Primäre heraus: Sie rekonstruiert die Erziehung als den Prozess der Emanzipation, d. h. der Befreiung des Menschen zu sich selbst.»

Der scheinbare Widerspruch zwischen der Allgemein- und der Zweckbildung lässt sich jedoch auflösen, wenn man sich die Bildungstheorie von Blankertz etwas genauer anschaut. In all seinen Schriften polemisiert er nämlich gegen die in Deutschland übliche, am Fächerkanon orientierte Unterscheidung von Berufsbildung und Allgemeinbildung. Sie ist theoretisch betrachtet unsinnig, aber leider bis heute praktisch folgenreich.[7]

Warum? Weil alle Versuche gescheitert sind, für bestimmte Fächer und Inhalte nachzuweisen, dass sie «allgemeinbildender» als die anderen seien. Dass Deutsch-, Mathematik- und Fremdsprachenunterricht zum Abitur führen, während Elektrotechnik oder Molkereitechnologie «nur» für Berufsabschlüsse taugen, ist eine Folge politischer Entscheidungen und gesellschaftlicher Machtverhältnisse – eine stichhaltige bildungstheoretische Rechtfertigung gibt es dafür nicht. Herwig Blankertz dreht deshalb den Spieß um und stellt fest, dass Allgemeinbildung – wie auch immer definiert – nur im Durchgang durch Spezialbildung erworben werden kann: «Die Wahrheit der Allgemeinbildung ist die spezielle oder berufliche Bildung.» (Blankertz 1982, S. 141)

Das gilt unseres Erachtens auch für die Bildungsarbeit der Gewerkschaften: Sie ist organisationsgebunden und an der Vermittlung konkreter, für die unmittelbare Gewerkschaftsarbeit wichtiger Kompetenzen orientiert. Aber sie zielt zugleich auf etwas Allgemeines: auf den humanitären und demokratischen Fortschritt des Einzelnen und der Gesellschaft insgesamt. Und deshalb ist es kein Widerspruch, wenn

---

6 Damit ist gemeint, dass eine genaue Operation bzw. Regieanweisung gegeben wird, wie eine Handlung auszuführen ist.

7 Die vorherrschende Bildungstheorie diente und dient der Rechtfertigung der Zweiteilung unseres Bildungssystems in allgemeine und berufsbildende Schulen. Sie hat über zweihundert Jahre lang dazu beigetragen, die Berufs- und Weiterbildung gegenüber der Allgemeinbildung im öffentlichen Bewusstsein und bei der Vergabe von Berechtigungen abzuwerten. Deshalb die Friedrich Engels zugeschriebene ideologiekritische These: «Allgemeinbildung ist die Berufsbildung der Herrschenden – Berufsbildung ist die Allgemeinbildung der Beherrschten.»

man die von den Gewerkschaften propagierte Zweckbildung mit dem Anspruch auf Allgemeinbildung verknüpft. Auch eine Betriebsräteschulung, ein Jugendseminar oder ein Rechtsseminar können allgemeinbildend sein – aber sie sind es nicht automatisch, sondern nur dann, wenn sie den für die Allgemeinbildung formulierten Ansprüchen genügen.

Was sind das für Ansprüche? Wolfgang Klafki (geb. 1927), eine der wichtigsten Persönlichkeiten der Erziehungswissenschaft in der zweiten Hälfte des 20. Jahrhunderts, hat die in der Epoche der Aufklärung bei Immanuel Kant (1724 – 1804) und Wilhelm von Humboldt das erste Mal ausformulierten Maßstäbe historisch-systematisch analysiert und dann auf ihre Gültigkeit für heute überprüft (Klafki 1985, S. 17 ff.).

Klafki kommt zu fünf zentralen Merkmalen, die ebenso auch von anderen führenden Allgemeinbildungstheoretikern wie Herwig Blankertz oder Lothar Klingberg (1926 – 1999) vertreten wurden:

* Allgemeinbildung ist *Bildung für alle* ohne Unterscheidung nach Herkunft, Geschlecht, gesellschaftlicher Klassenzugehörigkeit oder Besitz.
* Allgemeinbildung ist ganzheitliche bzw. *allseitige Bildung*, die jeden Einzelnen möglichst vielfältig fördert – nicht nur in bestimmten Spezialgebieten oder im Hinblick auf die Berufstätigkeit, sondern bei der Entfaltung möglichst vieler körperlicher und geistiger Möglichkeiten.[8]
* Allgemeinbildung ist *Spezialbildung im Medium des Allgemeinen*, weil es eine von Sach- und Fachkompetenz getrennte «allgemeine» Kritikfähigkeit ebenso wenig gibt, wie eine individuelle Emanzipation ohne Solidarität mit anderen, die sich ebenfalls emanzipieren wollen.
* Bildung ist niemals abgeschlossen. Sie schließt die Bereitschaft zum *Weiterlernen* ein.
* Bilden kann man sich nur selbst – aber Bildung wird dadurch nicht zur Privatsache. Sie ist nur *in Gemeinschaft mit anderen* möglich.

Wir formulieren eine Definition in eigenen Worten[9]:

Allgemeinbildung bezeichnet die Fähigkeit und Bereitschaft von Menschen, in der Auseinandersetzung mit der Welt selbstbestimmt, kritisch, sachkompetent und solidarisch zu denken, zu handeln und sich weiterzuentwickeln.

---

8 Lothar Klingberg hat in einem Oldenburger Vortrag angemerkt: «Mit der Forderung nach allseitiger Bildung haben wir uns hüben und drüben übernommen. Es ist schon sehr viel, wenn wir Vielseitigkeit erreichen.» – Natürlich hat er Recht – nicht jeder muss alles können; sonst wäre Teamarbeit überflüssig.

9 Vgl. Jank/Meyer (2002, S. 210).

Daraus folgt, dass eine sich unpolitisch verstehende reine Kompetenzschulung den Allgemeinbildungsanspruch verfehlt und auch keine Zweckbildung ist, ja nicht einmal als Berufs- bzw. Spezialbildung angenommen werden kann. Es geht ja immer darum, die Generation stark zu machen, die heute und in Zukunft die Verantwortung trägt, um für eine menschlichere und gerechtere Gesellschaft kämpfen zu können. Daraus folgt: Gewerkschaftliche Bildungsarbeit darf nicht nur, sondern sie *muss* aus bildungs- und lerntheoretischen Gründen den Anspruch erheben, zweckbezogen und allgemeinbildend zugleich zu sein.

Was Klafki, Holzkamp und Negt in je eigener Terminologie, aber in der Sache gleichsinnig fordern, wird auch von empirisch arbeitenden Lerntheoretikern bestätigt. Die amerikanischen Autoren Edward Deci und Richard Ryan haben in ihrer «Selbstbestimmungstheorie der Motivation» (1993) herausgearbeitet, was die Gelingensbedingungen für selbstständiges Denken und Handeln sind. Selbstständigkeit und Selbstvertrauen wachsen immer dann und nur dann,

- wenn die Lernenden in ihren Lernprozessen *Kompetenzerfahrungen* machen können,
- wenn sie beim Lernen *Autonomieerfahrungen* machen, also von Beginn an Verantwortung für ihr Lernen zugewiesen bekommen,
- und wenn sie *Gemeinschaftserfahrungen* machen, also sich gegenseitig beim Lernen unterstützen und solidarisch handeln.

Kompetenz – Autonomie – Gemeinschaft: Das sind drei zentrale Kategorien, die auch in der gewerkschaftlichen Bildungsarbeit eine große Rolle spielen. Man kann sogar feststellen, dass es hier sehr viel einfacher als in der Schule ist, Lehr-Lern-Prozesse an diesen drei Kategorien auszurichten.

Wir fassen zusammen: Gewerkschaftliche Bildungsarbeit ist immer dann zugleich allgemeinbildend, wenn sie nicht nur Spezialkompetenzen für die Lösung fachlicher Aufgaben vermittelt, sondern die Kritikfähigkeit und die Bereitschaft zum solidarischen Handeln stärkt. Allgemeinbildung und Zweckbildung bedingen sich deshalb gegenseitig – und sie bilden den Maßstab, an dem sich die Bildungsarbeit der Gewerkschaften messen lassen muss und kann.

2 Lernen in der politischen Bildung – ein subjektwissenschaftlicher Zugang

Das jeweilige Lernverständnis gibt dem Lernprozess eine Richtung. Damit wird es grundlegend für die in den nachfolgenden Kapiteln verhandelten Überlegungen zur Didaktik und Methodik:

- *In Kapitel 2.1 setzen wir uns kritisch mit dem herrschenden Lernverständnis auseinander, das auf Fremdbestimmung und Kontrolle ausgerichtet ist. Es wird begründet, warum eine auf Verhaltensänderung zielende Lerntheorie im Widerspruch zu dem in Kapitel 1 skizzierten kritisch-emanzipatorischen Bildungsverständnis steht. Dies gilt auch für die inzwischen vielfältigen Spielarten des selbstorganisierten Lernens, die das Problem des Lernens unter fremdbestimmten Bedingungen nicht lösen können.*
- *In Kapitel 2.2 erklären wir die Grundbegriffe der Subjektwissenschaft und des subjektwissenschaftlichen Lernens, wie sie von Klaus Holzkamp im Rahmen der Kritischen Psychologie entwickelt wurden. Von grundlegender Bedeutung sind dabei die subjektiven Lerngründe der Teilnehmenden.*
- *In den Kapiteln 2.3 und 2.4 skizzieren wir Beispiele für das von Klaus Holzkamp geforderte expansive Lernen.*

2.1 Der herrschende Lernbegriff

2.1.1 Lernen durch Verhaltensänderung

In den meisten pädagogisch-psychologischen Lehrbüchern wird Lernen als Verhaltensänderung definiert. Dies wird oft mit der Vorstellung verbunden, dass es bestimmte ausgeklügelte Techniken gibt, mit deren Hilfe dasjenige, was Pädagogen, Organisationen und Institutionen als Lernanforderungen festgelegt haben, möglichst schnell und effektiv zu lernen ist. Ein solches Lernverständnis mag zunächst sehr einleuchtend klingen, aber es trägt nicht wirklich.

Für die IG Metall beispielsweise ist gewerkschaftliche Bildungsarbeit Zweckbildung für die sozialen und politischen Auseinandersetzungen (s. Kapitel 1.3). Als Querschnittsaufgabe bewegt sie sich im programmatischen Rahmen der Gesamtorganisation, ihren Zweck findet sie u. a. in ihrem Beitrag zur Sicherstellung der Handlungsfähigkeit und der Weiterentwicklung der strategischen Ziele der Organisation. Dafür nehmen die Gewerkschaften viel Geld für ihre Bildungsarbeit in die Hand und dafür dürfen sie umgekehrt einen zielgerichteten und zweckmäßigen Einsatz erwarten.

Die Inhalte dieser Zweckbildung nehmen Bezug auf die für die Gewerkschaften jeweils bedeutenden Themen. Die Reichweite der Ziele geht von der Vermittlung von Wissen und Kenntnissen über die Veränderungen von Einstellungen und Werthaltungen bis zur Anregung oder Begleitung von Handlungsprozessen in den Betrieben. «Kleingearbeitet» werden die jeweiligen Vorstellungen in Seminarbeschreibungen, in denen angegeben ist, was ein Teilnehmer bzw. eine Teilnehmerin nach dem Seminarbesuch kennen und können soll.

All dies ist durchaus legitim und es gilt für Gewerkschaften wie für jede andere Organisation auch. Die Orientierung an Zielen und Aufgaben einer Organisation muss dabei nicht zwangsläufig im Widerspruch zu einer subjektwissenschaftlich begründeten Bildungsarbeit stehen. Allerdings verlangt ein subjektwissenschaftlicher Zugang eine andere Haltung und Perspektive auf den Lernprozess. Dieses «andere» Lernverständnis grenzt sich deutlich von den traditionellen Lernvorstellungen ab, in denen die Lernziele von einem Außenstandpunkt aus festgelegt werden, so dass die Illusion entsteht, dass sich das erforderliche Wissen durch eine mehr oder weniger geschickte Vermittlung einfach herstellen oder gar verkünden lasse.

Dieses traditionelle Lernverständnis basiert auf **Verhaltensänderung durch Instruktion.**[1] Dies ist aus mehreren Gründen problematisch:

- «Verhalten» ist im Verständnis dieser Theorien ein von außen beobachtbares Phänomen. Man sieht, dass jemand sein Verhalten geändert hat, aber warum er das getan hat, können wir durch Außenbeobachtung nicht feststellen. Allein die Beobachtung «ein Mensch sitzt in einem Kurs» lässt keine Rückschlüsse darüber zu, warum er das tut. Eine solche Instruktionspsychologie wird als Wissen über das Lernen unter fremdgesetzten Zielen und Bedingungen verstanden.
- Die Lernenden werden zu Objekten degradiert, die das zu lernen haben, was ein Dritter vom Außenstandpunkt aus für notwendig und richtig hält. Die Lernenden können nicht über Lernthemen und -bedingungen mitentscheiden. Im Fokus solcher Lerntheorien stehen nicht die Interessen der Lernenden, sondern das Interesse einer Institution oder Organisation.
- Lernen wird als von außen bewirkt und angestoßen angesehen. Damit wird unterstellt, dass es durch Dritte erzeugt werden kann. In der Weiterbildung wird ja auch ganz häufig von Trainingsmaßnahmen und Trainern gesprochen – und dies nicht ohne Grund. Ein verändertes Verhalten soll antrainiert werden. Ein Mensch soll sich «richtig» verhalten – ob er eingesehen und begriffen hat, was er lernen soll, spielt dabei keine Rolle. Unterstellt

---

1 Damit sind alle behavioristischen (auf Verhalten bezogenen) und ein Teil der kognitionspsychologischen Theorieansätze gemeint; vgl. den Überblick bei Reinmann-Rothmeier/Mandl (2001) und Lefrançois (2006).

wird zugleich eine Entsprechung von Instruktion und lernender Aneignung nach dem Motto «Was gelehrt wird, wird auch gelernt».

Ein solches auf Fremdbestimmung bezogenes Lernverständnis entspricht einem auf Kontrolle und Herrschaft basierenden Gesellschaftsmodell. In jeder Gesellschaft dominiert eben die Lernpsychologie, die sie verdient.

2.1.2 Selbstorganisiertes Lernen – eine neue Orientierung für die politische Bildung?

In Psychologie und Pädagogik werden schon seit einiger Zeit neuere Ansätze diskutiert, die das traditionelle, am psychologischen Behaviorismus orientierte Lernverständnis infrage stellen und ein Lernverständnis ins Spiel bringen, das dem Subjekt stärkere Aufmerksamkeit schenkt. So ist – etwa im Kontext der Systemtheorie und des Konstruktivismus – vermehrt die Rede von selbstorganisiertem, selbstgesteuertem und selbstbestimmten Lernen.[2]

Verbinden sich damit nun schon neue Chancen für ein auf Emanzipation und Mündigkeit gründendes Lernen? Tatsächlich finden sich in vielen dieser Theorien und Konzepte interessante Ansätze. Alles in allem besteht aber kein Grund zur Euphorie. So ist mit den neuen subjektbezogenen Lernvorstellungen noch nicht das Problem des Lernens unter fremdbestimmten Bedingungen gelöst. Bei genauerem Hinsehen stellt man fest, dass die Hinwendung dieser jüngeren Ansätze zum «Selbst» und der Bedeutungsgewinn des «Subjekts» im Wesentlichen einen Reflex auf gesellschaftliche Notwendigkeiten darstellt:

- Für W. F. Haug (1996) ist die Forderung nach selbstorganisiertem Lernen die Reaktion auf die Entstehung einer neuen Produktionsweise, die in besonderer Weise die Eigenaktivität der Wirtschaftssubjekte fordere. Insofern sind zumindest einige Konzepte des selbstorganisierten und -gesteuerten Lernens als Reaktion auf neue Selbststeuerungsmechanismen zu verstehen. Also Achtung: Selbstorganisiertes Lernen kann ganz unterschiedlich motiviert sein und muss nicht in jedem Fall auf Selbstbestimmung, Mitbestimmung und Solidarität als grundlegende Werte des Bildungsprozesses zielen.

- Bolder und Hendrich (2002) wenden sich kritisch gegen den Leitbegriff des «selbstorganisierten Lernens» und eine Politik der «neuen Lernkultur». Solche Ansätze kämen einer kulturpolitischen Kampfansage gleich, die darauf ausgerichtet sei, Weiterbildung ganz im Sinne der Individualisierungsthese dem Einzelnen als Unternehmer seiner Arbeitskraft zu überlassen. Die Verantwortung für Weiterbildung und Beschäftigungsfähigkeit werde auf die abhängig Beschäftigten verlagert, die nun aufgefordert seien, sich

---

2   Vgl. Boekaerts u. a. (2000); Reich (2002).

ihren Qualifikationen gegenüber so zu verhalten, wie ein Unternehmer gegenüber den in seinem Unternehmen gefertigten Produkten: neutral, anpassungsfähig und marktorientiert.

Die Frage ist zu klären, welcher Lernbegriff einem auf Selbstbestimmung, Mitbestimmung und Solidarität zielenden kritisch-emanzipatorischen Bildungsverständnis angemessen ist. Schon an dieser Stelle ist deutlich: Es reicht nicht aus, sich auf äußere Anlässe oder Aufgaben zu beziehen, vielmehr müssen Zielstellungen, Themen und Methoden politischer Bildung mit den Interessen der Adressaten vermittelt sein und an der Bedeutsamkeit der Gegenstände für die Lernenden orientiert werden.

2.2 Subjektorientierung in der Kritischen Psychologie (Klaus Holzkamp)

2.2.1 Subjektwissenschaftliche Grundlagen

Ein anderes Subjektverständnis hat Klaus Holzkamp (1927 – 1995) im Kontext der Kritischen Psychologie ausgearbeitet.[3]

Kritisch ist die Kritische Psychologie sowohl in Bezug auf die gesellschaftlichen Kontexte und Vorgaben, als auch gegenüber einer Psychologie, die sich in den Dienst von Herrschaftsverhältnissen stellt. Insofern hat der Subjektbegriff in der Kritischen Psychologie eine Doppelbedeutung: Er meint das aufgrund gesellschaftlicher Verhältnisse vielfach unterworfene und zugleich widerständige Subjekt, das sich mit seinen Unter-

Klaus Holzkamp

werfungen nicht abfindet. In diesem Sinne ist der subjektwissenschaftliche Lernbegriff anschlussfähig an ein kritisch-emanzipatorisches Bildungsverständnis, in dem Subjekte und Gesellschaft, demokratischer und humanitärer Fortschritt, individuelle Handlungsfähigkeit und Solidarität im Sinne verallgemeinerter Handlungsfähigkeit als dialektische Verhältnisse bestimmt sind.

Im subjektwissenschaftlichen Sinne meint **Subjektorientierung:**

1. Der Mensch handelt, das heißt, er verfügt – wie eingeschränkt auch immer – über eigene Zielsetzungen. Wir werden also nicht, wie es die Instruktionspsychologie annimmt, von den Bedingungen determiniert. Wir sind nicht bedingt, sondern wir können uns zu den Bedingungen bewusst verhalten. Wir haben also die Alternative, nicht oder anders als vorgegeben zu handeln.

---

3 Das Hauptwerk von Holzkamp hat den Titel «Lernen – Subjektwissenschaftliche Grundlegung» (1993).

2. Dennoch ist dieses Handeln nicht beliebig, sondern immer – auf der Grundlage eigener Erfahrungen und Interessen – subjektiv, das heißt vom Standpunkt des Subjekts begründet. Und das ist das genaue Gegenteil zur alltagssprachlichen Bedeutung von «nur subjektiv», «einseitig» oder «privat».

3. In der Begründetheit des Handelns liegt die Voraussetzung dafür, dass wir uns in bestimmter Weise auf den Standpunkt des anderen stellen und uns mit ihm auseinandersetzen können. Gründe sind nämlich zwischen den Menschen kommunizierbar. Ich kann die Gründe des anderen erkennen.

Um einen Zugang zu den je eigenen Gründen des anderen zu erlangen, bedarf es aber eines Vertrauensverhältnisses beim intersubjektiven Austausch, also einer Form der zumindest partiellen Parteinahme für den jeweils anderen.

2.2.2 Der subjektwissenschaftliche Lernbegriff

Eine Psychologie vom Standpunkt des Subjektes bedeutet, dass auch das Lernen vom Standpunkt des Subjektes entwickelt wird. Lernen geschieht immer in der ersten Person, das heißt, ich lerne, weil ich meine Gründe dafür habe. Selbst wenn ich zum Lernen gezwungen werde, gibt es immer noch Gründe für mich, dies zu tun oder es eben auf irgendeine Weise zu unterlassen. Im Mittelpunkt einer Subjektwissenschaftlichen Lerntheorie steht also die bzw. der Lernende als begründet und intentional Handelnde/Handelnder.

Ein subjektiver Grund für das Lernen entsteht nach Holzkamp dann, wenn Schwierigkeiten im aktuellen Handlungsablauf nicht ohne Weiteres überwunden werden können, wenn aber zugleich erwartet werden kann, dass durch Lernen die Bewältigung der Problematik möglich wird. So kann es z. B. aufgrund einer Diskrepanz zwischen der tatsächlich realisierten Handlung und den möglichen Lösungen subjektiv begründet sein, eine «Lernschleife» einzulegen. Systematisch formuliert: Gelernt wird aufgrund von Diskrepanzerfahrungen und der Erwartung einer erweiterten gesellschaftlichen Teilhabe.

Ein Betriebsratsmitglied wird beispielsweise mit der Einführung eines neuen Entlohnungssystems konfrontiert. Er nimmt an einem Seminar teil, das ihm die Möglichkeit gibt, Chancen und Gefahren einzuschätzen, eigene Gestaltungsentwürfe zu entwickeln und die betriebliche Auseinandersetzung in größere Zusammenhänge einzuordnen. Der Seminarbesuch hilft ihm also bei der Lösung seiner ganz konkreten Handlungsprobleme.

Die Abbildung 3 fasst das Erläuterte zu einem Grundmodell zusammen.

Josef Held (2000, S. 89 f.) erweitert dieses Grundmodell, bei dem aus einer Primärhandlung eine sekundäre Lernhandlung folgt, um eine Reihe wichtiger, den Geltungsanspruch des Modells erweiternder Aspekte:

Abb. 3:
Grundmodell Lernen
in Problemsituationen

1. Handlungsproblematiken müssen nicht jeweils aktuell bestehen, sondern können auch antizipiert werden: «Ich weiß also, dass ich mit meinen Handlungsintentionen in Zukunft auf Probleme stoßen werde und dann meine Handlungsprobleme nur lösen kann, wenn ich schon heute den Lerngegenstand bestimme und das Notwendige lerne. Deshalb umfasst das Modell auch ein Lernen auf Vorrat.» (Held 2000, S. 89)
2. Lernen findet nicht nur als bewusste Ausgliederung einer Lernhandlung aus dem Handlungsvollzug statt, sondern kann auch in Form eines Mitlernens in anderen Handlungszusammenhängen erfolgen.
3. Gelernt wird nicht nur durch eigenes unmittelbares Handeln in der Lebenswelt, sondern durch Beobachten und Nachvollziehen. Josef Held schreibt: «Der Umgang mit Medien ist dafür ein wichtiges Feld. Der Medienzugang zur Welt, der scheinbar passiv erfolgt, kann aber auch als Handlung verstanden werden, nämlich als innerlicher Nachvollzug von Handlungen anderer, die sozusagen stellvertretend handeln. Bild und Text strömen nicht in

uns hinein, sondern wir beobachten, d. h. wir wählen aus, verteilen unsere Aufmerksamkeit, vollziehen Handlungen anderer innerlich nach.» (Ebd., S. 90) Auch hier gilt: Ob und was gelernt wird, hängt davon ab, ob es jeweils individuelle Gründe zum Lernen gibt.

4. Beim Lernen geht es nicht nur um Inhalte, sondern zugleich um Kompetenzentwicklung und Lernstrategien. Beim Suchen nach einer gegenstandsadäquaten Lernstrategie kann in der Lernschleife selbst ein Handlungsproblem liegen, das nur durch Lernen gelöst werden kann.[4]

5. Lernen erfolgt in Abhängigkeit zur eigenen Lernbiographie: «Wenn jemand von sich aus lernt, so muss das nicht in jedem einzelnen Fall jeweils neu durch eine aktuelle Handlungsproblematik begründet sein. Jede/r hat seine Lerngeschichte, in der sich aus Handlungsproblematiken bestimmte Lerninteressen gebildet und verallgemeinert haben.» (Ebd., S. 90)

Das Konzept der Lerngründe weist darauf hin, dass Lernanforderungen nicht eo ipso schon Lernhandlungen sind, sondern nur dann zu solchen werden, wenn sie von den Subjekten jeweils bewusst als Lernproblematiken übernommen werden können, was wiederum voraussetzt, dass die Subjekte einsehen, wo es hier für sie etwas zu lernen gibt. Lernen kommt nicht einfach dadurch in Gang, dass von dritter Seite (etwa der des Lehrers oder einer Institution) über die Köpfe der Lernenden hinweg entsprechende Lernanforderungen formuliert werden.

Lernen bezieht sich nicht auf Gegenstände an und für sich, sondern auf ihre jeweilige Bedeutung für das lernende Individuum. Es ist also nach Gründen zu fragen, die das Subjekt von seinem Standpunkt aus hat, sich mit etwas auseinanderzusetzen.

Ein Beispiel: Konzepte gegen den Neoliberalismus lassen sich von außen nicht verordnen, sondern sie müssen mit den Handlungsproblemen der Teilnehmenden vermittelt sein. Ein Seminar könnte etwa die These «Lohnverzicht schafft Arbeitsplätze» unter Zugrundelegung der Erfahrungen der Betriebsräte und Vertrauensleute und den unterschiedlichen wirtschaftspolitischen Theorien im Kontext einer Tarifauseinandersetzung und den damit zusammenhängenden Begründungs- und Argumentationskontexten thematisieren.

Defensives Lernen

Ohne Gründe wird das Lernen bedeutungslos. Ist eine Lernproblematik nicht mit den Lebens- und Lerninteressen des Subjekts vermittelt, gibt es für dieses keinen Grund, mehr zu lernen. Soll ein Individuum, ohne dass es dafür akzeptable Grün-

---

4   Es gibt eine Reihe neuerer empirischer Studien zur Wichtigkeit der Lernstrategien: Wer sich bewusst gemacht hat, welche Lernstrategien er einsetzt, lernt auch besser (vgl. Artelt/Moschner 2005 u. Meyer 2004, S. 108 f.)

de gibt, lernen, wird es widerständig oder ausweichend reagieren. Es wird gelernt aufgrund von Bedrohungsabwehr, also Abwehr von Status-, Einkommens- oder gar Arbeitsplatzverlust. Holzkamp hat ein solches Lernen als «defensiv» bezeichnet. Defensives Lernen hat zum Ziel, Sanktionen zu vermeiden. Es wird ausschließlich gelernt, um äußere Anforderungen zu erfüllen und um Bedrohungen abzuwenden.

> «Das defensive Lernen ist natürlich auch Lernen, es stellt aber einen Anpassungsprozess dar, der einer Person sozusagen die Kanten abschleift und damit ihre originäre Besonderheit und ihre Entwicklungsmöglichkeiten einschränkt.»
>
> *(Held 2000, S. 91)*

Expansives Lernen

Erst wenn es gelingt, Lernthematiken mit den Lebensinteressen der Individuen zu vermitteln, findet auch expansives Lernen statt. Expansives Lernen beschreibt in der Lerntheorie von Klaus Holzkamp eine Lernhaltung, die auf die Überwindung des herrschaftlichen, instrumentellen Lehr-Lern-Verhältnisses gerichtet ist. Expansiv begründetes Lernen will die subjektive Verfügung an der gesellschaftlichen Lebenspraxis durch erweiterte subjektive Handlungsfähigkeiten verbessern.

Beim expansiven Lernen als einem Lernen, das die Interessen der Lernenden in den Mittelpunkt stellt, geht es darum, ausgehend von der Subjektperspektive die Voraussetzungen für die Ausgliederung einer gemeinsamen Lernproblematik zu schaffen, so dass die Lernenden im eigenen Interesse selbstbestimmt lernen, ihre Handlungsmöglichkeiten erweitern und damit ihre Lebensqualität erhöhen können.

Ziel der expansiven Lernhandlung ist die Herstellung verallgemeinerter Handlungsfähigkeit. Holzkamp unterscheidet restriktive und verallgemeinerte Handlungsfähigkeit.

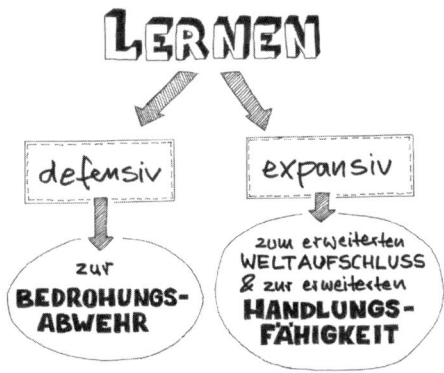

Abb. 4: Defensives und expansives Lernen

- *Restriktive Handlungsfähigkeit* zielt auf die Anerkennung von und die Anpassung an bestehende Verhältnisse; sie besteht tendenziell in dem Versuch, an der Macht der Herrschenden zur Absicherung/Erweiterung der eigenen Handlungsfähigkeit auf Kosten anderer zu partizipieren.
- Demgegenüber basiert *verallgemeinerte Handlungsfähigkeit* auf der kooperativ zu erlangenden Verfügungserweiterung und Erhöhung der menschlichen Lebensqualität. Verallgemeinerte Handlungsfähigkeit begründet intersubjektive Lernverhältnisse. (Holzkamp 1985, S. 370 ff.)

2.2.3 Grundformen expansiven Lernens

Klaus Holzkamp unterscheidet zwei Grundformen expansiven Lernens, das partizipative und das kooperative. Sie lassen sich nach dem Niveau der Selbstbestimmung unterscheiden:

- Dem **partizipativen Lernen** liegt ein asymmetrisches Verhältnis zwischen Lehrenden und Lernenden zugrunde. Dabei wendet sich jemand, der etwas noch nicht weiß oder kann, an jemanden, der auf diesem Gebiet «Experte» ist. Trotz dieses Wissensgefälles kann die subjektiv angestrebte Partizipation eine selbstbestimmte Handlung darstellen.
- **Kooperatives Lernen** meint in erster Linie das Lernen der Gruppe selbst. Beim kooperativen Lernen im subjektwissenschaftlichen Sinne müssen die Individuen zuerst einmal eine gemeinsame Lernproblematik finden, da nur sie Kooperation wirklich begründen kann. Zur Überwindung der gemeinsamen Lernproblematik bündeln die Beteiligten ihre Anstrengungen und potenzieren damit ihre Lernmöglichkeiten. Sie agieren dabei gleichberechtigt, stehen sozusagen nebeneinander. Man schließt sich zusammen, weil man annimmt, dass man die Aufgabe gemeinsam besser bewältigen kann. Da jede/jeder ihren/seinen eigenen Beitrag leistet, sind die Lernergebnisse im Allgemeinen auch nicht für alle gleich. Der gemeinsame Lernprozess führt dazu, dass ein gemeinsames Ergebnis entsteht, das die Möglichkeiten jedes Einzelnen übersteigt. Das durch die Gruppe potenzierte Niveau stellt für den Einzelnen sozusagen die «Zone der nächsten Entwicklung» im Sinne Vygotskijs[5] dar. Das von der Gruppe erzielte Lernergebnis wird erst sekundär zu einem individuellen. Das individuelle Lernen folgt demnach dem kooperativen Lernen nach bzw. ergänzt es.

---

5 Der sowjetische Psychologe und Kulturwissenschaftler Vygotskij (1987) hat eine anspruchsvolle Entwicklungs- und Lerntheorie formuliert, in der die Lernenden über das Bewusstmachen der Zone der nächsten Entwicklung schrittweise das Niveau der Selbstregulation erhöhen (vgl. Lompscher 2001, S. 396).

Das eher lehrerzentrierte partizipative Lernen behindert also nicht zwangsläufig das Lernen des Subjekts, so wie das kooperative Lernen mit Gleichgestellten nicht automatisch selbstbestimmte Lernhandlungen fördert. Entscheidend ist vielmehr, dass sich die Subjekte ihrer je eigenen Lernproblematiken bewusst werden und diese in ihrem eigenen Interesse bearbeiten.

Das expansive Lernen kann methodisch schrittweise entwickelt werden. Eine wichtige Voraussetzung dafür ist, dass Lehrende und Lernende ein «Arbeitsbündnis» schließen; eine weitere liegt darin, dass die Lernenden von Beginn an an der Vorbereitung, Durchführung und Auswertung der Lehr-Lern-Prozesse beteiligt werden. Darauf werden wir im dritten und vierten Kapitel noch ausführlicher eingehen.

2.3 Subjektwissenschaftlich orientierte Didaktik

2.3.1 Kooperation von Lernenden und Lehrenden

Der subjektwissenschaftliche Lernbegriff ist nicht auf eine Methode reduzierbar, mit der man effizienter lernt. Auch wenn sich Methoden gegenstandsadäquat auf die jeweiligen Lerngegenstände beziehen müssen und es Lernstrategien gibt, die ein expansives Lernen besser unterstützen als andere (vgl. z. B. Faulstich 2002), rücken in einem subjektwissenschaftlichen Ansatz zugleich die Intentionalität und die Thematik als Ausgliederung von Lerngegenständen in den Fokus. Ziele, Inhalte und Methoden müssen also zwischen den Lernenden bzw. zwischen Lehrendem und Lernendem ausgehandelt werden. Dabei bestimmt das Lernsubjekt jeweils für sich, was es lernen will. Wenn jemand seine eigenen Lerninteressen bestimmt und ihnen folgt, wird er auch expansiv im oben definierten Sinne lernen können.

In einem subjektwissenschaftlich begründeten, expansiven Lernprozess steht nicht mehr die vermittelnde, interpretierende, bewertende besser wissende und besser könnende Lehrperson zwischen mir als Lernsubjekt und dem Lerngegenstand, sondern das Lernsubjekt steht quasi einem offenen Feld von Handlungs- und Lernmöglichkeiten gegenüber, so dass zur Überwindung von gemeinsamen (das heißt als gemeinsam definierten) Lernproblematiken die Anstrengungen gebündelt und damit die Lernchancen potenziert werden können.

Diese Erkenntnis zwingt zu der Einsicht,

> «dass die Vorstellung, man könne etwa durch Lehrpläne, Lehrstrategien, didaktische Zurüstung die Lernprozesse eindeutig vorausplanen, also Bedingungen herstellen, unter denen den Betroffenen nichts anderes übrig bleibt, als in der gewünschten Weise zu lernen, eine Fiktion darstellt: Tatsächlich erzeugt man durch derartige Arrangements über die Köpfe der Betroffenen hinweg vor allem Widerstand, Verweigerung, Ausweichen ...»
>
> *(Holzkamp 1996, S. 23/24).*

Das heißt nicht, dass ein Seminar thematisch völlig offen wäre. Die zentrale Aufgabe gewerkschaftlicher Bildungsarbeit besteht vielmehr in einer didaktisch begründeten Vermittlung subjektiver Interessen und Bedeutungen der Teilnehmenden mit den gesellschaftlichen Theorien und Inhalten des Lehrenden respektive der Organisation. Das heißt, die subjektiven Sinnhorizonte und Interessen des Lernenden erhalten einen eigenständigen politischen Charakter im Vermittlungsprozess zugeschrieben, ohne dass der Standpunkt des Lehrenden dominiert. In der Bearbeitung eines Seminarthemas werden die subjektiven Lerninteressen mit den begründeten Sinnhorizonten des Lehrenden und der Institution wechselseitig bearbeitet.

Das übergeordnete didaktische Prinzip im Rahmen der Subjektwissenschaft ist also die Orientierung aller Entscheidungen am lernenden Subjekt mit seinen Lebens- und Lerninteressen.[6]

Wie dies in der Bildungspraxis umgesetzt werden kann, wird nachfolgend an drei Lernkonzepten veranschaulicht: der Fallarbeit, dem Lernen in Kontexten und den neueren Überlegungen zum Thema Bildung und Beratung. Dabei handelt es sich um eine exemplarische Auswahl. Weitere Lernkonzepte, die expansives Lernen unterstützen können, werden im Kapitel 4.3 genannt.

2.3.2 Expansives Lernen I: Fallarbeit

In der Fallarbeit (Ludwig 2003) geht es darum, ein ausgewähltes reales Handlungsproblem eines Lernenden gemeinsam in einer Lerngruppe zu analysieren, es genauer zu verstehen und den Lernenden so zu begleiten und zu unterstützen, dass er – bezogen auf sein subjektives Lerninteresse – neue Handlungsoptionen entwickeln kann und zugleich dazu beiträgt, dass auch die anderen Gruppenmitglieder ihre subjektive Handlungsfähigkeit erweitern.

Fallarbeit im Seminar zielt auf das Verstehen derjenigen Seiten und Aspekte einer Fallgeschichte, die dem Fallerzähler bzw. der Fallerzählerin eine Lösung so schwer gemacht haben. Damit die Fallarbeit im Seminar nicht zu einem unverbindlichen Erfahrungsaustausch oder gar einen Schlagabtausch über das «richtige» Verhalten in der erzählten Fallsituation abgleitet, gibt es ein flexibel zu handhabendes Ablaufschema, das wir in Anlehnung an Müller (2008) skizzieren:

---

6 Holzkamp ist nicht der einzige Wissenschaftler, der die Subjektorientierung fordert. Der Potsdamer Erziehungswissenschaftler Lothar Klingberg hat ein anspruchsvolles schulisches Konzept «dialogischen» Lernens und Lehrens entwickelt, in dem – ähnlich wie bei Klaus Holzkamp – die Subjektposition der Lernenden im Mittelpunkt steht: «Von ‹Subjektposition der Lernenden› sprechen heißt, sie ernst zu nehmen in ihrer Subjektivität, in ihrer Einmaligkeit. Dieses Respektieren des Schülers als *Person* ist der Hauptsatz einer pädagogischen Ethik.» (Klingberg 1990, S. 72) – Mehr dazu in Kapitel 4.1.2.

7 Eng verwandt ist das in Kapitel 4.2.2 skizzierte Analysegespräch.

Ablaufschema

1. **Fallerzählung:** Ausgangspunkt der Fallarbeit ist eine Fallerzählung, in der eine Teilnehmerin/ein Teilnehmer eine selbst erlebte schwierige Handlungssituation (Handlungsproblematik) schildert.[7] In einem thematisch festgelegten Seminar – etwa zur betrieblichen Entgeltgestaltung – werden die Teilnehmenden aufgefordert, ihren «Fall» zum Seminarthema zu beschreiben und der gemeinsamen Bearbeitung zur Verfügung zu stellen.

2. **Nachfragen:** Der Verstehensprozess beginnt mit Nachfragen der Seminarteilnehmer/-innen, mit denen sie ihr jeweils individuelles Bild von der Fallerzählung vervollständigen. Der Verstehensprozess wird fortgeführt mit einem Hineinversetzen der Seminarmitglieder in die Fallperson, um einen «empathischen» Zugang zum Fall zu gewinnen. Dabei müssen die Gruppenmitglieder ihre Belehrungssucht zügeln. Sätze wie «Ich hätte das aber anders gemacht» sind strikt verboten. Ziel ist vielmehr, unterschiedliche Zugänge zur Fallgeschichte zu finden.

3. **Spurensuche:** Im nächsten Schritt werden die verschiedenen Zugänge zur Fallgeschichte durch eine analytisch ausgerichtete Spurensuche vertieft:
   - Die *Handlungsgründe* der Fallpersonen werden in zentral erscheinenden Situationen des Falles durch die Seminarteilnehmer/-innen und Seminarleiter/-innen ausgeleuchtet.
   - Die *Beziehungsstrukturen* im Fall werden erarbeitet.
   - Die *Handlungslogiken* werden analysiert.
   - Die organisationsbezogenen und die gesellschaftlichen *Strukturen und Kontexte* (rechtliche, ökonomische, organisatorische, soziale usw.), die das Handeln im konkreten Fall rahmten, werden ergründet.

   Wichtig für die Seminarteilnehmer/-innen ist die Fähigkeit zum Perspektivenwechsel und zur Empathie. Nicht das Durchsetzen der eigenen Interpretation gegen andere ist gefragt, sondern die Sammlung vieler möglicher Perspektiven auf den Fall in einer solidarischen und anerkennenden Atmosphäre.

   Der verstehende Zugang zur Fallgeschichte nutzt die in der Seminargruppe vorhandene Perspektiven- und Bedeutungsvielfalt. Die Vielfalt an Situationsinterpretationen soll dem Fallerzähler ja neue Bedeutungshorizonte und Perspektiven auf seine Fallsituation eröffnen, die er für sich selbst noch nicht erschließen konnte.

4. **Wissenschaftsorientierte Analyse:** Nach den anfänglichen Phasen des verstehenden Zugangs zum Fall kümmert sich die Lerngruppe nun stärker um eine wissensorientierte Analyse einzelner Aspekte. Vorhandene Literatur wird gesichtet, Experten werden zu Rate gezogen; unterschiedliche Positionen werden erarbeitet und diskutiert.

5. **Formulierung von Handlungsoptionen:** Die Fallbearbeitung endet mit der Formulierung von Handlungsoptionen und generalisierten oder zumindest generalisierbaren Einsichten durch die Teilnehmenden der Fallarbeit. Die Handlungsoptionen werden an den Fallerzähler adressiert, um ihm vor dem Hintergrund der erarbeiteten Situationsinterpretationen ein «Möglichkeitsfeld» an Handlungswegen anzubieten. Dies schließt den spezifischen Beratungsteil der Fallarbeit ab.

Rollen

Die Rollen des Fallerzählers, der Lerngruppe und des Fallberaters sind klar definiert. Der Fallberater, der zumeist auch der Seminarleiter oder Moderator ist, muss darauf achten, dass er selbst und die anderen ihre Rollen einhalten:

- Der *Fallerzähler* erhält durch die gewonnene Perspektivenvielfalt in Form der Kernthemen die Chance, sich zu seiner Handlungsproblematik in eine kritische Distanz zu setzen, zu vergleichen und die angebotenen Möglichkeiten auf ihre Gültigkeit für die eigene Situation zu überprüfen. Diese neuen Perspektiven- und Wissensangebote sollen dem Fallerzähler neue Handlungswege in einer Weise eröffnen, die er in Handlungsprojekte für seine betriebliche Praxis umsetzen kann.

- Die *Teilnehmer/-innen* bringen darüber hinaus ihre Einsichten zur Sprache, die sie im Verlauf der Fallarbeit für ihre eigene Lebenssituation gewonnen haben. Sie formulieren gegebenenfalls Handlungsprojekte, sofern sich bereits konkrete Anknüpfungspunkte für ihre aktuellen Handlungserfordernisse ergeben.

- Der *Fallberater* hat im Rahmen einer subjektwissenschaftlich orientierten Didaktik die Aufgabe, expansives Lernen zu unterstützen und für kooperatives Lernen im oben definierten Sinne zu sorgen, bei dem mögliche Lesarten zugelassen und nicht ausgeblendet werden.[8]

Josef Held definiert die Gelingensbedingungen für die Fallarbeit:

> «Die Unterstützung expansiven Lernens erfordert von den Lernexperten eine Konzentration auf das Lernsubjekt: Lernstrategien, situationale und personale (lebensgeschichtliche) Voraussetzungen sind Prämissen für je mein Lernen. Sie zu erkennen, zeichnet den guten Pädagogen/die gute Pädagogin aus. Eine Diagnostik vom Außenstandpunkt widerspricht dem diametral. Stattdessen braucht es eine pädagogische Rekonstruktion der Lerngeschichte bzw. der Lernbehinderungen vom Standpunkt des Subjektes.»
>
> *(Held 2000, S. 91)*

---

8   Im Rahmen der Fallarbeit wird allerdings nicht nur kooperativ gelernt, vielmehr wechseln sich kooperative und partizipative Lernformen ab.

Der Seminarleiter als Fallberater tritt damit nicht als Experte auf, dessen Lehrplan die passenden Antworten für die Probleme der Teilnehmer/-innen bereithält. Würde das notwendig zu erwerbende Wissen von vornherein feststehen, dann wäre dieses nur noch angemessen zu «verkünden». Eine subjektwissenschaftliche Didaktik grenzt sich nicht nur scharf gegen jede Form einer solchen Postulatspädagogik ab, sondern geht auch über das Konzept der Teilnehmerorientierung hinaus. Die Teilnehmervoraussetzungen (Vorkenntnisse, Milieus usw.) erhalten dort vielfach nur die Bedeutung von Rahmenbedingungen, die berücksichtigt werden müssen, um den Lehrstoff effizient zu vermitteln.

2.3.3 Expansives Lernen II: Situiertes Lernen

In der beruflichen Bildung werden – als Antwort auf die Veränderung der Arbeitswelt – verschiedene Konzepte des Lernens in betrieblichen Kontexten diskutiert. Dazu zählen auch die in den USA entwickelten und seit knapp zehn Jahren auch in Deutschland diskutierten Ansätze des «situierten Lernens» (Gruber 2006) oder des «Lernens in Kontexten». Die Grundidee des situierten Lernens besteht darin, isoliertes Pauken zu vermeiden und den bzw. die Lernenden in konkrete Praxissituationen zu versetzen, die sie analysieren müssen und in denen sie Entscheidungen treffen, handeln und das eigene Handeln rechtfertigen können.

Ein Lernen in Kontexten findet sich beispielsweise in der Aufgabenorientierten Didaktik (Zimmer 2006) und im Konzept der «cognitive apprenticeship». Während die Aufgabenorientierte Didaktik von ihren Autoren ausdrücklich subjektwissenschaftlich begründet wird, ist der Cognitive-Apprenticeship-Ansatz nicht im unmittelbaren Kontext subjektwissenschaftlicher Forschung entstanden, bietet aber Chancen für expansives Lernen.

(1) Aufgabenorientierte Didaktik

Der Aufgabenbegriff ist seit jeher eine wichtige, aber eher traditionell für «defensives Lernen» im Sinne von Klaus Holzkamp genutzte Kategorie didaktischen Handelns.[9] Für den Einsatz in einem expansiven Lernkonzept ist deshalb die Frage entscheidend, wer die Aufgaben stellt, wie die Aufgaben Bedeutung erhalten können und wer die Aufgabenerfüllung kontrolliert. Die Antwort ist klar: Die Lerngruppe selbst formuliert die Aufgaben und kontrolliert die Aufgabenerfüllung – nicht ein fremder Aufgabensteller.

In dem subjektwissenschaftlich orientierten Modell der Aufgabenorientierten Didaktik von Zimmer (2006) ist «Aufgabenbearbeitung» die zentrale didaktische Kategorie. Es geht um die an den subjektiven Lerninteressen orientierte Definition,

---

9   Vgl. Meyer (2007, S. 182–191).

Lösung und Bewertung von Berufsaufgaben. Die Konzeption bietet unter folgenden Voraussetzungen Chancen für expansives Lernen:

- Lernprozesse werden so gestaltet, dass Lerndiskrepanzen erfahrbar und Lernproblematiken motiviert übernommen werden können. Es geht also darum, die betriebliche, wirtschaftliche, gesellschaftliche und individuelle Bedeutung einer Berufsaufgabe sowie die Anforderungen an die Handlungskompetenzen und Entwicklungsperspektiven zu erkennen. Dies kann über Diskrepanzerfahrungen erfolgen. Sie lassen sich durch Simulationen, Erkundungen, Kommunikationen mit Fachexperten usw. herstellen.
- Inhalte und Formen pädagogischer Handlungen und deren Verfügbarkeit in komplexen Lernwelten müssen selbstbestimmte Lernprozesse ermöglichen. Das heißt, dass die Lernenden die Lernaufgaben selbst bestimmen können, etwa im Diskurs mit Lehrenden, den anderen Lernenden und weiteren Experten.
- Wenn die Aufgabenorientierung mit einer Produktorientierung des Lernens verknüpft wird, wenn also konkret vorzeigbare und bewertbare Produkte am Ende eines gemeinsamen Lernprozesses entstanden sind, ist es auch möglich, kooperative und selbstorganisierte Lernprozesse zu gestalten.

Das Konzept der Aufgabenorientierten Didaktik ist auf die politische Bildung übertragbar, indem bezogen auf den jeweiligen Lerngegenstand die Bedeutungen einer Aufgabenstellung aufgeschlüsselt, Diskrepanzerfahrungen ermöglicht und Lernaufgaben durch die Lerngruppe kooperativ ausgegliedert werden.

(2) «Cognitive apprenticeship»[10]

Dieses von Collins, Brown und Newman (1989) in den USA erarbeitete Konzept[11] ist von Collins (2004) auf das berufliche Lernen ausgelegt worden. Es ist anschlussfähig an das partizipative Lernen als eine der zwei Grundformen expansiven Lernens (s. Kapitel 2.2.3). Grundlage ist das Experten-Novizen-Prinzip:

- Dem Auszubildenden wird die Möglichkeit gegeben, eine Expertin bzw. einen Experten – eine erfahrene Fachkraft – bei der Bearbeitung einer zentralen domänenspezifischen[12] Aufgabe zu beobachten. Dabei erläutert der Experte, was er tut und warum er es so und nicht anders tut.

---

10 «Apprentice» ist das englische Wort für Lehrling. «Cognitive apprenticeship» bedeutet so viel wie Lernen durch kognitives Nachvollziehen einer vorgemachten Handlung.

11 Vgl. Straka/Macke (2003, S. 121–134).

12 «Domain» ist das englische Wort für Aufgaben- oder Entwicklungsbereich.

- Im zweiten Schritt versucht der Auszubildende unter Anleitung des Experten, die beobachtete Handlung nachzumachen.
- Je besser ihm dies gelingt, umso mehr reduziert der Experte seine Beteiligung.
- In der abschließenden Übungsphase versucht der Novize, sich schrittweise an die flüssige Ausführung der vollständigen Handlung anzunähern.

Das Wort «cognitive» im Cognitive-Apprenticeship-Ansatz weist darauf hin, dass es bei diesem Lernkonzept durch «geleitete Erfahrungen» nicht nur um Fertigkeiten und äußere Handlungen, sondern um die ihnen zugrunde liegenden kognitiven Prozesse geht. Dies setzt das ausdrückliche sprachliche Formulieren – die Externalisierung – dieser Prozesse voraus, die üblicherweise intern ablaufen. Damit ist schon eine bestimmte Methodik nahegelegt, die Collins (2004) in folgenden Schritten beschreibt:

Ablaufschema
1. **Modelling:** Der Experte macht etwas vor, so dass der oder die Lernenden eine erste Vorstellung von der Bewältigung der Aufgabe bekommen.
2. **Coaching:** Die Lernenden führen die beobachteten Handlungen aktiv aus, werden dabei aber vom Experten unterstützt, der ihnen fachliche Hinweise, Feedback und Hilfen gibt, die die Lernenden bei der Bearbeitung der Aufgabe unterstützen.
3. **Artikulation:** Die Novizen verbalisieren, was sie tun. So werden sie dazu veranlasst, ihr Wissen, ihre Begründungen und Problemlösungsansätze in Worte zu fassen, etwa indem sie ermutigt werden, ihre eigenen Gedanken zu formulieren, wenn sie eine Problemlösung entwickeln.
4. **Reflexion:** Die Lerngruppe macht eine kritische Bewertung der Handlungsausführungen. Die Lernenden werden ermutigt, ihre eigenen Problemlösungsstrategien mit denen von Experten, anderen Lernenden und mit Expertenmodellen zu vergleichen. Reflexion wird durch den Einsatz verschiedener Techniken des Reproduzierens und Wiederholens von Problemlösungen sowohl von Experten wie auch Novizen unterstützt, wenn sie anschließend miteinander verglichen werden.
5. **Exploration:** Die Novizen erproben die Problemlösungsstrategie in ihrer eigenen Praxis. Sie gehen an ihren Arbeitsplatz zurück und bekommen die Möglichkeit, ein Problem eigenständig zu lösen.

Eine wichtige Ergänzung: Beim Cognitive-Apprenticeship-Ansatz geht es nicht nur darum, bestimmte Fähigkeiten und Fertigkeiten zu erwerben, sondern immer auch um das schrittweise Hineinwachsen der Lernenden in die vom Experten vertretene «community of practice» (Wenger 1998) bzw. die «professionelle Lerngemeinschaft» (Strittmatter 1998), die nicht nur fachliches Können, sondern auch Werte und Normen professionellen Handelns vorlebt und vermittelt. Gerade deshalb ist dieser Ansatz für die gewerkschaftliche Bildungsarbeit interessant.

Mehrere Formen sind denkbar, um das Konzept aus der Berufsbildung in die gewerkschaftliche Bildungsarbeit zu übertragen:

1. In der **Projektarbeit** können die lernenden Novizen ein konkretes Vorhaben gemeinsam mit Experten durchführen. Sobald die Novizen dann in ausreichendem Umfang neues Erfahrungswissen gewonnen haben, übernehmen sie selbstständig die Bearbeitung der Aufgaben.

2. Beim **kollegialen Coaching**, das in der Seminararbeit der IG Metall eine lange Tradition hat (s. Kapitel 1.2.8), übernehmen zwei Seminarleiter – ein erfahrener Experte und ein Novize – gemeinsam die Verantwortung und lernen dann auch voneinander.

3. In dem Modell «**Experten in eigener Sache**» der IG Chemie (s. Kapitel 1.2.9) wird ähnlich verfahren.

4. Beim **Blended learning**[13] werden Präsenz- und Praxisphasen miteinander kombiniert: Im Rahmen eines Präsenzseminars werden von den Seminarteilnehmenden bedeutungsvolle Aufgaben zu einem bestimmten Thema – z. B. Mitbestimmung des Betriebsrats – ausgegliedert und gemeinsam bearbeitet. Nachdem man sich einen Überblick und eine Orientierung im Themenfeld verschafft hat, verlassen die Lernenden das Präsenzseminar und bearbeiten die selbst definierten Aufgaben in ihrer eigenen beruflichen und/oder politischen Praxis. Während dieser Praxisphase halten sie Kontakt mit dem Seminarleiter und den anderen Mitgliedern der Lerngruppe und erhalten über Netz (Internet) eine Beratung. Danach kehren sie in das Präsenzseminar zurück, um in weiteren Sitzungen die Erfahrungen der Praxisphase zu vertiefen und sie zu verallgemeinern.

Die Ansätze verbindet, dass es immer darum geht, die schon vorhandenen Kompetenzen und Stärken zu nutzen und auszubauen.

2.4 Bildung und Beratung

Beraten statt Verkünden heißt das Leitbild des subjektorientierten Bildungskonzepts. Deshalb ist es nur konsequent, wenn Bildung und Beratung in der politischen Praxis der Gewerkschaften immer deutlicher einen neuen Verbund eingehen. Die Begründungen dafür sind mehrdimensional:

- *Lerntheoretisch* betrachtet greifen Lehrprozesse – seien sie methodisch noch so gut gestaltet – zu kurz, wenn sie nicht auf den einzelnen Lernenden ein-

---

13 Blended learning bedeutet «gemischtes Lernen»; damit wird ein medial unterstütztes Lernen mit wechselnden Präsenz- und Einzelarbeitsphasen bezeichnet.

gehen und seinen individuellen Lernprozess beratend begleiten. Die subjektwissenschaftliche Leitfrage lautet deshalb, welches neue Wissen für die Lernenden und ihre betriebliche Situation hilfreich ist, wie es angeeignet und für erfolgreiches Handeln genutzt werden kann.

- *Bildungssoziologisch* betrachtet wird die Heterogenität der Lerngruppen immer größer, so dass man aufgrund der zunehmenden Differenzierung der Milieus hinsichtlich Lernansprüchen, Lernbiographien, politischen Wertorientierungen, sozialen, ökonomischen und kulturellen Interessen kaum mehr von einer einheitlichen Teilnehmerstruktur in Gewerkschaftsseminaren ausgehen kann.

- *Didaktisch* betrachtet ist – unter Berücksichtigung zunehmender Komplexität und Verflochtenheit der Arbeit von betrieblichen Interessenvertretern – Skepsis gegenüber Lernkonzepten angesagt, die für sich beanspruchen, eine weitgehende Passgenauigkeit von Lernaufgaben und berufspraktischen Erfordernissen herstellen zu können (vgl. Kielmann/Ludwig 2000). Auch in der gewerkschaftlichen Bildungsarbeit muss – für einen Teil der Aufgaben – eine stärkere Individualisierung angestrebt werden.

- *Transfertheoretisch* lässt sich feststellen, dass die Übertragung des in der Bildungsarbeit angeeigneten neuen Wissens in die gewerkschaftliche Alltagspraxis nur dann gelingen kann, wenn der Transfer verstärkt reflektiert und begleitet wird – und eben dies leistet die begleitende Beratung.

In der jüngsten Zeit wird in der gewerkschaftlichen Bildungsarbeit der IG Metall «Bildung und Beratung» als stabiler Arbeitsschwerpunkt konzipiert und etabliert. Der neue Ansatz greift die konzeptionellen Überlegungen, wie wir sie oben im Zusammenhang mit der Fallarbeit entwickelt haben, auf. Gleichzeitig geht er darüber hinaus, weil es eben nicht nur um ein Lernarrangement und eine generelle Haltung für Bildungsveranstaltungen alleine geht, sondern nachhaltige strukturelle Konsequenzen gezogen werden sollen. Es geht – in Ergänzung zum Seminarangebot – um eine konsequente Nachfrage- und Lernerorientierung, die mit der Ausgliederung eines gemeinsamen Lerngegenstandes beginnt und mit der Umsetzung des Gelernten in das Handlungs- und Praxiswissen der Beschäftigten endet.

3 Seminardidaktik

Während die im letzten Kapitel dargestellte Subjektwissenschaftliche Lerntheorie mit guten Gründen die Perspektiven der Lernenden in den Mittelpunkt stellt, geht es in der Didaktik darum, das Wechselspiel von Lehr- und Lernanstrengungen empirisch zu untersuchen, passende Theorien zum besseren Verständnis dieses Wechselverhältnisses zu entwickeln und beides bis zu konkreten Handlungsorientierungen für gute Seminararbeit zu verdichten.

- *In Kapitel 3.1 wird im Anschluss an Klaus Holzkamp und Wolfgang Klafki ein Theorierahmen für die Seminararbeit entwickelt.*
- *Im langen Kapitel 3.2 skizzieren wir die Grundlagen der Planungsarbeit. Im Zentrum steht dabei ein Planungsraster mit sechs Schritten, der Ihnen helfen soll, allein oder gemeinsam mit Ihrem Teampartner/Ihrer Teampartnerin ein Seminar zu planen.*

3.1 Theorierahmen

3.1.1 Kritisch-konstruktive Didaktik (Wolfgang Klafki)

In den letzten 50 Jahren ist im deutschsprachigen Raum ein gutes Dutzend unterschiedlicher allgemeindidaktischer Modelle entwickelt worden, die den Anspruch stellen, nicht nur für die Gestaltung schulischen Unterrichts, sondern auch für die Weiterbildung geeignet zu sein. Sie haben alle ihre starken und ihre schwachen Seiten, die wir an anderer Stelle erläutert haben (vgl. Jank/ Meyer 2002). Für die gewerkschaftliche Bildungsarbeit scheint uns insbesondere die Kritisch-konstruktive Didaktik von Wolfgang Klafki eine geeignete Vorlage zu bilden. Sie lässt sich auch gut mit der Subjektwissen-

Wolfgang Klafki

schaftlichen Lerntheorie von Holzkamp und mit den in Kapitel 1.2.7 skizzierten sechs Schlüsselkompetenzen von Oskar Negt verbinden.

Wolfgang Klafki hatte schon in den sechziger Jahren des letzten Jahrhunderts ein Didaktikmodell formuliert, das er als «Bildungstheoretische Didaktik» bezeichnete und in dessen Mittelpunkt ein Katalog mit fünf Fragen zur «Didaktischen Analyse» stand, der jahrzehntelang die (west-)deutsche Lehrerbildung geprägt hat. In den achtziger Jahren hat er – inspiriert von der gesellschaftlichen Aufbruchstimmung dieser Zeit – eine Neufassung vorgelegt, der er den Namen «Kritisch-konstruktive Didaktik» gab (Klafki 1985/1996):

- «**Kritisch**» ist diese Position, weil sich Klafki 1985 anders als 1960 nicht mehr damit zufrieden gibt, die vorgegebenen institutionellen Rahmenbedingungen zu akzeptieren, sondern alle Verantwortlichen auffordert, sich an der Demokratisierung und Humanisierung der Gesellschaft und des Bildungswesens zu beteiligen. Sie sollen die vielen Stolpersteine und Widerstände nicht einfach hinnehmen, sondern dazu beitragen, sie zu beseitigen.
- «**Konstruktiv**»[1] ist die Position, weil Klafki die konkrete Utopie einer Schule ohne Benachteiligung und Überforderung formuliert und Lehrer, Schüler, Wissenschaftler und Politiker auffordert, «begründete Konzepte für veränderte Praxis, für eine humanere und demokratischere Schule» zu entwickeln (Klafki 1985, S. 38).

Zwar übernimmt Klafki 1985 das Allgemeinbildungsverständnis so, wie er es 1960 formuliert hatte und wie wir es in Kapitel 1.3 skizziert haben, kommt dann aber zu deutlich anderen politischen Konsequenzen. Er formuliert einen nachdrücklichen Appell, im Geiste Willy Brandts «mehr Demokratie zu wagen». Das drücken auch seine drei neuen Leitkategorien aus. Schule und Unterricht sollen als vornehmste Aufgabe die Selbstbestimmungs-, Mitbestimmungs- und Solidaritätsfähigkeit der Heranwachsenden stärken:

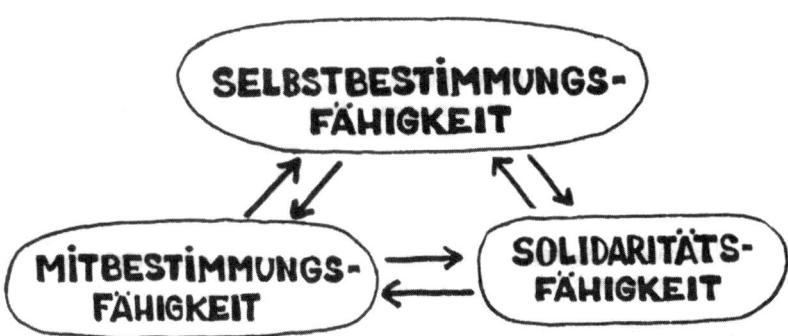

Abb. 5: Selbstbestimmungsfähigkeit, Mitbestimmungsfähigkeit und Solidaritätsfähigkeit

Dadurch wird aus der Bildungstheoretischen Didaktik der sechziger Jahre, die sich politisch nicht festlegte und deshalb bildungsbürgerlich-konservativ vereinnahmt werden konnte, ein hochpolitisches, kritisches Programm. Der Sprengkraft dieses Programms ist sich Klafki bewusst, und er betont sie noch: Ein Allgemeinbildungs-

---

1 Das hat mit der seit 15 Jahren auch in Deutschland etablierten «konstruktivistischen» Didaktik nichts zu tun.

konzept für die Weiterentwicklung unseres Bildungswesens könne, so formuliert er, «nur als ein umfassender, zugleich pädagogischer und politischer Entwurf im Blick auf Notwendigkeiten, Probleme, Gefahren und Möglichkeiten unserer Gegenwart und der voraussehbaren Zukunft» begründet werden (Klafki 1995, S. 10). Deshalb setzt er sich – wie die Gewerkschaften – für die damals noch sehr jungen Gesamtschulen ein; deshalb fordert er handlungsorientierten Unterricht und propagiert ein Konzept der Aktionsforschung, das Lehrern und Schülern helfen soll, diese Ziele auf empirischer Basis zu verfolgen (Klafki 2002).

Wer ein solches politisches Programm entwirft, darf nicht bei Pauschalaussagen stehen bleiben. Er muss konkreter werden und angeben, wie die Ziele der Selbstbestimmungs-, Mitbestimmungs- und Solidaritätsfähigkeit erreicht werden sollen. Klafki tut dies in drei Argumentationsschritten, die zusammengenommen die Kritisch-konstruktive Didaktik ausmachen:

- Klafki formuliert einen Katalog mit «**epochaltypischen Schlüsselproblemen**[2] unserer kulturellen, gesellschaftlichen, politischen, individuellen Existenz**», die er als Brennpunkte gegenwärtiger und zukünftiger gesellschaftlicher, sowohl nationaler wie auch globaler Entwicklungen versteht.

- Er fordert als «polare Ergänzung» zur Orientierung an Schlüsselproblemen die **vielseitige Interessen- und Fähigkeitsentwicklung.** Sie soll helfen, *gesamtgesellschaftliche,* ja *globale Probleme* anzugehen, die von der aktuell Verantwortung tragenden Generation und von den zukünftigen Generationen um den Preis des Überlebens bearbeitet werden müssen. Heute hätte Klafki an dieser Stelle wahrscheinlich von «Basiskompetenzen» oder «Schlüsselkompetenzen» gesprochen.

- Und er skizziert in ersten Anfängen ein **Unterrichtskonzept**, dem er den etwas sperrigen Namen Problemunterricht gibt. Problemunterricht soll durch Methodenvielfalt, aktive Schülerbeteiligung und regelmäßige Teamarbeit dazu beitragen, den Schülerinnen und Schülern die für die Lösung der Schlüsselprobleme erforderlichen Haltungen und Basiskompetenzen zu vermitteln.

Die Verknüpfung des Allgemeinbildungsanspruchs mit der Lösung der Schlüsselprobleme ist, so behaupten wir, ein kluger Strategiezug Klafkis. Er sprengt nämlich jeden aus der Geschichte der Schule bekannten Fächerkanon und bringt damit jene konservativen Bildungspolitiker in die Defensive, die immer noch behaupten, Allgemeinbildung lasse sich nur an allgemein bildenden Schulen erwerben und darüber hinaus in einem festgezurrten Fächerkanon inhaltlich bis zum Abitur festlegen.

---

2   Klafkis Schlüsselprobleme dürfen nicht, wie dies hin und wieder in der Literatur passiert, mit Schlüssel*qualifikationen* verwechselt werden; zur Kritik des Begriffs siehe Meyer/Meyer (2007, S. 116 ff.).

«Gebildet» sind für Klafki nicht mehr jene Menschen, die die deutsche Literatur, zwei Fremdsprachen und Mathematik – also die Hauptfächer des Gymnasiums – beherrschen, sondern jene, die bereit und in der Lage sind, die Lösung der Schlüsselprobleme zielorientiert und solidarisch anzupacken.

Klafki hat in verschiedenen Aufsätzen leicht variierende Kataloge mit Schlüsselproblemen erstellt und angemerkt, dass sie als vorläufig zu betrachten sind. Die Entscheidung darüber, *welche* Schlüsselprobleme als epochaltypisch gelten können, kann ja nicht am Schreibtisch der Wissenschaftler gelöst werden. Die Festlegung erfordert einen Konsens nicht nur der Lehrer und Schüler, sondern auch der wichtigsten gesellschaftlichen Interessengruppen – einen Konsens, der «diskursiv (...) erarbeitet werden» muss (Klafki 1996, S. 61). Wir zitieren:

«Schlüsselprobleme der Gesellschaft
1. Die Friedensfrage angesichts der Vernichtungspotentiale der ABC-Waffen (makrosoziologische, mikrosoziologische; massen- und gruppenpsychologische Ursachen; moralische Probleme).
2. Die Problematik des Nationalitätenprinzips, m. a. W.: Die Frage nach ‹Nationalität› und ‹Internationalität› bzw. nach Kulturspezifik und Interkulturalität.
3. Das Umweltproblem, d. h. die Frage nach Zerstörung oder Erhaltung der natürlichen Grundlagen menschlicher Existenz und damit nach der Verantwortbarkeit und Kontrollierbarkeit der wissenschaftlich-technologischen Entwicklung.
4. Das mit den zuvor genannten Aspekten eng verflochtene Problem der rapide wachsenden Weltbevölkerung.
5. Das nach wie vor unbewältigte Problem der gesellschaftlich produzierten Ungleichheit innerhalb unserer (und anderer) Gesellschaften als Ungleichheit
   ... zwischen sozialen Klassen und Schichten,
   ... zwischen Männern und Frauen,
   ... zwischen behinderten und nicht-behinderten Menschen,
   ... zwischen ausländischen Mitbürgerinnen und Mitbürgern und der einheimischen Bevölkerung,
   ... zwischen Menschen, die einen Arbeitsplatz haben, und denen, für die das nicht gilt; oder anders formuliert: Arbeit und Arbeitslosigkeit in ihrer ökonomisch-gesellschaftlich-politischen Bedeutung und in ihrer Bedeutung für die individuelle und soziale Identität des Einzelnen.
6. Das Verhältnis der sogenannten entwickelten Industriegesellschaften zu den sogenannten ‹Entwicklungsländern›.

7. Die Gefahren und Möglichkeiten der neuen technischen Steuerungs-, Informations- und Kommunikationsmedien im Hinblick auf die Weiterentwicklung des Produktionssystems, der Arbeitsteilung oder aber ihrer schrittweisen Reduktion, der möglichen Vernichtung von Arbeitsplätzen durch eine ausschließlich ökonomisch-technisch verstandene ‹Rationalisierung›, der Folgen für veränderte Anforderungen an Basis- und Spezialqualifikationen, für die Veränderung des Freizeitbereichs und der zwischenmenschlichen Kommunikationsbeziehungen.

8. Die menschliche Sexualität und das Verhältnis der Geschlechter zueinander bzw. gleichgeschlechtliche Beziehungen in der Spannung zwischen individuellem Glücksanspruch und zwischenmenschlicher Verantwortung.

Diese Beispiele sind kein vollständiger Katalog der heute relevanten Schlüsselprobleme, aber sie sind keineswegs in beliebiger Zahl erweiterbar.» (Klafki 1995, S. 12)

Der Katalog ist gut verträglich mit dem, was die Gewerkschaften in Deutschland seit jeher gefordert haben. Und er kann und sollte, wie Klafki selbst dies fordert, weiterentwickelt und aktualisiert werden.

Der Arbeit an Schlüsselproblemen stellt Klafki, wie oben angemerkt, als «polare Ergänzung» die **vielseitige Interessen- und Fähigkeitsentwicklung** gegenüber. Damit knüpft er an die in Kapitel 1.3 bereits skizzierte Forderung nach «allseitiger Bildung» an. Die Lehrenden sollen sich klar machen, welche Basiskompetenzen bzw. «Grunddimensionen menschlicher Entwicklung» in Lehr-Lern-Prozessen zu beachten sind. Er nennt als Beispiele:

- den lustvollen, verantwortlichen Umgang mit dem eigenen Leib,
- die Entwicklung handwerklich-technischer Fähigkeiten,
- die Förderung der sozial-kommunikativen Fähigkeiten und
- die ethische und politische Entscheidungsfähigkeit.

Die Arbeit an Schlüsselproblemen und Interessenschwerpunkten soll bei den Heranwachsenden zu grundlegenden **Einstellungen und Haltungen** führen, die über den Bereich des jeweiligen Schlüsselproblems hinausreichen:

- die Bereitschaft und Fähigkeit zu Kritik,
- zum Argumentieren,
- zur Empathie,
- zu vernetzendem Denken,
- zur Teamarbeit (Klafki 1996, S. 63).

Allgemein- und Zweckbildung als Ziel:

MITBESTIMMUNGS-FÄHIGKEIT → ← SOLIDARITÄTS-FÄHIGKEIT

SELBSTBESTIMMUNGS-FÄHIGKEIT

werden gestärkt durch:

---

die Beschäftigung mit den **Schlüsselproblemen** der Gesellschaft:

* Friedensfrage
* Nationalität und Internationalität
* Umweltproblem
* wachsende Weltbevölkerung
* gesellschaftlich produzierte Ungleichheit
* Industriegesellschaften und so genannte Entwicklungsländer
* Neue Medien, Arbeitsplätze und Freizeit
* Ich-Du-Beziehungen einschließlich Geschlechterverhältnis und Sexualität

---

die **vielseitige Entfaltung** unserer persönlichen **Fähigkeiten**:

* lustvoller, verantwortlicher Umgang mit dem eigenen Leib
* kognitive Möglichkeiten
* handwerklich-technische und hauswirtschaftliche Produktivität
* Ausbildung zwischenmenschlicher Beziehungsmöglichkeiten - Sozialität
* ästhetische Wahrnehmungs-, Gestaltungs- und Urteilsfähigkeit
* ethische und politische Entscheidungs- und Handlungsfähigkeit

---

helfen beim Auf bau von

Einstellungen und Kompetenzen:

* Kritikbereitschaft und -fähigkeit
* Argumentationsbereitschaft und -fähigkeit
* Empathie
* vernetzendes Denken
* Offenheit für neue Erfahrungen
* Grundkategorien aufbauen
* Wege und Verfahren erlernen

Abb. 6: Kritisch-konstruktive Didaktik

Die derart entwickelten Kompetenzen, Einstellungen und Haltungen zielen auf die **Befähigung zum Handeln** gemäß der im Problemunterricht gewonnenen Erfahrungen und Einsichten (Klafki 1996, S. 62, S. 65). Das deckt sich weitgehend mit den in den Kapiteln 1.2.7 und 1.2.9 skizzierten Forderungen von Oskar Negt und von Bi-Metall, die gewerkschaftliche Bildungsarbeit mit der Aufarbeitung der individuellen und kollektiven Erfahrungen der Teilnehmer zu verknüpfen. In Abbildung 6[3] (s. Seite 75) haben wir Klafkis Ansatz knapp zusammengefasst.

Leider bleiben Klafkis Erläuterungen, wie ein an Schlüsselproblemen und Basiskompetenzen orientierter Unterricht konkret gestaltet werden kann, ziemlich blass. Er schreibt:

«Im Lehr-Lern-Prozess müssen die Prinzipien der Selbstbestimmung, der Mitbestimmung und der Solidarität in einer Folge wachsender Schwierigkeitsgrade, wachsenden Anspruchs verwirklicht werden: in der Form der Mitplanung des Unterrichts bzw. einzelner Unterrichtsphasen durch die Schüler, durch Unterrichtskritik zusammen mit den Schülern, durch ‹Unterricht über Unterricht›. Das sind Elemente dessen, was heute unter den Stichworten ‹offener›, ‹schülerzentrierter› bzw. ‹schülerorientierter› Unterricht oder unter dem Motto ‹Lehrer und Schüler machen Unterricht› erfreulich intensiv diskutiert wird.»

(Klafki 1985, S. 77)

Wir kommen zu einem Fazit: Klafkis Forderung, Schlüsselprobleme und Basiskompetenzen zum Ausgangspunkt eines demokratischen und methodisch offenen Unterrichts zu machen, liefert ein tragfähiges Konzept auch für die gewerkschaftliche Bildungsarbeit. Schlüsselproblem- und Kompetenzorientierung allein reichen aber noch nicht aus, um die Gestaltungsaufgaben einer anspruchsvollen gewerkschaftlichen Bildungsarbeit zu lösen. Sie helfen dabei, Ziele festzulegen und Inhaltsentscheidungen zu rechtfertigen. Aber anspruchsvolle Unterrichts- bzw. Seminarmethoden müssen hinzukommen. Dazu unterbreiten wir in Kapitel 4 ein Angebot.

3.1.2   Kompetenzorientierung

Was Wolfgang Klafki 1985 als «Interessen- und Fähigkeitsentwicklung» gefordert und was Oskar Negt in seinem Katalog von sechs Schlüsselkompetenzen angesprochen hat, würde heute mit dem modisch gewordenen Begriff der Kompetenzentwicklung bezeichnet. Der Ansatz ist umstritten, wir gehen aber davon aus, dass Kompetenzorientierung an sich weder gut noch schlecht ist. Es kommt immer darauf an, was man daraus macht.

---

3   Die Grafik stellt eine geringfügig variierte Fassung der in Jank/Meyer (2002, S. 235) gelieferten Abbildung dar, die im Jahr 2002 ausdrücklich von Klafki autorisiert worden ist.

Kompetenzen sind «theoretische Konstruktionen», die sich Wissenschaftler, aber auch Praktiker ausgedacht haben, um bestimmte beobachtete Aufgabenbewältigungen zu erklären. Man kann die dafür erforderlichen Kompetenzen nicht sehen oder fühlen. Sichtbar und erfahrbar sind nur so genannte «Indikatoren», also beobachtbare Handlungen, denen die Theoretiker bestimmte Kompetenzen zuordnen. Wir unterstellen dann, dass die Lernenden eine bestimmte Handlung nur deshalb ausführen können, weil sie in ihrem Inneren (die Wissenschaftler sagen: in den Tiefenstrukturen) eine entsprechende Kompetenz besitzen. Statt von «Ausführung einer Handlung» spricht man auch von «Performanz»:

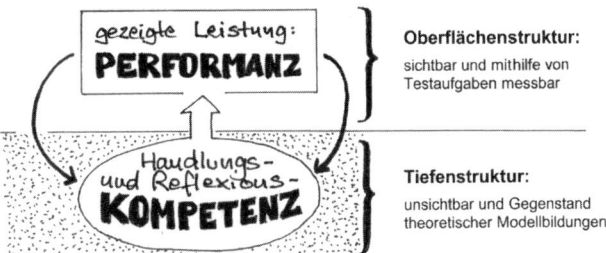

Oberflächenstruktur:
sichtbar und mithilfe von Testaufgaben messbar

Tiefenstruktur:
unsichtbar und Gegenstand theoretischer Modellbildungen

Abb. 7: Oberflächen- und Tiefenstruktur (aus: Meyer 2007, S. 147)

Kompetenzen entstehen nicht Knall auf Fall, sondern in mehr oder weniger schnellen und mehr oder weniger stark anleitungsbedürftigen Lernprozessen. Sie können selbstreguliert entwickelt werden, die Anwesenheit eines Lehrenden ist also niemals zwingend erforderlich. Sie müssen geübt werden. Sie können auch schrumpfen, wenn sie nicht regelmäßig genutzt werden.

Was genau ist eine **Kompetenz**? Wir übernehmen die bundesweit akzeptierte Definition von Eckart Klieme, dem Hauptautor der für die Kultusministerkonferenz (KMK) im Jahr 2003 vorgelegten «Empfehlung zur Einführung nationaler Bildungsstandards»:

> «Kompetenzen sind die bei Individuen verfügbaren oder von ihnen erlernbaren kognitiven Fähigkeiten und Fertigkeiten, bestimmte Probleme zu lösen, sowie die damit verbundenen motivationalen, volitionalen[4] und sozialen Bereitschaften und Fähigkeiten, die Problemlösungen in variablen Situationen erfolgreich und verantwortungsvoll nutzen zu können. Kompetenz ist nach diesem Verständnis eine Disposition, die Personen befähigt, bestimmte Arten von Problemen erfolgreich zu lösen, also konkrete Anforderungssituationen eines bestimmten Typs zu bewältigen.»
>
> *(Klieme u. a. 2003, S. 72)*

---

4   Wörtlich übersetzt: «auf das Wollen bezogen».

Die Definition ist im Jargon der empirischen Lehr-Lern-Forschung geschrieben, aber nicht wirklich neu. Seit jeher ist von Bildungstheoretikern betont worden, dass «echte» Bildung kein träges Wissen darstellen darf, sondern helfen soll, konkrete Handlungssituationen zu bewältigen. Nur wurde früher – wie bei Klafki – von Fähigkeiten, Fertigkeiten, Einstellungen und Haltungen gesprochen.

Im Prinzip wäre es möglich, Tausende, ja Zehntausende von Einzelkompetenzen zu definieren. Aber damit ist niemandem geholfen. Deshalb haben sich die Wissenschaftler Ordnungsschemata geschaffen. Weit verbreitet ist eine schon vor 50 Jahren von dem Göttinger Pädagogen Heinrich Roth vorgeschlagene Vierteilung in Sach-, Methoden-, Sozial- und Selbstkompetenzen (vgl. Meyer 2007, S. 154). Das ist ein auch für die gewerkschaftliche Bildungsarbeit geeigneter erster Orientierungsrahmen:

(1) Sach-kompetenz	(2) Methoden-kompetenz	(3) Sozial-kompetenz	(4) Selbst-kompetenz
Sie zielt auf den Erwerb sach-lich-fachlicher Kenntnisse und Einsichten in verschiedenen Fachgebieten und auf deren Anwen-dung in fachlichen und fachübergrei-fenden Zusam-menhängen.	Sie besteht aus der Fähigkeit, das eigene Handeln bewusst, ziel-orientiert, ökono-misch und kreativ zu gestalten und dabei auf ein Re-pertoire geeigne-ter Methoden und Lernstrategien zu-rückzugreifen.	Sie befähigt dazu, in wechselnden sozialen Gruppie-rungen die eige-nen Ziele im Ein-klang mit den an-deren Beteiligten zu verfolgen. Dies setzt die Fähigkeit zum Perspektiven-wechseln vor-aus und hat die Befähigung zum solidarischen Handeln, zur Ent-wicklung von Ko-operations- und Konfliktfähigkeit zum Ziel.	Sie umfasst grundlegende Einstellungen, Werthaltungen und Motiva-tionen, die das eigene Handeln leiten. Sie gründet auf dem Selbst-vertrauen und Selbstwertgefühl, das die Teilneh-mer in ihrer beruflichen und außerberuflichen Arbeit entwickelt haben.

Ein weiteres Ordnungsschema, das insbesondere in den seit 2004 bundesweit erlassenen schulischen Kerncurricula benutzt wird, unterscheidet:

- fach- bzw. *inhaltsbezogene* Kompetenzen (z. B. die Fähigkeit, die im Betriebsverfassungsgesetz enthaltenen Bestimmungen arbeitnehmerfreundlich zu interpretieren)
- und *prozessbezogene* Kompetenzen (z. B. die Fähigkeit, den eigenen Lernweg zu planen und zu kontrollieren).

Einzelne Kompetenzdefinitionen können zu **Kompetenzstufenmodellen** weiter entwickelt werden. Dabei geht man von der theoretisch noch nicht ausdiskutierten Annahme aus, dass jede Kompetenz in sich gestuft gedacht werden kann: von einer basalen, noch stärker angeleiteten Ausführung einer Handlung hin zu einer hoch- und höchstwertigen, selbstständig ausgeführten Handlung.

Was kann davon auf die gewerkschaftliche Bildungsarbeit übertragen werden? Man muss auf der Hut sein: Höchst unterschiedliche – teils technokratische, teils emanzipatorische – Vorstellungen werden mit dem Schlagwort «Kompetenzorientierung» verknüpft. Deshalb sagen wir:

* Die Kompetenzorientierung passt gut zu den skizzierten Modellen von Holzkamp und Klafki. Denn beide betonen ja, dass es darauf ankommt, das neu erworbene Wissen und Können in realen Berufs- und Handlungssituationen anwenden zu können. Aber Kompetenzorientierung allein reicht nicht aus. Sie muss subjektwissenschaftlich «geerdet» werden, das heißt, sie muss von den Lernenden her gedacht werden.
* Das Denken in Kompetenzstufen kann die didaktische Reflexion präzisieren und versachlichen. Es kann die Arbeit von Seminarleitungen und auch die Selbstreflexion der Teilnehmer/-innen bereichern (vgl. Meyer 2007, S. 168).
* Kompetenzstufenmodelle können helfen, den von Oskar Negt formulierten, bereits in Kapitel 1.2.7 skizzierten Katalog von sechs Schlüsselkompetenzen «kleinzuarbeiten».

Negts Katalog lautete:
1. Identitätskompetenz
2. ökologische Kompetenz
3. technologische Kompetenz
4. ökonomische Kompetenz
5. Gerechtigkeitskompetenz
6. Geschichts- und Utopiekompetenz

Das sind Zielstellungen, deren Sinnhaftigkeit, ja Notwendigkeit niemand bezweifeln wird. Ein kurzer Blick auf die von Negt gelieferten Erläuterungen (s. Kapitel 1.2.7) macht aber deutlich, dass er von vornherein nur die jeweils höchste erreichbare Kompetenzstufe erfasst hat. Was die basalen Voraussetzungen für das Erreichen dieser höchsten Stufen sind, bleibt ungeklärt. Deshalb scheint uns die Entwicklung vielfältiger, jeweils domänenspezifischer (= für eine begrenzte fachliche Aufgabenstellung gültiger) und auch fachübergreifender (= auf Sozial- und Methodenkompetenzen bezogener) Kompetenzstufenmodelle lohnend zu sein.

3.1.3 Ein Kompetenzstufenmodell für «Solidarisierungsfähigkeit»

Wir empfehlen, eigene Kompetenzstufenmodelle für die gewerkschaftliche Bildungsarbeit zu entwickeln – zum einen, weil die Forscher vermutlich noch längere Zeit brauchen, bis sie wirklich überzeugende Modelle geliefert haben, zum anderen, weil wir im Alltag der Seminararbeit fortwährend mit selbst gebastelten explizit ausformulierten oder implizit beim Argumentieren vorausgesetzten Kompetenzstufenmodellen arbeiten:

*   Wir beurteilen z. B. einzelne Beiträge von Teilnehmerinnen und Teilnehmern im Blick auf Reflexions- und Handlungsstärken, aber auch auf Reflexionsdefizite.
*   Wir loben die Teamfähigkeit oder konstatierten Defizite usw.

Es kommt also darauf an, diese von Lehrkräften, Teamern/Teamerinnen und Referenten/Referentinnen immer schon mitgedachten Kompetenzabstufungen bewusst zu machen und sie zu einem pragmatischen Modell weiterzuentwickeln.

Ein ganz schlichtes, aber jederzeit nutzbares **Modell zur Kompetenzstufung** haben wir[5] uns selbst ausgedacht. Es besteht aus fünf Stufen, die nach dem Prinzip wachsender Selbstregulation geordnet sind:

Stufe 1	wenig reflektiertes Nachvollziehen
Stufe 2	Reflektieren und Handeln nach Vorgaben
Stufe 3	Reflektieren und Handeln nach Einsicht
Stufe 4	Entwickeln und Umsetzen operativer und strategischer Handlungsentwürfe
Stufe 5	Reflektieren, Bewerten und Weitergeben von Handlungsentwürfen

Es gibt eine Reihe von **Konstruktionsregeln,** nach denen solche Modelle aufgebaut werden. Wir erläutern sie kurz, damit Sie eine Orientierung haben, wenn Sie sich ein eigenes Kompetenzstufenmodell (im Folgenden: KSM) für Ihre Seminarpraxis ausdenken:

1. In einem KSM wird der gestufte Aufbau eines Wissens oder Könnens erfasst. Man kann das auch die *Tektonik* nennen. Sie führt von den ganz einfachen und basalen Grundlagen hin zu den ganz komplexen und anspruchsvollen Kompetenzen.
    Ganz etwas anderes sind Prozessmodelle, mit denen der zeitliche Ablauf eines Seminars analysiert oder strukturiert wird. In der Praxis wird beides gern miteinander vermengt – aber das führt schnell zu einer großen Ver-

---

5   Ähnliche Modelle finden sich bei Meyer (2004, S. 171) und Meyer (2007, S. 155–161).

wirrung. Achten Sie also beim «Basteln» eines eigenen KSM darauf, nicht den zeitlichen Ablauf von Lernprozessen zu erfassen, sondern unterschiedliche Anspruchsniveaus eines Könnens zu definieren.

2. Jedes KSM hat mehrere aufeinander aufbauende *Stufen*. Das bedeutet, dass eine gezeigte Leistung auf einer hohen Stufe jeweils die Beherrschung der niedrigeren Stufen voraussetzt. Wir empfehlen, nicht mehr als vier oder fünf Stufen anzusetzen, damit das Modell im Alltag einsetzbar bleibt.

3. Jedes KSM setzt sich aus mehreren Teilkompetenzen zusammen. Man kann auch sagen: Die Gesamtkompetenz hat mehrere *Dimensionen*. Dabei schlägt immer wieder – auch in unserem Beispiel – eine grundlegende Unterscheidung von Wissen im Sinne von kritischer Reflexionskompetenz und Können im Sinne von praktischer Handlungskompetenz durch.

4. Für jede Stufe sollte ein eigenes *Stufenkriterium* definiert werden, mit dem ausgedrückt wird, welche Qualität die auf dieser Stufe geleistete Arbeit hat. Im obigen Beispiel sind diese Kriterien identisch mit der Stufendefinition.

5. Alle Stufen zusammen folgen einem *Gesamtkriterium*, mit dem die Stufenabfolge charakterisiert wird. Auch dieses Kriterium wird «konstruiert». Sie müssen es also selbst festlegen. Wir empfehlen Ihnen, das Stufungskriterium der wachsenden Selbstregulation der Lernprozesse durch die Teilnehmenden zu wählen. Das passt gut zu Holzkamps Forderung, das expansive Lernen zu fördern, und konkretisiert dieses Ziel. Es ist denkbar, auch zwei oder drei Gesamtkriterien anzusetzen und sie miteinander zu verknüpfen, also z. B. die wachsende Solidarisierungsfähigkeit mit der wachsenden Kreativität oder mit der Selbstregulationsfähigkeit.

Ein Beispiel: Wir drei Autoren haben uns an die komplizierte Kompetenz «Solidarisierungsfähigkeit» gewagt. Das Beispiel (siehe Tabelle auf S. 82) enthält keine fach- oder inhaltsbezogenen, sondern «nur» die oben benannten prozessbezogenen Teilkompetenzen. Es besteht aus fünf Stufen und vier Dimensionen. Es ist auf Grundlage unserer Erfahrungen in der gewerkschaftlichen Bildungsarbeit formuliert, aber noch nicht empirisch abgesichert und sicherlich noch überarbeitungsbedürftig.

Die Erarbeitung eines eigenen Kompetenzstufenmodells macht nicht nur Spaß, der Erarbeitungsprozess klärt auch darüber auf, wie vernetzt und komplex selbst scheinbar einfache Lernleistungen gestaltet sind. Um solch ein Modell auszudenken, sind diverse Zusatzentscheidungen nötig, z. B. darüber, dass Wissen allein nicht ausreicht, sondern durch Können ergänzt werden muss, dass gemeinsames Handeln wertvoller als Individualhandeln ist usw.

Kompetenzstufenmodell «Solidarisierungsfähigkeit»				
Stufe	(1) Aufgaben- stellung	(2) Erwerb notwen- digen Wissens und Könnens	(3) Entwicklung sozial-kommu- nikativer Kom- petenzen	(4) Befähigung zum strategischen Handeln
1	«Ich erkenne eine Lernaufgabe als bedeutsam für mich selbst.»	eigene Interes- senlagen und Handlungsmög- lichkeiten er- kennen	eigene Kompetenzen reflektieren	Faustregeln und Erfahrungs- wissen nutzen
2	«Ich erkenne ei- gene, aber auch gemeinsame In- teressen.»	gemeinsame Interessenlagen und Handlungs- möglichkeiten erkennen	Bündnispartner suchen und an- sprechen	begründet aus Alternativen auswählen
3	«Ich entwick- le gemeinsam mit ande- ren Lösungs- strategien.»	den Erwerb not- wendigen Wis- sens und Kön- nens angeleitet oder selbststän- dig organisieren	neue Bündnis- se schmieden, Kräfte bündeln und Widerstän- de überwinden	eine gemein- same Strategie formulieren
4	«Ich setze das Wissen und Können in der betrieblichen und politischen Praxis um.»	eigenes Wissen und Können für andere verfüg- bar machen	eine gemein- same Strategie entwerfen	eine gemein- same Strategie umsetzen
5	«Ich schaue kri- tisch auf den Prozess und die Ergebnisse des gemeinsamen Lernens und Handelns und ziehe daraus Konsequenzen.»	eigene und gemeinsame Interessen und Handlungsmög- lichkeiten be- werten	die eigene Bündnisfähigkeit reflektieren	Erfolg und Misserfolg von durchgeführten Aktionen be- werten

Arbeitsauftrag

Man kann ein KSM auch für eine weniger umfassende Kompetenz formulieren, z. B. für die Fähigkeit, einem Powerpointvortrag zu folgen, eine Mindmap anzulegen, ein Flugblatt zu erstellen oder jemanden ausreden zu lassen, ohne sich argumentativ an die Wand spielen zu lassen.[6]

Wenn Sie selbst an die Arbeit gehen, werden Sie recht bald entdecken, dass auch diese scheinbar schlichten Kompetenzen in Wirklichkeit hoch komplex aufgebaut sind, weil die einzelne Leistung, die im KSM beschrieben wird, die Realisierung vieler weiterer Teilleistungen einschließt. Die Liste der oben genannten Dimensionen einer Kompetenz erweitert sich dann sehr schnell. Sie können die Richtigkeit dieser Behauptung z. B. dadurch überprüfen, dass Sie sich zusammen mit Ihrem Teampartner/Ihrer Teampartnerin ein KSM zum Thema «Zuhören bei Powerpointvorträgen» ausdenken. Dafür eignen sich die vier folgenden Dimensionen:
- Verstehen des Vortrags
- Verknüpfen mit eigenem Vorwissen
- kritisches Bewerten des Gehörten
- Mitschreiben/Dokumentieren

Wofür kann man solche Kompetenzstufenmodelle nutzen? Sie können Ihnen helfen, den Schwierigkeitsgrad Ihrer Seminarplanung einzuschätzen und die Lernziele realistisch zu planen. Sie helfen auch, während der Seminararbeit flexibel auf unerwartete Lernbarrieren einzugehen und sie können bei der Auswertung und Seminarreflexion helfen, das Erreichte angemessen zu würdigen.

Kompetenzdiagnosen

Sie sind hilfreich, um sich ein genaueres Bild über die Lernvoraussetzungen der Teilnehmenden zu machen. Das ist gar nicht so einfach. Zu beachten ist, dass sich nicht jeder Teilnehmer jederzeit auf seinem höchst möglichen Niveau bewegt. Also ist es pädagogisch ratsam, die vorhandenen Kompetenzen immer ein wenig höher anzusetzen, als es der erste Augenschein nahe legt. Sie sollten auch jede Gelegenheit nutzen, um die Teilnehmer/-innen selbst zu befragen, was sie schon gut können und wo sie Defizite sehen. Gerade in der Erwachsenenbildung sind die Lernenden immer auch die Experten in eigener Sache.

---

6   Auf Hilbert Meyers Homepage finden sich im Abschnitt «Leitfaden Unterrichtsvorbereitung» zahlreiche Beispiele für weitere KSMs.

Kompetenzorientierte Verlaufsplanung

Wir haben es eben schon angemerkt: Kompetenzstufen können und dürfen nicht eins zu eins in einen Seminarablauf übersetzt werden. Denn der Ablauf wird nicht nur durch die Kompetenzen der Teilnehmer/-innen, sondern primär durch die gestellte Aufgabe und durch die kluge methodische Idee zur Umsetzung der Aufgabe bestimmt (s. Kapitel 3.2.3). Außerdem muss die Seminararbeit so organisiert werden, dass Menschen mit unterschiedlichen Kompetenzniveaus zusammenarbeiten können. Schon aus diesem einen Grund ist es unmöglich, das Seminar als strenge Abfolge jeweils ansteigender Kompetenzstufen zu planen. Vielmehr gibt es ein wiederholtes Auf und Ab der jeweils zu aktualisierenden Kompetenzstufen der Teilnehmenden.

3.1.4   Was ist «gute Seminararbeit»?

Jeder von uns, der schon ein paar Seminare geleitet hat, hat seine persönlichen Vorstellungen entwickelt, was gute und was schlechte Seminararbeit ist. Wir haben die großen Katastrophen durchlitten und die kleinen Triumphe genossen und daraus unser persönliches Bild zusammengesetzt. Für eine theoretische Klärung reicht das aber nicht. Was sagen die Wissenschaftler?

Die empirische Unterrichtsforschung, die sich im Wesentlichen nur um schulischen Unterricht kümmert, hat in den letzten 15 Jahren erhebliche Fortschritte gemacht (vgl. Helmke 2003; 2009). Wir können heute sehr viel präziser als früher sagen, welche Merkmale alltäglichen Unterrichts zu dauerhaft hohen kognitiven, methodischen und sozialen Lernerfolgen beitragen. Demnach wird der schulische Lernerfolg erhöht,

- wenn der Unterricht klar strukturiert ist,
- wenn genügend Zeit zum Lernen und Üben gelassen wird,
- wenn das Klima stimmt, weil der Lehrer einen respektvollen Umgang praktiziert,
- wenn es ein vielfältiges Methodenangebot gibt,
- wenn die Schülerinnern und Schüler nicht nur pauschal, sondern individuell gefördert werden,
- wenn intelligent geübt wird
- und wenn das Anspruchsniveau der Aufgaben gut an das Leistungsvermögen der Schülerinnen und Schüler angepasst wird.[7]

Die Studien machen Mut – und fast alles lässt sich auf die Weiterbildung und die gewerkschaftliche Bildungsarbeit übertragen.

Aber solche Einzelergebnisse allein reichen nicht aus, um ein Leitbild für die gewerkschaftliche Bildungsarbeit zu formulieren. Erforderlich ist vielmehr eine *Theorie*

---

7   Dieser Katalog wird in Kapitel 6 ergänzt und ausführlich erläutert.

guter Bildungsarbeit, deren Kernaussagen nicht aus empirischen Forschungsergeb-nissen abgeleitet werden können, sondern aus dem Gesellschafts- und Menschen-bild der gewerkschaftlichen Bildungsarbeit stammen müssen. Ohne diese normati-ve Orientierung verlöre die gewerkschaftliche Bildungsdiskussion ihre geschichtli-che Identität, aber auch ihre Utopiefähigkeit.

Warum ist diese Rückbindung an eine Bildungstheorie notwendig? *Weil es schon aus rein logischen Gründen unzulässig ist, aus dem, was ist, zu deduzieren (ab-zuleiten), was sein soll.* Wertentscheidungen lassen sich nicht empirisch, sondern nur normativ-theoretisch begründen. Deshalb haben wir in den Kapiteln 1 und 2 die normativen Grundlagen der gewerkschaftlichen Bildungsarbeit dargestellt und definieren nun im Anschluss an die dort bezogene Position unser Leitbild guter Seminararbeit:

Ein Seminar leistet gute Arbeit,

1. wenn es auf einer **demokratischen Seminarkultur** aufbauen kann und sie weiter entwickelt,
2. wenn es gelingt, ein **Arbeitsbündnis** unter den Teilnehmenden und mit der Seminarleitung zu schließen,
3. wenn die Teilnehmenden den Themen eine **persönliche Bedeutung** abge-winnen können
4. und wenn auch die Seminarleiter/-innen einen humanen, nicht krankma-chenden **Arbeitsplatz** vorfinden,

so dass

5. die **Subjektposition** der Teilnehmenden gestärkt wird
6. und ein Beitrag zur nachhaltigen **Kompetenzentwicklung** aller Teilneh-menden geleistet wird.

Wir erläutern die wichtigsten Begriffe der Definition:

Demokratische Seminarkultur

Die Seminararbeit soll die politische Orientierung und die Solidaritätsfähigkeit der Teilnehmenden entwickeln helfen und dadurch einen Beitrag zur Weiterentwick-lung der Gewerkschaften und unserer Gesellschaft insgesamt leisten.

Die demokratische Orientierung hat eine inhaltliche Seite. Nur solche Positio-nen dürfen erarbeitet und vertreten werden, die die Fähigkeit der Menschen stär-ken, ihr Interesse bewusst in die eigene Hand zu nehmen. Damit fördern die Ge-werkschaften einen Demokratisierungsprozess, der nicht nur ihnen selbst, sondern der ganzen Gesellschaft zugute kommt.

Die demokratische Orientierung drückt sich außerdem darin aus, wie die Teilnehmenden miteinander umgehen. Dafür hat Ruth Cohn (1975, S. 91 ff.) wertvolle Anregungen gegeben, die man für einen «**ethischen Kode**» der **Seminararbeit** nutzen kann.

1. Sei dein eigener Chairman. Übernimm Verantwortung für alles, was du sagst.
2. Sei authentisch. Rede in Ich-Form. Sage nicht, «man könnte doch ...», sondern «ich möchte ...».
3. Achte auf deine Worte. Sie könnten deine Kolleginnen und Kollegen verletzen.
4. Halte die Abmachungen ein.
5. Störungen haben Vorfahrt. Wenn du mit bestimmten Dingen, die im Seminar passieren, nicht klar kommst, bringe sie zur Diskussion und versuche gemeinsam mit der Gruppe, die Störungen abzustellen.
6. Halte dich mit gewagten Interpretationen der Aussagen anderer Seminarmitglieder zurück. Frage nach, wenn dir etwas unklar ist.

Arbeitsbündnis

Expansives Lernen ist ohne ein Arbeitsbündnis kaum vorstellbar (s. Kapitel 2.3.1). Man könnte meinen, dass die Fähigkeit und Bereitschaft, es einzugehen, in Seminaren zur Gewerkschaftsarbeit eine Selbstverständlichkeit ist. Aber diese Annahme ist manchmal falsch! Auch dort, wo die Teilnehmer/-innen freiwillig angereist kommen, müssen sie erst noch für die Zusammenarbeit gewonnen werden.

Ein Arbeitsbündnis ist ein didaktisch-sozialer Vertrag in der Lerngruppe und zwischen den Lehrenden und Lernenden. Es gibt ein explizites Arbeitsbündnis – das sind die zu Seminarbeginn getroffenen Absprachen. Es gibt ein implizites Arbeitsbündnis – das sind die unausgesprochenen Erwartungen (z. B. fair behandelt zu werden, wenn man selbst fair ist).

Ein Arbeitsbündnis kann sehr unterschiedliche Formen annehmen:

- Es kann auf leisen Sohlen daherkommen. Das Seminar akzeptiert Sie sofort, weil Sie den erforderlichen «Stallgeruch» mitbringen und weil Sie freundlich und gut vorbereitet wirken. Dann brauchen Sie gar nicht lange zu verhandeln. Sie fangen einfach mit der Arbeit an.
- Es kann am ersten Vormittag des Seminars förmlich vereinbart worden sein, nachdem Sie Ihre Seminarplanung erläutert haben. Dann sagen Sie den Teilnehmenden, was Sie zu bieten haben und welche Gegenleistung in Form aktiver Mitarbeit Sie dafür erwarten.
- Hin und wieder muss das Arbeitsbündnis auch hart errungen werden, weil einige Teilnehmende dabei sind, die völlig andere Erwartungen haben oder die eigentlich gar nicht zum Lernen gekommen sind, sondern weil sie mit ihren Kenntnissen renommieren wollen, weil sie sich erholen wollen oder warum auch immer.

- Manchmal entfaltet sich das Arbeitsbündnis auch nach und nach. Die Seminarleitung gibt nur einen groben Überblick und vereinbart zunächst den ersten Schritt. Die weiteren Seminarschritte werden dann Zug um Zug vereinbart. Die Teilnehmenden haben so mehr Zeit, ihre eigenen Vorstellungen vom Seminar zu entwickeln.

Das Arbeitsbündnis muss belastbar sein. Ein aus Zeitgründen vorschnell verabschiedetes Arbeitsbündnis, in dem Seminarleiter/-innen ihre Interessen einseitig durchdrücken oder bei dem eine durchsetzungsfähige Minderheit die übrigen Seminarmitglieder majorisiert, bricht meist nach wenigen Stunden Seminararbeit in sich zusammen. Dann ist noch kein «Ende der Fahnenstange», aber im Seminarplan muss eine Zäsur gemacht und erneut verhandelt werden.

Damit die Teilnehmenden das eingegangene Arbeitsbündnis tatsächlich umsetzen können, benötigen sie «didaktische Kompetenz». Damit ist gemeint, dass sie nicht nur ihre persönlichen Lernvorlieben und Lernschwächen kennen, sondern auch den Lernfortschritt der ganzen Seminargruppe im Auge haben. Dann sind sie nämlich in der Lage, zweckdienliche Hinweise zur Gestaltung der gemeinsamen Arbeit zu geben und die Verantwortung für das ganze Seminar nicht nur pro forma, sondern tatsächlich zu übernehmen.[8]

Bedeutungsstiftung

Wir haben schon in Kapitel 2.2 im Anschluss an Holzkamp formuliert, dass es kein Lernen auf Befehl geben kann und darf. Ohne persönliche Gründe bleibt das Lernen bedeutungslos. Und ohne eine Verständigung über die Lerngründe kann keine gemeinsame Lernproblematik ausgegliedert werden. Also muss erhebliche Kraft und Anstrengung darin investiert werden, dass sich die Seminarteilnehmenden ihre Lerngründe bewusst machen und darüber kommunizieren. Das ist nicht einfach und sicherlich kein einmaliger Vorgang zu Beginn des Seminars, sondern ein das gesamte Seminar begleitendes Ringen um Verständnis. Das geht nicht als konkurrenzorientiertes Lernen «jeder gegen jeden», sondern nur dann, wenn Solidarität auch im Lernprozess erfahren werden kann. Konkret kann das heißen:

- Die Teilnehmer/-innen solidarisieren sich mit jenen Seminarmitgliedern, die eher aus Not als aus Begeisterung gekommen sind.
- Die Teilnehmer/-innen diskutieren und streiten heftig um die Sache, aber sie respektieren die Motive und die Gefühle der Vertreter der kritisierten Position.

---

8   Ein Beispiel für «didaktische Kompetenz» steckt in dem Kompetenzstufenmodell «Solidarisierungsfähigkeit» aus Abschnitt 3.1.3 (s. S. 82). Die Stufen 3 bis 5 des Modells können nur erreicht werden, wenn die Teilnehmenden neben der Orientierung an Gewerkschaftszielen auch die Kompetenz haben, gemeinsame Lernprozesse zu gestalten.

Stärkung der Subjektposition

Es ist das Ziel der Seminararbeit, eine «verallgemeinerte Handlungsfähigkeit» herbeizuführen, von der nicht nur der einzelne Seminarteilnehmer, sondern das ganze Seminar und die Gewerkschaft insgesamt profitieren (s. Kapitel 2.2.2).

Kompetenzentwicklung

Die Teilnehmenden sollen durch eigene Anstrengung, aber auch durch eine gut geplante und umsichtig moderierte Seminararbeit ihre Sach-, Sozial-, Methoden- und Selbstkompetenzen weiter entwickeln. Sie sollen sich klar werden, wo ihre Kompetenzstärken liegen und wo sie noch Entwicklungsaufgaben haben. Sie sollen sich bewusst werden, mit welchen Lernstrategien sie lernen, weil dadurch Niveau und Effizienz des Lernens erhöht werden. Die Frage, welche Kompetenzen entwickelt werden, darf nicht dem Zufall überlassen werden. Vielmehr geht es immer um die Zweckbildung für die sozialen Auseinandersetzungen der Gewerkschaften.

Ansprüche der Seminarleiter/-innen

Eine Seminararbeit, in der die Seminarleiter/-innen und Referenten/Referentinnen durch persönliche Überforderungen oder durch inkompetente Bildungsstättenleitung, durch Organisationspannen, fehlende Supervision oder was auch immer in ihrer Arbeit behindert und demotiviert werden, kann nicht gut sein. Deshalb ist der Anspruch auf eine verantwortungsvolle Personalführung, auf Aus- und Fortbildung, Beratung und Coaching eine Selbstverständlichkeit.

Fazit

Wer beim Stichwort «gute Seminararbeit» nur an die Kompetenzstärkung denkt, denkt zu kurz. Es geht immer auch um die erweiterte Handlungsfähigkeit, um die Demokratisierung der Gesellschaft und die humane Qualität der Lernarbeit.

3.2 Planungsgrundlagen

Die Didaktik hilft, Lernprozesse zu strukturieren. Deshalb unternehmen wir im Folgenden den Versuch, eine pragmatisch orientierte «kleine Didaktik» gewerkschaftlicher Bildungsarbeit zu entwerfen. Im Zentrum steht dabei ein Planungsraster mit sechs Schritten, der Ihnen helfen soll, allein oder gemeinsam mit Ihrem Teampartner/Ihrer Teampartnerin ein Seminar zu planen. Dabei werden die bereits skizzierten Theorieansätze von Holzkamp, Negt und Klafki als «Relevanzfilter» in den Planungsraster eingebaut.

3.2.1 Die Einheit von Vorbereitung, Durchführung und Auswertung

Vorbereitung, Durchführung und Auswertung der Seminararbeit bilden eine logische Einheit, die spiralförmig mehrfach durchlaufen werden kann. Auf jeder Etappe müssen von den Leitern und Leiterinnen des Seminars andere Aufgaben gelöst werden:

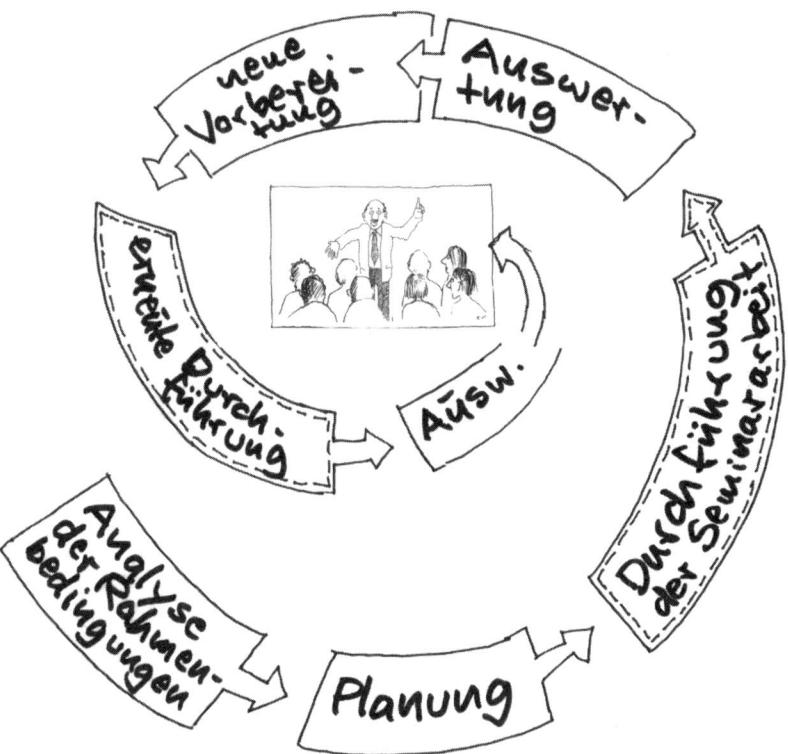

Abb. 8: Vorbereitungsspirale

1. Bei der **Vorbereitung** geht es darum, das vorläufige Thema des Seminars festzulegen bzw. sich in das von anderen festgelegte Thema fachlich einzuarbeiten, die Lernvoraussetzungen der Teilnehmer/-innen und die Lehrkompetenzen des Leiters/der Leiterin zu klären, die Ziele, Aufgabenstellungen und Inhalte des Seminars festzulegen, den Seminarverlauf grob vorzuplanen und Vorüberlegungen zur Auswertung anzustellen.
2. Bei der **Durchführung** geht es darum, die Planung in Abstimmung mit und unter aktiver Beteiligung der Teilnehmenden umzusetzen, dabei das Lernklima positiv zu beeinflussen, Feedback zu organisieren, die Seminararbeit

inhaltlich und methodisch geschickt voranzutreiben und die vielen unerwarteten Ereignisse flexibel zu integrieren.

3. Gegenstand der **Auswertung** ist die Beschreibung und Bewertung des tatsächlichen Seminarverlaufs und seiner Ergebnisse. Daran sollten die Teilnehmer/-innen so oft wie möglich beteiligt werden (schließlich sind sie die Experten für ihren eigenen Lernprozess).

Die Seminararbeit selbst – also die Durchführungsphase – ist immer wieder ein kreativer Prozess, an dem alle beteiligt sind und der immer wieder zu neuen und originellen Seminarergebnissen führen kann. Das wird auch durch die empirische Unterrichtsforschung bestätigt: Gerade sehr gute Seminararbeit hat ein je individuelles Profil. Deshalb gilt der Grundsatz: Viele Wege führen nach Rom (Meyer 2004, S. 160).

Um eine *Spirale* von Vorbereitung, Durchführung und Auswertung handelt es sich, weil das eine jeweils das andere bedingt: Wer gut vorbereitet in sein Seminar geht, ist auch bei der Durchführung flexibel und offen für die vielen nicht vorhersehbaren Ereignisse. Wer eine anregungsreiche Seminarphase absolviert hat, hat zumeist auch schon kluge Impulse für die Auswertung. Wer intelligent auswertet, produziert zumeist auch schon kluge Ideen für das nächste Seminar.

Einsteiger-Vorbereitung

Wir wissen aus der Forschung, dass sich Einsteiger/-innen in Lehrberufe anders als Profis vorbereiten. Einsteiger/-innen sind aufgeregter und haben zumeist ein deutlich höheres Sicherheitsbedürfnis. Sie wollen für alle Eventualitäten gewappnet sein und bereiten sich manchmal wochenlang bis ins letzte Detail vor. Das ist vernünftig. Aber man wird leicht zum Gefangenen seiner eigenen Vorbereitung. Deshalb empfehlen wir Ihnen, sich nicht an starre Planungspapiere zu klammern, sondern mit Spickzetteln zu arbeiten. Auf ihnen ist all das notiert, was man nicht im Kopf zu haben braucht, aber an bestimmten Stellen des Seminarverlaufs wissen muss.

Aber wirkliche Sicherheit und ein gutes Gefühl entstehen erst dann, wenn man das erste Seminar erfolgreich hinter sich gebracht hat. Deshalb ist kollegiales Coaching (Pallasch/Hameyer 2008) für die meisten Einsteiger/-innen als Ergänzung zur gründlichen Vorbereitung empfehlenswert. Damit ist gemeint, dass ein erfahrener Lehrender gemeinsam mit einem Novizen das Seminar gestaltet und dabei einen vorher abgesprochenen, vom Novizen festgelegten Beobachtungs- und Beratungsauftrag erhält, auf dessen Grundlage dann eine Nachbesprechung zum Seminarverlauf erfolgen kann.

Sinnvoll ist auch die Möglichkeit der Hospitation in einem Seminar, von der in der gewerkschaftlichen Bildungsarbeit viel Gebrauch gemacht wird. Einmal das Seminar miterlebt – und man hat schon wesentlich weniger Lampenfieber und viel konkretere Vorstellungen von dem, was auf einen zukommt.

Aber noch wichtiger als die gründliche Vorbereitung ist die feste Überzeugung, dass die Teilnehmer/-innen mit Ihrer Hilfe besser lernen werden als ohne Sie. Das nennen die Motivationsforscher die «Selbstwirksamkeitsüberzeugung». Sie haben empirisch nachgewiesen, dass die Selbstwirksamkeitsüberzeugung (und damit das Handeln des Seminarleiters) nach dem Anteil, den die Lernenden selbst einbringen, die zweitwichtigste Voraussetzung für einen hohen Lernerfolg darstellt. (Mehr dazu in Kapitel 6.1.3.)

Profi-Vorbereitung

Wir wissen aus der Expertenforschung (Bromme 1992), dass Profis bei ihrer Planung sehr flexibel vorgehen und nicht alles bis ins letzte Detail verplanen. Das können sie so gut, weil sie – anders als die Anfänger – in der Lage sind, aus wenigen Informationen viele konkrete Entscheidungshilfen herauszusaugen (vgl. Jank/Meyer 2002, S. 96). Routiniertes Planungsverhalten zeichnet sich dadurch aus,

- dass die von den Teilnehmenden *zu lösenden Aufgaben* in den Mittelpunkt der Planungstätigkeit gerückt werden,
- dass die Klärung der Einzelfragen stark miteinander *vernetzt* gedacht wird,
- dass die Planungsaufgabe spiralförmig *in mehreren Durchgängen* durchdacht wird
- und dass die Reflexion auf einem *mittlerem Abstraktionsniveau* verbleibt, so dass viele konkrete Entscheidungen nicht thematisiert werden, weil sie routinemäßig abgespult werden können.

Die Abbildung 9 (s. S. 92) zeigt, wie komplex ein Profi bei der Vorbereitung denkt. Sie stammt von Rolf Kulas, Lehrer an der IG Metall-Bildungsstätte Sprockhövel. Der Arbeitsauftrag für diese Zeichnung lautete: «Visualisiere deine persönliche Planungstheorie für ein zweiwöchiges Seminar!»

Profis haben also Reflexions- und Handlungsroutinen entwickelt, die in Sekundenschnelle aktiviert werden können und zu akzeptablen Ergebnissen führen. Sie haben dann, wenn das Seminar läuft, den Kopf für die wirklich wichtigen, unerwarteten Probleme frei.

Anfänger haben diese Routinen noch nicht. Das heißt keineswegs, dass nur Profis gute Seminare machen können. Viele Anfänger bringen von vornherein eine hohe Handlungskompetenz mit. Und vor allem erspüren die Teilnehmer/-innen sofort das hohe Engagement, mit dem die Anfänger bei der Arbeit sind und auf konstruktive Anregungen der Seminarteilnehmer/-innen eingehen – und sie honorieren dies fast immer mit freundlichem Wohlwollen.

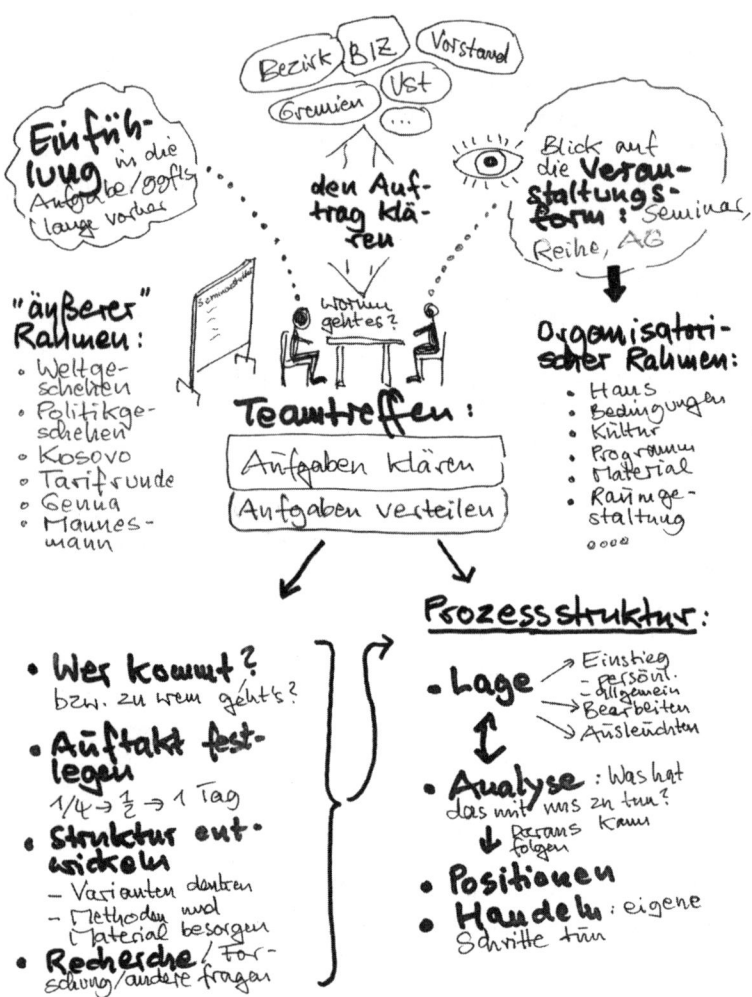

Abb. 9: Persönliche Planungstheorie

3.2.2 Didaktisches Sechseck

Es gibt sechs Grunddimensionen didaktischen Handelns, die bei jeder Seminarplanung durchdacht werden müssen.[9] Eine Grunddimension liegt vor, wenn keine Sekunde Unterricht oder Seminararbeit denkbar ist, ohne dass die infrage stehende Dimension in irgendeiner Art und Weise vorhanden ist:

---

9 Ausführliche Erläuterung bei Meyer (2007, S. 175–180).

1. Sie müssen die **Ziele** des Seminars klären: Wozu soll das gut sein, was Sie Ihren Teilnehmenden anbieten und zumuten? Wie und in welchem Umfang werden die Teilnehmer/-innen an der Zielfestlegung beteiligt? (Dazu haben wir in Kapitel 2.3.1 unsere Ansprüche formuliert.)

2. Sie müssen die **Inhaltsstruktur** des Seminars klären: Was ist der Gegenstand des Seminars? Wie komplex ist er aufgebaut? Wie kann der Inhalt portioniert werden? Welche Erfahrungen und welche Fachkompetenzen bringen die Teilnehmer/-innen mit? Wo ist mit Kompetenzdefiziten zu rechnen?

3. Sie müssen die **Prozessstruktur** bzw. den Ablauf des Seminars vorplanen: Was soll in welcher Reihenfolge drankommen? Gibt es eine «logische» Abfolge von Schritten? Oder sind verschiedene Zugänge aus verschiedenen Richtungen denkbar?

4. Sie sollten die **Methodenwahl** nicht völlig offen lassen, sondern den Teilnehmenden ein Angebot machen: Welche Handlungsmuster (Textarbeit, Diskussionen, produktorientiertes Arbeiten usw.) und welche größeren Lernarrangements bieten sich bei diesem Thema an?

5. Sie müssen klären, welche **Sozialformen** (Plenums-, Gruppen-, Tandem- und Einzelarbeit) infrage kommen.

6. Sie müssen den Seminarraum herrichten und für Medien und Materialien sorgen – das ist, abstrakt formuliert, die Frage nach der **Raumstruktur.**

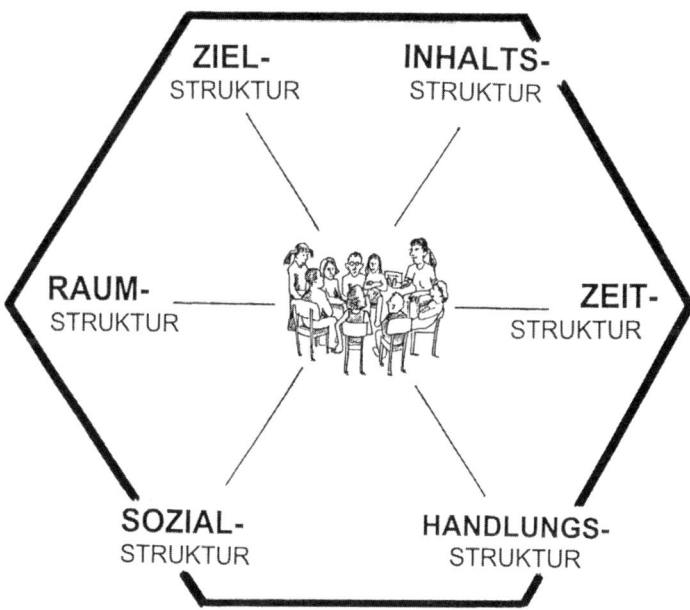

Abb. 10: Didaktisches Sechseck (aus: Meyer 2007, S. 178)

In Abbildung 10 werden diese sechs Grunddimensionen zu einem *Didaktischen Sechseck* zusammengefügt, das so allgemein gehalten ist, dass es für schulischen Unterricht, für gewerkschaftliche Bildungsarbeit, für eine Orchesterprobe oder anderes mehr Gültigkeit beanspruchen und als Strukturierungshilfe herangezogen werden kann.

Man kann das Sechseck sowohl zur Analyse als auch zur Planung von Unterricht nutzen:

- um eine schnelle Skizze einer Seminarplanung vorzunehmen,
- um durchzuchequen, ob alles Wesentliche bedacht ist,
- um den Seminarteilnehmenden die eigene Planung zu «verklickern»,
- um allein, mit den Teampartnern/Teampartnerinnen oder mit den Teilnehmenden die Seminarauswertung zu besprechen.

Anspruch auf Vollständigkeit

Wir behaupten, dass diese sechs Grunddimensionen vollständig sind – alles andere sind zusätzliche Dimensionen des Unterrichts, die hin und wieder, aber nicht immer eine Rolle spielen (z. B. die Aufgabenstellung, die Planungsbeteiligung, das Üben usw.).[10] Von einer *Grund*dimension sprechen wir deshalb nur dann, wenn die folgenden weiteren Bedingungen gegeben sind:

a) Eine Grunddimension liegt nur dann vor, wenn sie auf das *gemeinsame Handeln der Leiter/-innen und der Seminarteilnehmer/-innen* bezogen werden kann.

b) Jede Grunddimension hat ihre *eigene Logik*, die weiter unten genauer erläutert wird. Die Logik der Zielsetzung ergibt sich aus der «Passung» von Aufgabenstellung und Lernstandsanalyse. Der Unterrichtsverlauf folgt einer Prozesslogik. Die Wahl der Sozialformen folgt einer Beziehungslogik usw.

c) Jede Grunddimension hat *eine äußere und eine innere Seite*. Die äußere Seite ist jedem fremden Beobachter auf den ersten Blick ersichtlich. Man kommt in den Seminarraum und kann sehen, ob das Plenum zusammen ist oder ob die Teilnehmenden in Gruppen- oder Einzelarbeit zugange sind; man hört, welcher Seminarinhalt gerade besprochen wird usw. Die innere Seite kommt erst dann in den Blick, wenn Fachleute fachkundige Fragen stellen und Interpretationen vornehmen, z. B. die nach der Stimmigkeit von Ziel-,

---

10 Vielleicht vermissen Sie als siebte Grunddimension die **Medien**. Wir haben sie mit Absicht nicht mit aufgeführt. Zum Einen, weil der erste Grundsatz, dass Grunddimensionen in jeder Sekunde der Seminararbeit gegeben sein müssen, nicht besteht. Zum Zweiten, weil der Medienbegriff theoretisch problematisch ist. Wörtlich übersetzt ist ein Medium ein Vermittler. Also kann alles und nichts zum Medium erklärt werden: die Körpersprache des Seminarleiters, die neue Belüftungsanlage oder der Klassensatz an Laptops. Medien sind für uns «tiefgefrorene» Ziel-, Inhalts- und Methodenentscheidungen. Sie müssen durch das didaktisch-methodische Handeln des Lehrers und der Schüler «aufgetaut» werden, um nützlich werden zu können (Meyer 1987, Bd. 2, S. 147 f.).

Inhalts- und Methodenentscheidungen. Deshalb kann die innere Seite nicht empirisch-analytisch erfasst, sondern nur hermeneutisch – durch Nachdenken – erschlossen werden. Die Unterscheidung von innerer und äußerer Seite didaktischen Handelns haben wir aus Lothar Klingbergs Didaktik (1989) übernommen. Sie lässt sich über Karl Marx' Unterscheidung von Sein und Bewusstsein bis zu Georg F. Hegels Unterscheidung von Erscheinung und Wesen zurückführen.

Wechselwirkungen

Die sechs Grunddimensionen beeinflussen sich wechselseitig. Entscheidungen in der einen Ecke des Sechsecks haben also immer – und nicht nur hin und wieder – Rückwirkungen auf die fünf anderen Ecken. Es ist für Einsteiger/-innen nicht immer leicht, dies zu erkennen. Aber vielleicht haben Sie schon einmal den Satz formuliert: «Dieser Seminartag war rund und schön!» Oder Sie stellen fest, dass eine Sitzung aus den Fugen geraten ist. Was gab Ihnen die Sicherheit des Urteils? Wir behaupten: Sie haben aufgrund mehr oder weniger langjähriger Seminarerfahrungen ein Gespür dafür entwickelt, ob die sechs Grunddimensionen stimmig zueinander gestaltet wurden oder nicht. Drei Beispiele:

- Wenn im Seminar ein Planspiel durchgeführt wird, so hat das aufgrund der Eigenlogik dieser Methode fast zwangsläufig zur Folge, dass sich die eingesetzten Teams gegenseitig lustvoll bekämpfen. Das erhöht die Konkurrenzsituation und macht es schwer, Ziele wie Empathiefähigkeit oder Toleranz zu befördern.
- Wenn im Seminar eine Zukunftswerkstatt nach Robert Jungk (s. Kapitel 4.3) gestaltet wird, folgt daraus für die Ziele, dass die Förderung der Utopiefähigkeit eine wichtige Rolle spielt. Wenn die letzte Phase der Zukunftswerkstatt ansteht – die Umsetzungsphase, geht es immer auch um die Strategiefähigkeit.
- Wenn man Gruppenarbeit ansetzt, muss man auch Spiel-Raum für selbstgesteuertes Handeln geben. Lässt man die Teilnehmer in U-Form sitzen, braucht man sich nicht zu wundern, dass die Gruppengespräche nicht richtig in Gang kommen.

Gute Seminararbeit ist daran zu erkennen, dass eine hohe Stimmigkeit zwischen den in jeder Ecke des Sechsecks getroffenen Entscheidungen erreicht worden ist. Auf der Ebene der Seminarvorbereitung kann diese Stimmigkeit immer nur grob antizipiert werden, da die Teilnehmer/-innen ja keine stummen Objekte, sondern aktive Mit- und manchmal auch Gegenspieler sind.

In Kapitel 6.2 wird das *Didaktische Sechseck* zu einem *Zehnerkatalog* mit zehn Merkmalen guter Seminararbeit weiterentwickelt, die sich wie ein Kranz um das Sechseck herumlegen lassen.

3.2.3 Planungsraster

Wer neu in die gewerkschaftliche Bildungsarbeit einsteigt, ist zumeist dankbar für einen Raster. Er liefert eine Anleitung, um die bei der Planung jedes Seminars zu durchdenkenden Probleme in einen inneren Zusammenhang zu bringen. Er hilft also, die Gedankenflut, die einem bei der ersten Seminarvorbereitung durch den Kopf spült, zu bewältigen und zu ordnen. Solche Raster würden missbraucht, wenn man sie benutzt, um die Planungsbeteiligung der Teilnehmer/-innen auszuhebeln. Deshalb ist alle Planungsarbeit vorläufig. Schließlich haben Sie keine Kinder, sondern Erwachsene vor sich, die klare Interessen, viele einschlägige Erfahrungen und – zumeist – eine hohe Bereitschaft zum kooperativen Lernen mitbringen.

Der Raster ist nicht völlig neu erfunden. Vorlagen stammen aus der überwiegend schulisch orientierten Didaktikdiskussion der letzten 50 Jahre.[11] Die dort formulierten Modelle und Empfehlungen sind aber so allgemein gehalten, dass sie ohne größere Anstrengungen auf die Weiterbildung und die gewerkschaftliche Bildungsarbeit übertragen werden können. In dem Raster tauchen alle im *Didaktischen Sechseck* definierten Grunddimensionen wieder auf (s. Abbildung 11, S. 97).

Wir erläutern die Details:

1. **Thema und Aufgabenstellung:** Um mit der Planung beginnen zu können, benötigen Sie erstens ein zumindest vorläufig festliegendes Thema und zweitens eine oder mehrere kluge Ideen zur methodischen Umsetzung. Das Thema ist zumeist lange vorher bei der Seminarausschreibung festgelegt worden oder Sie haben es selbst vorgeschlagen, weil Sie sich im Themengebiet gut auskennen. Die **kluge methodische Idee** sollte von Ihnen selbst kommen, weil sie dann authentischer «rüberkommt». Aber Sie sollten keinerlei Hemmungen haben, kluge Ideen bei anderen abzukupfern. Entscheidend ist, dass Sie von Ihrer Idee zur Seminargestaltung selbst überzeugt sind – und das geht am besten, wenn Sie die Methode bzw. das Methodenarrangement schon einmal am eigenen Leibe ausprobiert haben. Eine kluge Idee könnte z. B. darin bestehen, die im Kapitel 2 beschriebene Fallarbeit anzusetzen, eine Zukunftswerkstatt zu veranstalten oder die Seminararbeit projektförmig zu planen, also drei oder vier Projektteams zu bilden und am Schluss eine Produktpräsentation zu organisieren.

---

11 Wir orientieren uns an den seit Jahrzehnten in der Allgemeinen Didaktik vorliegenden und insbesondere in der Lehrausbildung benutzten «Strukturmodellen» didaktischen Handelns von Paul Heimann, Lothar Klingberg und anderen (vgl. Meyer 2007, S. 98–106 und S. 177–214).

1. Festlegung des **Seminarthemas** & *erste Skizze* der **Aufgabenstellung**:

| Leitidee(n) des Seminars | angestrebte Kompetenzen | Schlüssel-situationen |

2. Re levan zfilter

3. **Bedingungsanalyse**

Lernvoraussetzungen und Interessen der Teilnehmerinnen und Teilnehmer

Rahmenbedingungen

Lehrkompetenzen und Bildungsauftrag der Seminarleitung

4. **Didaktische Strukturierung**

Ziele: Welche Ziele sollen im Seminar verfolgt werden?

Inhalte: Welche Themenstellungen und Inhalte sollen erarbeitet werden und wie sind sie strukturiert?

Prozessstruktur: Welche Phasen hat das Seminar?

mit dem Didakti-schen Se chseck

Methodenwahl: Welche Handlungsmuster, Einstiegs-, Erarbeitungs- und Präsentationsformen sollen im Seminar praktiziert werden?

Sozialstruktur: Wie viel Plenums-, Gruppen-, Tandem- und Einzelarbeit soll es geben?

Medien und Raumstruktur: Welche Materialien müssen vorbereitet werden? Wie muss der Seminarraum hergerichtet werden?

5. **Planung des Seminarverlaufs**
- Einstieg
- Info & Theoriearbeit
- Vertiefung
- Transfer

6. Vorüberlegungen zur **Auswertung**

Abb. 11: Planungsraster

Leitideen sollen so etwas wie ein »roter Faden« für ein Seminar sein, der hilft, den Ablauf zu strukturieren, Schwerpunkte zu setzen und das Material und die Methoden auszuwählen. Sie geben eine Grundorientierung über die Ziele des Seminars und unterstützen dadurch die verschiedenen Entscheidungsprozesse. Eine Leitidee für ein Seminar zur Entstehung der Gewerkschaften könnte zum Beispiel sein, dass die Einsicht in die eigene Interessenlage und die Handlungsmöglichkeiten einen längeren Lernprozess erfordert und Organisationen sowohl Ergebnis wie Motor solcher Prozesse sind. Dies könnte sich mit der Frage verbinden, wie solche Entwicklungen heute unterstützt werden können. Eine andere Leitidee für ein Seminar über die Mitbestimmungsrechte des Betriebsrates könnte sein, die Abhängigkeit der Mitbestimmung von den innerbetrieblichen Kräfteverhältnissen sichtbar zu machen und die Rechte in den Zusammenhang mit einer aktiven Betriebspolitik zu stellen. Leitideen können auch dazu beitragen, zu einer klugen methodischen Idee für das gesamte Seminar zu kommen und einzelne methodische Schritte zu bewerten. Ein Seminar mit der Leitidee, die Öffentlichkeitsarbeit des Betriebsrates durch das Aufgreifen von betrieblichen Konflikten aus gewerkschaftlicher Sicht zu stärken, könnte beispielsweise mit der Methode Schreibwerkstatt arbeiten. Ein solches Seminar benötigte einen großen Anteil praktischer Übungen.

Schlüsselsituationen: Eine kluge methodische Idee kann auch darin bestehen, die Seminararbeit mit der genaueren Analyse einer Schlüsselsituation zu beginnen. Das ist z. B. ein typischer Konflikt, der in der Gewerkschaftsarbeit immer wieder so oder ähnlich entsteht und deshalb den Teilnehmern/Teilnehmerinnen hilft, ihre Vorkenntnisse und Erfahrungen zu aktivieren.

- Schlüsselsituationen sollten in das *Zentrum* der Seminarthematik einführen.
- Schlüsselsituationen sind «*exemplarische*» Situationen, an denen allgemeine Strukturen und Handlungsperspektiven aufgezeigt werden können.
- Sie sind *problemhaft* und nicht «auf die Schnelle» zu lösen.
- Sie motivieren dazu, vorhandene Erfahrungen und Kompetenzen in die Lösung einzubringen.
- Sie sind *handlungsorientiert* und laden dazu ein, in Form von Simulationen, Streitgesprächen usw. «verlebendigt» zu werden.
- An ihnen kann auch *praktisch* gezeigt werden, wie bestimmte berufliche Aufgaben bewältigt werden können.
- Sie verweisen auf Schlüssel*probleme* im Sinne Klafkis.

Anhand der Themenstellung und der klugen Idee zur methodischen Umsetzung können Sie nun eine **vorläufige Aufgabenstellung** formulieren. Sie ist

grundsätzlich vorläufig, weil sie ja nur ein Angebot an die Seminarteilnehmer/
-innen darstellt. Entscheidend ist die gemeinsame Aushandlung der Aufgabenstellung zu Beginn jedes Seminars. Das haben wir in Kapitel 3.1.4 als «Arbeitsbündnis» bezeichnet.

2. **Relevanzfilter:** Wir raten Ihnen, sich im zweiten Schritt Ihrer Vorbereitung
noch einmal die Schlüsselproblem- und Kompetenzkataloge von Klafki und
Negt anzuschauen. Daraus lässt sich nichts Konkretes ableiten. Aber Sie können die Kataloge als Relevanzfilter nutzen, mit deren Hilfe Sie konkrete The-
men- und Aufgabenstellungen der Betriebs- und Vertrauensleuteschulung,
der Jugendarbeit usw. erneut durchdenken und auf ihren politisch-allgemein-
bildenden Charakter überprüfen. Das könnte so aussehen, dass Sie nach Vorliegen Ihrer Grobplanung die acht Schlüsselprobleme und die sechs Schlüsselkompetenzen anschauen und überprüfen, ob Sie Bezüge dazu herstellen
können. Wenn Sie ohne Mühe mehrere Bezüge zu den 14 Stichworten herstellen können, hat Ihre Planung bereits einen deutlichen allgemeinbildenden
Anspruch. Wenn sie nur ein oder zwei Bezüge herstellen können, sollten Sie
überlegen, ob Ihre Planung noch erweitert oder verändert werden kann.

Ein Beispiel: Sie haben Ihre Seminarplanung halbwegs fertig, haben dann
aber das Gefühl, dass die Perspektiven der Frauen in dem von Männern do-
minierten Seminar zu kurz kommen. Das tangiert Klafkis Schlüsselproblem
Nummer 8 und Oskar Negts Gerechtigkeitskompetenz. Was tun? Vielleicht
ein Rollenspiel mit veränderten Hierarchien?

3. Die **Bedingungsanalyse** kann grob in drei Teile aufgegliedert werden: die
Analyse der Lernvoraussetzungen und Interessen der Teilnehmenden, die
Lehrkompetenzen der Seminarleiter/-innen und die Rahmenbedingungen
der Arbeit.

Bei der Ermittlung der Lernvoraussetzungen hilft es wenig festzulegen,
was die Teilnehmer/-innen können müssten – entscheidend ist die Ermittlung dessen, was sie tatsächlich können. Im Einzelnen kann es gehen um
Annahmen über die mitgebrachten Erlebnisse und Erfahrungen und die
Teilnehmerinteressen, Annahmen über die unterschiedlichen Kompetenzniveaus der Teilnehmer/-innen und Vorüberlegungen, ob und wie die zumeist sehr heterogenen Lernvoraussetzungen für die gemeinsame Arbeit
im Seminar genutzt werden können.

Zur Bedingungsanalyse gehört auch die nüchterne Erfassung der eigenen Lehrkompetenzen. Wenn Sie Bauchschmerzen haben, bestimmte Aufgaben noch nicht optimal übernehmen zu können, sollten Sie überlegen,

ob Seminarteilnehmer/-innen Teilaufgaben übernehmen können oder ob Sie einen Experten «einfliegen». Das ist nicht ehrenrührig. Im Gegenteil: Zuzugeben, dass man nicht alles weiß, aber damit klug umzugehen versteht, schafft mehr Akzeptanz als halbkompetente Auskünfte.

4. Die **didaktische Strukturierung** dient dazu, einen begründeten Zusammenhang von Ziel-, Inhalts-, Methoden-, Material- und Raumentscheidungen herzustellen. Sie stellt den wichtigsten Teil der Seminarplanung dar. Logisch betrachtet geht es dabei nicht mehr um die möglichst nüchterne Analyse der Lehr- und Lernvoraussetzungen, sondern um möglichst geschickte didaktische Entscheidungen und ihre Begründung.

5. Bei der **Verlaufsplanung** geht es darum, einen plausiblen Seminarverlauf zu organisieren. «Plausibel» ist der Verlauf, wenn der zweite Schritt schlüssig aus dem ersten, der dritte aus dem zweiten usw. folgt. Wir empfehlen Ihnen, sich dabei an den methodischen Grundrhythmus von Einstieg, Erarbeitung und Ergebnissicherung (s. Kapitel 3.2.7) zu halten.

6. Eine **Auswertung** ist – rein logisch – immer erst nach dem Seminar oder allenfalls auf halber Strecke möglich. Man kann aber schon bei der Vorbereitung Vorüberlegungen zur Auswertung anstellen. Sie sollten sich vorher überlegen, woran Sie den Erfolg oder Misserfolg Ihres Seminars festmachen wollen. Wir empfehlen Ihnen, dazu kleine «Praktikertheorien» zu formulieren (s. Kapitel 3.2.8).

Planungsbeteiligung

Es ist wünschenswert und für ein expansives Lernverständnis unverzichtbar, die Teilnehmer/-innen an der Planung, Durchführung und Auswertung zu beteiligen. Deshalb empfehlen wir, grundsätzlich zu Beginn eines jeden Seminars die eigene Planung offenzulegen und um Zustimmung und Kritik zu bitten. Das Mitteilen der Ziele reicht dabei nicht aus. Das bleibt zumeist sehr abstrakt. Viel informativer ist es für die Teilnehmer/-innen, wenn Sie die Aufgabenstellung und den geplanten Verlauf erläutern und begründen.

Die Veröffentlichung Ihrer Planung macht es leichter, das oben geforderte explizite oder implizite Arbeitsbündnis mit den Teilnehmenden hinzubekommen. Darüber hinaus ist es einfacher, Planungskorrekturen vorzunehmen, die im Verlauf des Seminars erforderlich werden können.

Eine besondere Form der Beteiligung sind regelmäßige Seminarkritiken z. B. am Ende eines jeden Tages, so genannte Feedback-Runden (s. Kapitel 3.2.8). Dadurch haben die Teilnehmenden die Gelegenheit, deutlich zu machen, wie sie die Stärken und Schwächen des Seminars empfinden, und sie geben der Seminarleitung Hinweise, was gut ankommt und wo Veränderungsbedarf vorliegt. Korrekturen sind dadurch auch im Seminarverlauf kurzfristig möglich.

Planungsbeteiligung ist immer ein wichtiger Teil einer demokratischen Seminarkultur – selbst dort, wo nur noch defensives Lernen im Sinne Holzkamps betrieben werden kann.

Wir wollen jetzt einige Abschnitte des Planungsrasters genauer ansehen und beginnen mit Schritt 3, der Bedingungsanalyse.

3.2.4 Bedingungsanalyse

Bedingungsanalysen in der gewerkschaftlichen Bildungsarbeit sind einerseits leicht: Sie haben eine Teilnehmerliste; Sie wissen, aus welchen Betrieben oder Bezirken die Teilnehmer/-innen kommen, und Sie bringen in aller Regel viele eigene Erfahrungen mit, waren also Betriebsrat, haben selbst schon mal einen Streik organisiert, sind Fachmann für Bildungsurlaub usw. Also müsste es Ihnen in aller Regel leicht fallen, sich in die Teilnehmenden hineinzuversetzen. Bedingungsanalysen sind andererseits schwer: Kein Mensch gleicht dem Anderen – den «typischen» Gewerkschafter gibt es nicht mehr. Sie wissen also so gut wie nie, wie bunt zusammengewürfelt das neue Seminar sein wird, welche Querköpfe dabei sind und welche persönlichen oder kollektiven Konflikte einzelne Teilnehmer/-innen aus ihren Betrieben in das Seminar hineintragen werden.

Teilnehmererfahrungen

Die Teilnehmer/-innen bringen fast immer sehr viele und sehr heterogene Erlebnisse und Erfahrungen aus ihrer Betriebsarbeit mit. Diese sind oft stark emotional besetzt und ganz unterschiedlich stark reflektiert: Es gibt schnelle «Aus-dem-Bauch-Urteile» hier, abgewogene und politisch «korrekte» Urteile dort. Deshalb ist es wichtig, den Teilnehmenden mit Hilfe geeigneter Methoden (z. B. Brainstorming; Sprechsteinrunde, Rollenspiele) die Gelegenheit zu geben, die gemachten Erfahrungen aufzuarbeiten und kritisch zu reflektieren.

Je schlechter die eigenen Schulerfahrungen der Teilnehmer/-innen waren, umso mehr Aversionen kann es gegen bestimmte Methoden geben. Bei ein- oder zweiwöchigen Seminaren werden Sie Ihre Annahmen über die Lernvoraussetzungen deshalb fortwährend – möglichst gemeinsam mit Ihrem Teampartner/Ihrer Teampartnerin – konkretisieren, ergänzen und korrigieren.

Teilnehmerinteressen

Eine wesentliche Voraussetzung für expansives Lernen ist das Auf- und Ernstnehmen der Teilnehmerinteressen. Warum? Erstens, weil es unmöglich ist, expansives Lernen gegen die subjektiven Interessen der Teilnehmer/-innen herbeizuführen; zweitens, weil die Teilnehmer/-innen mehr und besser lernen, wenn sie ihre Interessen einbringen können. Bei der Ermittlung der Teilnehmerinteressen sollten Sie die bei Bi-Metall gemachten Erfahrungen und Einsichten nutzen:

- Je mehr Erfahrungen aus der Betriebsrätearbeit, aus der Schwerbehindertenarbeit, aus antirassistischen Organisationen mitgebracht werden, umso schneller schlagen sie im Seminarverhalten durch. Man meldet sich zuerst zu jenen Themen, bei denen man sich selbst stark fühlt.
- Die Teilnehmenden haben nicht nur positive Interessen an einem Thema, sondern auch Abneigungen, Desinteressen und Vorurteile.
- Auch dort, wo es sich um Vorurteile handelt, müssen sie von Ihnen analysiert werden. Sie beeinflussen ja das Verhalten der Teilnehmenden massiv und haben dadurch einen erheblichen Einfluss auf die Zielerreichung.

Die Teilnehmerinteressen sind also heterogen und oftmals in sich widersprüchlich. Das macht es nicht gerade leichter, den Forderungen von Negt, Holzkamp, Bi-Metall und anderen nachzukommen, «interessenbezogen» zu arbeiten. Um überhaupt in dieser kniffligen Frage weiterzukommen, raten wir Ihnen, zwischen subjektiven und objektiven Teilnehmerinteressen zu unterscheiden:

- *Subjektive Interessen* sind die unmittelbaren persönlichen Bedürfnisartikulationen, die biographisch vermittelt, situationsabhängig und oft auch zufällig sind.
- *Objektive Interessen* sind überindividuell gültige Handlungsmotive, also das, was Holzkamp als Interesse an einer «verallgemeinerten Handlungsfähigkeit» bezeichnet.

Diese Unterscheidung ist für gewerkschaftliche Bildungsarbeit notwendig und problematisch zugleich, weil sie eine bequeme Hintertür für die Missachtung der subjektiven Teilnehmerinteressen öffnet. Also sollte die Seminararbeit möglichst häufig von den subjektiven Teilnehmerinteressen ausgehen, aber nicht bei ihnen stehen bleiben.

Es gibt allerdings hin und wieder Interessenäußerungen, die so vorurteilsbehaftet sind, dass Sie deutlich Einspruch erheben müssen, z. B. dann, wenn rechtsradikale oder frauenfeindliche Äußerungen fallen. Da muss das Prinzip, die Teilnehmerinteressen zum Ausgangspunkt zu nehmen, außer Kraft gesetzt werden.

Lernerprofile

Die Bildungsarbeit soll «adressatenorientiert» erfolgen. Aber das heißt nicht, dass es eine Eins-zu-eins-Annäherung zwischen den Teilnehmervoraussetzungen und der Seminargestaltung gibt. Selbst wenn dies möglich wäre, so wäre es nicht wünschenswert, weil die Teilnehmenden nicht auf einen bestimmten Lerntypus festgenagelt werden sollen, sondern die Chance haben sollten, sich weiter zu entwickeln.

Ein Beispiel: In ganz Deutschland ist es üblich, «verbale» von «visuellen Lerntypen» zu unterscheiden.[12] Aber das ist unseres Erachtens für die Seminargestaltung wenig hilfreich, weil es gar nicht möglich ist, ein Seminar so durchzuführen, dass die eine Hälfte nur mit Bildmedien und die andere nur mit Sprachtexten arbeitet. Es ist immer besser, wenn beides miteinander kombiniert wird.

Wichtiger als die Unterscheidung visuell/verbal ist die Frage, wie sich die Teilnehmer/-innen in die Seminararbeit einbringen: Sind sie eher destruktiv oder eher konstruktiv? Sind sie auf die Leitung fixiert oder auf die Gruppe? Sind sie eher an der Sache oder eher am sozialen Lernen interessiert? In einem Sprockhöveler Seminar zur Referentenschulung haben wir in einem lustbetont-ernsthaften Brainstorming überlegt, welche Teilnehmertypen wir in den Seminaren vor uns sitzen haben.[13] Friederikes[14] Lernertypologie und die ganz ähnliche von Franz sehen so aus:

Abb. 12: Teilnehmertypologie von Friederike

Abb. 13: Teilnehmertypologie von Franz

12 Das geht auf das vor 30 Jahren von dem prominenten Biologen und Lernforscher Frederik Vester veröffentlichte Buch «Denken, Lernen, Vergessen» (1996) zurück, aber die empirischen Belege für diese Unterscheidung sind sehr dünn.

13 Eine gründliche, empirisch basierte Studie zu den Rollenkonzepten gewerkschaftlicher Bildungsarbeiter hat Gertrud Hovestadt (1996 b, S. 46–71) erstellt.

14 Die Namen sind maskiert.

Jede Seminarleitung entwickelt – ob ihr dies bewusst ist oder nicht, ob sie dies begrüßt oder nicht – aufgrund ihrer Vorerfahrungen blitzschnelle Einordnungen und persönliche Urteile über die Teilnehmenden eines neuen Seminars. Sie steuern, wie wir aus der Neurowissenschaft wissen, unseren Umgang mit den Einzelnen in erheblichem Umfang. Wir müssen uns aber vor einer vorschnellen Etikettierung hüten und jedem Teilnehmenden die Chance geben, sich auch einmal ganz anders zu zeigen. Deshalb Friedrichs dialektisches Fazit zu unserer Brainstorming-Runde: «Die Stärke der Typisierung liegt im Versuch, sie nicht anzuwenden.»

Es gibt auch eine korrespondierende **Lehrenden-Typisierung,** die die Seminarteilnehmer/-innen ebenso zwangsläufig wenige Minuten nach Seminarbeginn vornehmen und die wir durch eine kritisch-nüchterne Selbstreflexion oder – besser und objektiver – durch unsere Teampartnerin/unseren Teampartner beschreiben lassen sollten:

- Bin ich der nüchtern-sachliche Typ?
- Bin ich kampferprobter Streikanführer und «moralischer» Gewerkschafter?
- Bin ich der «Geschichtenerzähl-Typ»?
- Stehe ich in der Gefahr, zu dominant oder zu zurückhaltend zu sein?

Da Sie Ihre Persönlichkeitsstruktur als Seminarleiter/-in kaum mehr verändern können, kann es nicht darum gehen, sich für die Dauer des Seminars in einen anderen Menschen zu verwandeln, sondern sich klar zu machen, was für ein Typ Sie selbst sind und wie dieser Typus auf die Teilnehmer/-innen wirkt. Da Selbstbild und Fremdwahrnehmung ganz regelmäßig auseinander driften, sollten Sie sich hierfür einen Coach besorgen.

3.2.5 Didaktische Strukturierung

Wir kommen zum vierten Schritt des Planungsrasters, zur *didaktischen Strukturierung*. Im Einzelnen geht es darum, die Ziele zu konkretisieren, den Inhalt zu strukturieren, die Methoden auszuwählen sowie Medien und Materialien vorzubereiten. Eine Grundeinsicht der Allgemeinen Didaktik lautet dabei, dass man die Entscheidungen in diesen vier Feldern nicht hierarchisieren kann. Alles hängt mit allem zusammen. (Das haben wir bereits bei der Vorstellung des *Didaktischen Sechsecks* erläutert; siehe Seite 92 ff.) Also ist es auch hier klüger, ein spiralförmiges mehrfaches Durchdenken von Ziel-, Inhalts-, Methoden-, Medien- und Raumfragen zu praktizieren, um dadurch die Stimmigkeit der Einzelentscheidungen zu verbessern (vgl. Abbildung 14).

Ziele

Ziele sind Kopfgeburten – Absichten und Wunschvorstellungen, die Menschen entwickeln, wenn sie sich zu einem Seminar anmelden oder seine Leitung zusagen. Man

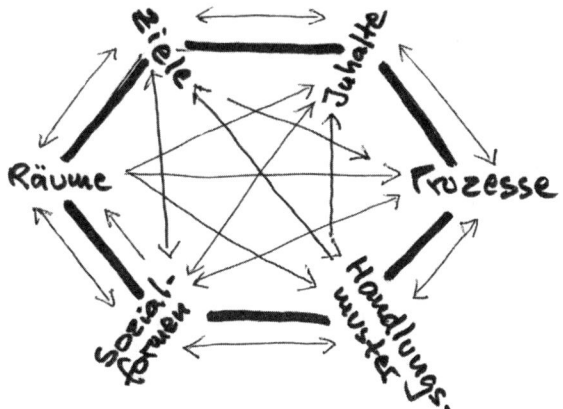

Abb. 14:
Wechselwirkungen

kann Ziele nicht sehen, riechen oder fühlen, aber man kann darüber sprechen. Wir schlagen Ihnen vor, zwischen den Lernzielen der Teilnehmer/-innen und den Lehrzielen der Seminarleitung zu unterscheiden, auch wenn wir damit vom üblichen Sprachgebrauch abweichen. Ein «Lernziel» ist dann das, was der Lernende selbst als Lernergebnis anstrebt. Ein «Lehrziel» ist dann das, was die Seminarleitung bei den Teilnehmenden bewirken will.

Es ist üblich, die Lehrziele zu Seminarbeginn mitzuteilen. Wir empfehlen Ihnen, dabei nicht nur fachbezogene Lehrziele vorzusehen, sondern auch die in Kapitel 3.1.2 skizzierten Methoden-, Sozial- und Selbstkompetenzen zu beachten.

Durch die gemeinsame Festlegung der Lehr- und Lernziele wird geklärt, was die Teilnehmenden am Schluss des Seminars können sollen, das sie zu Beginn noch nicht konnten.

Oft wird die Frage gestellt, was der Unterschied zwischen einem Lehr-/Lernziel und einer Kompetenzfestlegung sei. Unsere Antwort: Die Begriffe sind eng verwandt, aber es gibt einen logischen Unterschied: Ein Ziel ist eine normative Setzung: Da ist jemand, der sich oder anderen ein Ziel gesetzt hat. Eine Kompetenzdefinition ist demgegenüber eine wertfreie Beschreibung. Man kann aber aus jeder Kompetenzdefinition ein gewünschtes Ziel machen, indem man die Formel «die Teilnehmer sollen .... können» vor diese Beschreibung setzt.

Themen und Inhalt

Wir empfehlen Ihnen, begrifflich zwischen dem Seminarthema und dem Seminarinhalt zu unterscheiden (auch wenn dies in Seminargesprächen nicht immer sauber durchzuhalten ist):

- Das Thema wird gesetzt.
- Der Inhalt wird erarbeitet.

- Das Thema besteht zumeist aus einer abstrakten Überschrift.
- Der Inhalt ist alles, was tatsächlich im Seminar erarbeitet wurde (also auch ein besprochener Konflikt zwischen zwei Teilnehmern, die Aufarbeitung einer frauenfeindlichen Äußerung oder was auch immer).

Zur Seminarvorbereitung gehört die geschickte Strukturierung und Untergliederung des Themas. Das sollte bereits in der Vorbereitungsphase erledigt werden – schon um Arbeitsmaterialien und sonstige Medien herstellen zu können. Die Themen können sehr unterschiedlich strukturiert sein. In Abbildung 15 haben wir dies bildhaft erläutert (s. Meyer 2004, S. 58):

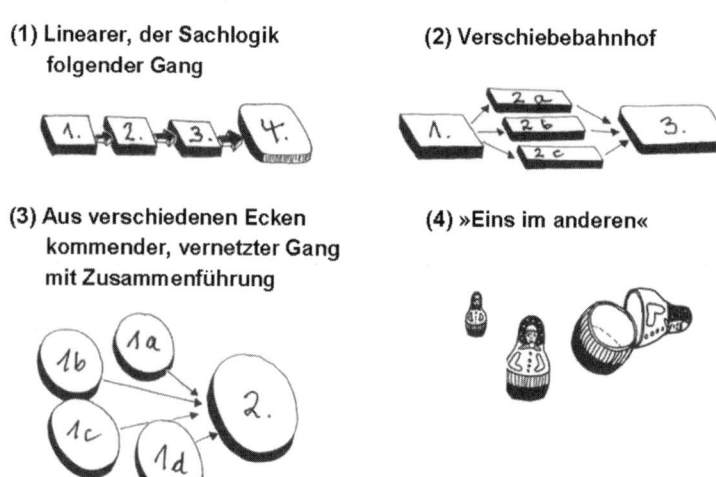

Abb. 15: Verschiedene Modelle, ein Thema zu strukturieren

Welches der Modelle aus Abbildung 15 Sie wählen, hängt nicht nur von der Sachstruktur Ihres Seminarthemas ab, sondern auch davon, was Sie im Seminar vorhaben. Das Modell (1) (linearer Aufbau des Themas) ist naheliegend; es dominiert auch in vielen Seminaren. Aber das ist nicht zwingend. Es gibt attraktive Alternativen. Wenn Sie in der Sachanalyse geklärt haben, dass mehrere gleichwertige Zugänge zum Thema möglich sind, können Sie nach Modell (3) arbeiten. Wenn Sie gern Gruppenarbeit machen, aber dennoch ein für alle verbindliches Ergebnis haben wollen, passt das Modell «Verschiebebahnhof».

Einige neuere Forschungsergebnisse belegen auch empirisch, was Autoren wie Klaus Holzkamp und Oskar Negt schon immer behauptet haben: Neues Wissen und Können wird nur dann dauerhaft angeeignet, wenn der Lernende die einzelnen Lehrinhalte in einen größeren Zusammenhang einordnen kann. So kann **vernetztes Wissen**[15] entstehen, das einen Transfer in benachbarte Wissens- und Könnensbereiche erleichtert. Es ist dabei üblich, zwischen horizontalem und vertikalem Transfer zu unterscheiden:

- *Vertikaler Transfer* liegt vor, wenn von basalen Kenntnissen aus «hochgestiegen» wird zu anspruchsvolleren Fragen und zu Vorgriffen auf das Gesamtergebnis.
- *Horizontaler Transfer* liegt vor, wenn erworbenes Wissen und Können aus dem einen Sachbereich in den anderen Bereich «hinübergeschaufelt» wird und dort auch angewandt wird.

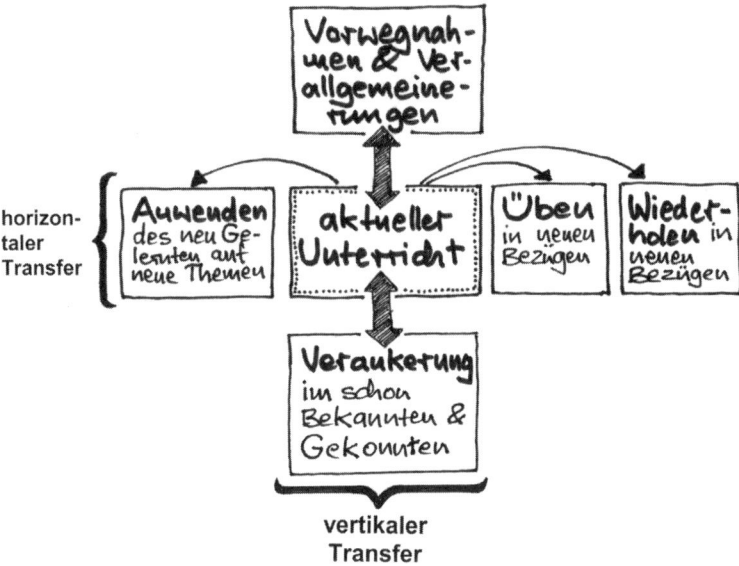

Abb. 16: Horizontaler und vertikaler Transfer (aus: Meyer 2004, S. 60)

Was hier für schulischen Unterricht festgestellt worden ist, gilt mit Sicherheit auch für die gewerkschaftliche Bildungsarbeit. Achten Sie also darauf, möglichst oft Verknüpfungen zum Vorwissen der Seminarteilnehmer/-innen herzustellen bzw. zuzulassen. Deshalb sollten Sie hin und wieder in Ihrem Seminar eine Reflexionsphase einschieben. Dafür eignet sich z. B. die Feedback-Runde am Ende eines Seminartages (s. Kapitel 3.2.8).

---

15 Statt vom vernetzten Wissensaufbau wird in der neueren Literatur auch vom «kumulativen Wissen» gesprochen.

Methoden

Ohne Methoden gäbe es keinen Inhalt! Denn der Inhalt des Seminars wird durch das methodische Handeln der Leitung und der Teilnehmenden hergestellt. Dabei sind Methoden weit mehr als bloße Techniken zur Vermittlung von Inhalten. Methoden haben eine eigene «innere Zielorientierung», die man durchschaut haben sollte, bevor man eine Methode einsetzt. Die Methodenfrage ist so wichtig, dass wir dafür das ganze Kapitel 4 vorgesehen haben.

Vorbereitete Umgebung

Auch hier kann zwischen äußerer und innerer Seite unterschieden werden:

- Die äußere Seite bezeichnet die Qualität der Materialien und Medien, die Raumgröße und die ökologische Qualität, die verfügbaren Quadratmeter je Teilnehmer usw.
- Die innere Seite beschreibt die «gute Ordnung», die durch die vorbereitete Umgebung hergestellt wird: Passt der Medienaufwand zur Zielstellung? Ist alles, was für den Lernprozess wichtig ist, gut erreichbar?

Raumfragen werden bei der Vorbereitung gerne vernachlässigt, sie haben aber für das Seminarklima und für den Seminarerfolg große Bedeutung. Deshalb sollten Sie sich nicht scheuen, selbst mit Hand anzulegen und den Raum so herzurichten, dass er Ihren eigenen ästhetischen und arbeitsergonomischen Ansprüchen genügt. Sie sollten die Materialien liebevoll gestalten, für helles Licht, frische Luft und ausreichend Tee und Kaffee sorgen. – Es zahlt sich aus!

3.2.6 Die Aufgabenstellung und die Arbeitsaufträge ausformulieren

Wenn Sie die Bedingungsanalyse und die didaktische Strukturierung halbwegs fertiggestellt haben, sollten Sie sich noch einmal die vorläufige Aufgabenstellung anschauen und sie zu einzelnen Arbeitsaufträgen «kleinarbeiten».

Eine geschickt gestellte Aufgabe ist ein kleines Kunstwerk, mit dessen Hilfe Anfang und Ende eines Seminarabschnitts oder auch eines ganzen Seminars miteinander verknüpft werden.

Aufgabenstellungen können zu einzelnen Arbeitsaufträgen konkretisiert werden, die sich aus der Abfolge einzelner Arbeitsschritte ergeben. In der Regel gehört zu jedem Arbeitsschritt ein eigener Arbeitsauftrag – dort, wo Gruppen gebildet worden sind, auch mehrere. Dort, wo die Seminararbeit aus den Fugen gerät, liegen fast immer unklare Arbeitsaufträge vor. Deshalb sind die Beteiligung der Teilnehmenden und die genaue Verständigung über die Arbeitsaufträge besonders wichtig.

Es gibt viele verschiedene Auftragsformate, die von Arbeitsschritt zu Arbeitsschritt variieren können:

- ein Brainstorming abhalten (= gemeinsames Sammeln von Ideen und Assoziationen)
- ein Problem analysieren
- einen Planungs- oder Vorbereitungsauftrag geben
- etwas sortieren
- etwas aus einer Liste von Alternativen auswählen und die Auswahl begründen
- einen Text lesen und in geeigneter Weise zusammenfassen
- etwas erkunden und über das Erkundungsergebnis mündlich oder schriftlich berichten
- eine Internetrecherche ausführen
- sich etwas ganz neu ausdenken («Versetzt euch in die Situation ...»)
- eine Konfliktsituation simulieren (z. B. im Rollenspiel)
- eine Strategie entwickeln und begründen
- etwas korrigieren oder überarbeiten
- etwas auswerten

Arbeitsaufträge können viel oder wenig Selbstständigkeit der Teilnehmenden voraussetzen. Deshalb gibt es *geschlossene* (keine Spielräume zulassende), *halboffene* und ganz *offene Arbeitsaufträge*. Oft, aber nicht immer sind die geschlossenen Aufträge die einfacheren. Die ganz offenen Aufträge sind bei manchen Seminarleitungen beliebt («Ihr könnt das machen, wie ihr wollt»), aber sie sind die schwierigeren. Gerade die offenen Aufträge sollten deshalb auch klar als offen gekennzeichnet werden.

Besonders wichtig ist die Verständigung über die Arbeitsaufträge in der **Gruppenarbeit**. Scheuen Sie sich nicht, diese Aufträge schriftlich vorzubereiten und sie den Gruppen auszuhändigen. Ein häufiger Fehler bei der Organisation von Gruppenarbeit besteht darin, dass die Arbeitsaufträge so formuliert sind, dass sie in Einzelarbeit besser und schneller erledigt werden können. Das führt dann oft dazu, dass ein Gruppenmitglied die Regie übernimmt und die anderen nur noch abnicken. Also sollten sie den Arbeitsauftrag sofort so geschickt formulieren, dass er nur in Teamarbeit zu erledigen ist. Darüber hinaus muss der nachfolgende Arbeitsschritt so geplant werden, dass die bei offenen Aufträgen zumeist sehr unterschiedlichen Gruppenarbeitsergebnisse gut integriert werden können.

Beim gründlicheren Ausformulieren von Aufgaben und Arbeitsaufträgen kann Ihnen die folgende Checkliste helfen:

Checkliste Aufgabenstellung:
1. Wie lautet die **Aufgabe konkret**, die Sie für das gesamte Seminar oder für Teilabschnitte vorsehen?
2. Gibt es eine **Schlüsselsituation** im oben definierten Sinne, an der die Aufgabenstellung verdeutlicht werden kann?

3. Welche **Vorkenntnisse** und Interessen zum Thema bringen die Teilnehmer/ -innen mit? Muss die Aufgabe wegen des unterschiedlichen Vorwissens differenziert gestellt werden?

4. Welche **Sozial-** und **Methodenkompetenzen** werden für die Lösung der Aufgabe vorausgesetzt? Welche müssen neu angeeignet werden?

5. Welche **Arbeitsschritte** müssen die Teilnehmer/-innen vollziehen, um die Aufgabe zu lösen? Bauen die Schritte streng aufeinander auf oder gibt es unterschiedliche Zugänge, die zum gleichen Ergebnis führen? Wie viel Zeit ist für die einzelnen Schritte erforderlich?

6. Welche **Infos** und **Materialien** benötigen die Teilnehmer/-innen, um die Aufgabenstellung verstehen und bewältigen zu können?

Zusatzfrage:

7. Kann die gestellte Aufgabe den Teilnehmern/Teilnehmerinnen helfen, ihr Selbstvertrauen zu stärken und die **Solidaritätsfähigkeit** zu erhöhen?

3.2.7 Verlaufsplanung

Unterricht – welcher Art auch immer – hat eine zeitliche Struktur. Dabei kann wiederum zwischen einer äußeren und einer inneren Seite unterschieden werden:

- Die äußere Seite der Zeit- oder Prozessstruktur erfasst die *Schritte* und *Zeitintervalle* der Seminararbeit. Sie wird nicht nur durch den Lerneifer und die Kapazitätsgrenzen der Teilnehmenden, sondern auch durch so äußerliche Dinge wie die Essenszeiten der Bildungsstätten, Kaffee- und Zigarettenpausen und anderes mehr bestimmt.

- Die innere Seite gerät in den Blick, wenn nach der Folgerichtigkeit der einzelnen Unterrichtsschritte gefragt wird. Wir nennen dies den *methodischen Gang* des Unterrichts. Im methodischen Gang wird die *Verlaufs-* oder *Prozesslogik* des Unterrichts zum Ausdruck gebracht.[16]

Der methodische Gang der Seminararbeit ist der «**rote Faden**,» der sich durch Ihre Planung hindurchziehen sollte. Er kann der Sachlogik des Themas folgen, muss es aber nicht, wie wir im Kapitel 3.2.5 mit dem Modell «Verschiebebahnhof» und mit der «Russischen Puppe» gezeigt haben.

Wir empfehlen Ihnen, sich bei der Planung Ihrer Seminararbeit an den methodischen Dreischritt von *Einstieg, Erarbeitung und Ergebnissicherung* zu halten. Diesen Dreischritt nennt man auch den «**Methodischen Grundrhythmus** EEE» (Meyer 2007, S. 70). Er folgt einer weltweit beobachtbaren Prozesslogik des Lehrens

---

16 Eine Erläuterung dieses Fachbegriffs findet sich bei Jank/Meyer (2002, S. 87).

und Lernens, die von hoher Lehreraktivität zu Beginn über hohe Teilnehmeraktivität in der Mitte zur kooperativen Ergebnissicherung am Schluss führt. In aller Regel passt er auch für die zeitliche Untergliederung der Seminararbeit und zwar sowohl für die Planung einzelner Seminarblöcke als auch für die Planung des gesamten Seminars.

Methodischer Grundrhythmus

1. Erster Schritt: In der *Einstiegsphase* muss die Seminarleitung dafür sorgen, dass eine gemeinsame Orientierungsgrundlage für den zu erarbeitenden Sach-, Sinn- oder Problemzusammenhang hergestellt und dass die Aufgabenstellung von den Teilnehmenden angenommen wird. Dies legt eine führende Rolle der Leitung nahe. Ein geeigneter Einstieg kann die gemeinsame Erarbeitung einer Schlüsselsituation im oben definierten Sinne sein.

2. Zweiter Schritt: In der *Erarbeitungsphase* sollen sich die Teilnehmenden vertiefend in den Sach-, Sinn- oder Problemzusammenhang einarbeiten. Dies ist ohne ein hohes Maß an Eigentätigkeit nicht zu schaffen. Die Teilnehmenden haben deshalb eine führende Rolle. Wie oft die Seminarleitung in diesen Prozess eingreift und wie viele Hilfestellungen sie gibt, hängt von der Motivation, der Methoden- und Sozialkompetenz der Teilnehmenden ab.

3. Dritter Schritt: In der *Phase der Ergebnissicherung und der Anwendung* sollen sich die Seminarleitung und die Teilnehmenden darüber verständigen, was bei der Seminararbeit herausgekommen ist und wie die Arbeit in der nächsten Phase weitergehen kann. Darüber hinaus sollen die neu erworbenen Kenntnisse und Fähigkeiten geübt und angewandt werden. Dies legt eine gemeinsame Seminarführung nahe.

Dies ist nur das Grundmodell. Im Seminaralltag gibt es immer wieder Erweiterungen, Schleifen, Wiederholungen, Abbrüche, Reflexionsphasen oder Erholungspausen. Ein in der IG Metall-Bildungsarbeit weit verbreitetes vierschrittiges Modell variiert den Grundrhythmus, indem der erste Schritt in zwei Phasen unterteilt wird.

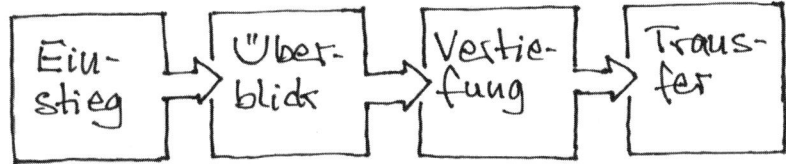

Abb. 17: Modell einer Verlaufsplanung aus der IG Metall-Bildungsarbeit

Schaut man sich die Seminarplanungen ein wenig genauer an, so lassen sich bei der Detailplanung vielfältige Variationen des methodischen Ganges erkennen:

- *Deduktives Vorgehen:* Man eröffnet mit einem Infoblock oder Theorieschub, in dem z. B. die gesetzlichen Grundlagen benannt werden; man vertieft wichtige Aspekte des Theorieschubs, um dann Schritt für Schritt auf Anwendungsbezüge überzugehen und gewerkschaftliche Handlungsperspektiven zu erarbeiten.

- *Induktives Vorgehen:* Man beginnt mit einem konkreten Fallbeispiel und erarbeitet Schritt für Schritt dessen Voraussetzungen (siehe Kapitel 2.3.2 zur Fallarbeit).

- Vom *Naheliegenden zum Fernen und wieder zurück:* Man schildert einen Tarifkonflikt – wechselt in eine historisch oder geografisch weit entfernte vergleichbare Situation, studiert die dort gefundenen Lösungen und kommt dann zur eigenen Praxis zurück.

- Vom *Abstrakten zum Konkreten und zurück:* Man startet mit einer ganz pauschalen abstrakten Information, geht in die Mikroanalyse eines Konflikts und versucht dann, die konkreten Einsichten mit den allgemeinen Feststellungen zu verknüpfen.

- Die *Methode «Schneeball»* variiert die Sozialformen der Seminararbeit: Dem orientierenden Einstieg im Plenum folgt eine gründliche Phase der Einzelarbeit; man bildet anschließend Tandems, in denen zwei Tandempartner ihre Ergebnisse vergleichen und eine gemeinsame Position formulieren, geht über zu Vierergruppen, bildet wiederum eine gemeinsame Position und kehrt danach ins Plenum zurück, um die Arbeitsergebnisse zu präsentieren.

Wir empfehlen Ihnen, Ihre Seminarteilnehmer/-innen über den von Ihnen angestrebten roten Faden aufzuklären. Dann können Sie umso besser dabei helfen, ihn einzuhalten.

3.2.8 Auswertung und Feedback

Die Seminarauswertung (manchmal auch Selbstevaluation genannt) lässt sich nicht zeitlich begrenzen. Sie bildet so etwas wie ein «Hintergrundrauschen», das Ihr Denken, Fühlen und Handeln vor und während der gesamten Seminarphase und auch noch danach begleitet. Man macht sich seine Gedanken über den Ablauf, man freut sich, man wundert und man ärgert sich. Das bezeichnen wir als «beiläufige» oder «implizite» Auswertung. Es gibt aber auch ein systematisch strukturiertes, durch methodisch kontrollierte Datenerhebung gestütztes Nachfragen und Nachdenken über Erfolg und Misserfolg der Seminararbeit. Davon handelt dieser Abschnitt.

Wir empfehlen Ihnen, schon bei der Vorbereitung Ihres Seminars eine oder zwei Hypothesen zu formulieren, mit denen Sie Ihre Annahmen bündeln, warum das, was Sie sich da für das Seminar ausgedacht haben, funktionieren müsste.

In der Fachliteratur werden diese Hypothesen auch als «Praktikertheorien» bezeichnet (Meyer 2007, S. 225).

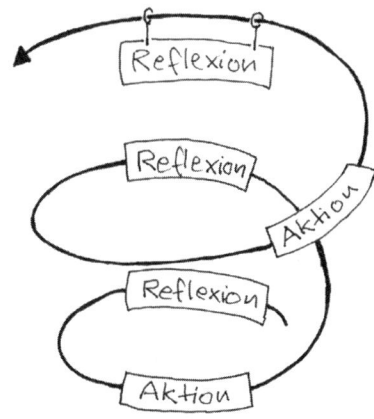

Praktikertheorien sind die auf der Grundlage eigener Erfahrungen *und* der gezielten Aneignung von Theoriewissen formulierten, kritisch reflektierten Annahmen über Grundlagen und Effekte unterrichtlichen Handelns. Wenn Sie mit diesen selbst gebastelten Theorien arbeiten, entsteht eine Aktions-Reflexions-Spirale, die Ihnen hilft, Ihre Erfahrungen zu systematisieren.

Abb. 18: Aktions-Reflexions-Spirale

Vielleicht sagen Sie von sich: «Ich bin kein Theorietyp». Aber das wäre erstens ein Missverständnis und zweitens schade. Sie besitzen bereits Hunderte von Praktikertheorien – alle Vermutungen über Ursache-Wirkungs-Zusammenhänge in Ihrer Seminararbeit gehören dazu. Sie müssen nur lernen, diese Annahmen als Hypothesen zu betrachten und sie an vorhandenes oder gezielt gesuchtes Theoriewissen anzudocken. Natürlich sind die Praktikertheorien noch nicht so gründlich abgesichert wie manche Theoretikertheorien. Aber im Prinzip müssen und können sie an den gleichen Gütekriterien wissenschaftlichen Arbeitens geprüft werden wie die im Wissenschaftsbetrieb erarbeiteten Theorien:

- Sie verknüpfen Annahmen über die Lernvoraussetzungen mit didaktischen Strukturierungen und machen daraus Hypothesen über den erhofften Lernerfolg.
- Sie gelten auf Widerruf, werden also an der eigenen oder der bei anderen beobachteten Unterrichtspraxis überprüft und gegebenenfalls überarbeitet.

Ein Beispiel: Sie haben die langjährige Erfahrung gemacht, dass sich Vertrauensleute sehr schwer tun, Gesetzestexte so zu lesen, dass sie auch den wesentlichen Sinn entnehmen. Sie entwickeln die Praktikertheorie, dass die Methode «Mindmapping» geeignet sein müsste, die Teilnehmenden zum angemessenen Analysieren schwieriger juristischer Texte zu bringen. Sie probieren es aus – und achten während des Seminars sehr genau darauf, ob sich ihre Praktikertheorie bewährt oder nicht.

Feedback

Wörtlich übersetzt heißt Feedback «Rückfütterung». Der Lehrende soll davon «satt» werden, also genau jene Informationen erhalten, die er bzw. sie braucht, um die Seminararbeit zu verbessern (Bastian u. a. 2003). Ziel des Feedbacks ist die Verbesserung der Seminarqualität durch methodisch kontrollierte Datenerhebung – nicht die Zensierung der Seminarleitung oder der Teilnehmenden. Dies wird dadurch erreicht, dass die Teilnehmenden aufgefordert werden, den Lehr-Lern-Prozess zu reflektieren, die Stärken gemeinsam herauszuarbeiten und den Änderungsbedarf gemeinsam zu besprechen.

Es gibt inzwischen viele, zumeist ohne großen Aufwand einsetzbare **Feedback-Methoden,** die auch in der gewerkschaftlichen Bildungsarbeit genutzt werden können, z. B.:

- **Sprechsteinrunde:** Ein Gegenstand (Stein, gravierter Walrosszahn, Metallkugel) wird im Stuhlkreis herumgegeben. Regel 1: Nur der- oder diejenige darf sprechen, der/die den Stein in der Hand hält. Regel 2: Kommentare zu den Statements der anderen sind unzulässig. Regel 3: Keiner muss sprechen – der Stein kann ohne Kommentar weitergegeben werden.
- **Karteikartenabfrage:** Die Seminarleitung verteilt am Ende des ersten oder zweiten Seminartages an alle Teilnehmenden eine Karteikarte. Auf Seite A wird notiert «Was auch morgen beibehalten werden soll»; auf Seite B «Was ich ab morgen gern geändert hätte».
- **Fragebogen:** ein sehr knapp gehaltener Fragebogen (mit sieben bis maximal zehn Einzelfragen) wird am Tagesende ausgefüllt. Die Ergebnisse werden von der Seminarleitung abends ausgewertet und am nächsten Morgen vorgestellt.
- **Punktekleben/Zielscheibe:** Eine Zielscheibe wird in vier Felder (Tortenstücke) eingeteilt: «Das Klima im Seminar ist gut» – «Die Inhalte sind interessant» – «Die Methoden sind interessant» – «Ich habe viel gelernt». Die Teilnehmenden kleben je einen Punkt in jedes Feld. Dicht am Mittelpunkt des Kreises bedeutet: hohe Zustimmung; eher am Rand: wenig Zustimmung.

Mehr dazu im Kapitel 6.3.3 und im Buch von Johannes Bastian u. a. «Feedback-Methoden» (2003).

Ein Beispiel für einen kompetenzorientierten Fragebogen zum IG Metall-Seminar «Aufgaben, Rolle und Handlungsfelder des Betriebsrats»:

		Merkmalsausprägungen[17]			
	Das Seminar hat dazu beigetragen:	Trifft voll zu	Trifft eher zu	Trifft eher nicht zu	Trifft nicht zu
1.	Der Besuch des Seminars lohnt sich für die Lösung meiner Praxisprobleme.				
2.	Ich kann das Gelernte auf andere Aufgabenstellungen übertragen.				
3.	Die Informationsbeschaffung für meine Aufgaben als Betriebsrat fällt mir jetzt leichter.				
4.	Prioritäten und Ziele der BR-Arbeit kann ich jetzt klarer strukturieren.				
5.	Die wesentlichen Rechte und Einflussmöglichkeiten des Betriebsrates kann ich anderen Kollegen besser erklären.				
6.	Das Verhältnis von BetrVG und Betriebsvereinbarung und Tarifvertrag wurden mir klarer.				
7.	Ich kann die Unterschiede zwischen Informations-, Mitwirkungs- und Mitbestimmungsrechten des Betriebsrates meinen Kollegen erläutern.				
8.	Der Aufwand des Seminars steht in einem positiven Verhältnis zum Nutzen für meine tägliche Arbeit.				
9.	Die Teilnahme am Seminar hat (bisher) Spaß gemacht.				

Regelmäßiges Feedback kostet Zeit – aber die wird wieder eingeholt, weil Lern-, Kommunikations- und Klimaprobleme frühzeitig erkannt und bearbeitet werden können.

Im Kapitel 6.3 wird die Auswertungsthematik mit einigen Hinweisen zur Selbstevaluation fortgeführt.

---

17 Wir empfehlen, immer vier Spalten vorzusehen, weil bei einem drei- oder fünfspaltigen Fragebogen eine Tendenz zur Mitte zu beobachten ist. Man weiß dann nicht, ob die Teilnehmer das Mittelfeld nur deshalb angekreuzt haben, weil sie sich nicht entscheiden konnten.

4 Methodik

In diesem Kapitel wollen wir Ihnen einen gerafften Überblick über die Seminarmethodik geben – so etwas wie einen Crashkurs, durch den Sie sich das methodische Fachvokabular aneignen können und dann einen Orientierungsrahmen haben, um Ihre eigenen Methodenideen besser umzusetzen:

- *In Kapitel 4.1 erläutern wir unser dialektisch orientiertes Methodenverständnis.*
- *In Kapitel 4.2 formulieren wir einen Satz unterrichtsmethodischer Fachbegriffe, mit deren Hilfe Sie Ihre Seminarplanung vornehmen können. Sie können diese Fachbegriffe auch verwenden, wenn Sie sich im Seminar mit Ihren Teilnehmern verständigen wollen.*
- *Kapitel 4.3 gibt einen Überblick über Lernarrangements, die expansives Lernen fördern können.*
- *Kapitel 4.4 bringt handfeste Ratschläge für Einsteiger in die Seminararbeit.*
- *Im kurzen Fazit werden wir verdeutlichen, dass Methoden eine heimliche politische Dimension haben, die reflektiert werden muss. Man kann sie sowohl zur Gängelung als auch zur Emanzipation der Teilnehmer/-innen nutzen.*

4.1 Theorierahmen

Die Methodenpraxis in der gewerkschaftlichen Bildungsarbeit bewegt sich, verglichen mit öffentlichen Schulen, auf hohem Niveau. Darauf können alle Beteiligten stolz sein. Also sollten auch Sie versuchen, Ihre Seminararbeit nicht nur fachlich korrekt und inhaltlich aktuell, sondern auch methodisch anspruchsvoll zu gestalten. Wie macht man das? Wir raten Ihnen, eine methodenbezogene Neugier- und Experimentierhaltung zu entwickeln und Ihr Methodenrepertoire schrittweise zu erweitern. Es kann nämlich viel Spaß machen, neue Methoden auszuprobieren oder eigene Methodenvariationen zu erfinden.

Oft wird die Frage gestellt, ob es spezifische Methoden für die gewerkschaftliche Bildungsarbeit gibt. Unsere Antwort: nein – ein und dieselbe Methode kann für unterschiedliche Zwecke und in ganz verschiedenen Organisationen erfolgreich eingesetzt werden. Aber es gibt bestimmte Methoden, die angesichts der in den ersten drei Kapiteln skizzierten Ziele und Aufgaben gewerkschaftlicher Bildungsarbeit besonders geeignet sind. Einen Teil davon werden wir in den Kapiteln 4.2 und 4.3 darstellen.

4.1.1 Unser Methodenverständnis

Was sind Methoden? In der Methodenliteratur herrscht ein erhebliches begriffliches und auch inhaltliches Durcheinander. Was eine «Phantasiereise» ist, lässt sich noch erahnen, was ein «Freiflug» oder ein «Kettenkarussell» ist, schon nicht mehr. Was die einen «Methode» nennen, heißt bei den anderen «Aktionsform». Was die einen nur für den Lehrer vorsehen, sollen beim anderen unbedingt auch die Schüler tun. Es lohnt sich aber nicht, lange darüber zu grübeln, was das einzig wahre Methodenverständnis sei. Halten Sie sich einfach an die folgende Arbeitsdefinition:

> *Arbeitsdefinition:* **Methoden** sind Formen und Verfahren, mit denen die Lehrenden und Lernenden die sie umgebende natürliche und gesellschaftliche Wirklichkeit vermitteln und sich aneignen.

Die Definition ist nur auf den ersten Blick schlicht und einfach. Wir erläutern das Gemeinte in 15 kurzen Sätzen:

1. Methoden dienen aus der Perspektive der Lernenden der *Aneignung* und aus der Perspektive der Lehrenden der *Vermittlung* von Wissen und Können. Sich etwas anzueignen heißt, sicher und frei darüber verfügen zu können.

2. Methoden können geregelte *Verfahren* sein, die Lehrende und Lernende nutzen, um die von wem auch immer gestellte Aufgabe zu bearbeiten: z. B. Einstiegs-, Erarbeitungs- und Präsentationsverfahren, Techniken des Fragenstellens, Vorträge, Gespräche u. a. m.

3. Methoden können feste *Formen* und Organisationsstrukturen sein, durch die der Rahmen für die Lehr-Lern-Prozesse festgelegt wird, z. B. ein Stuhlkreis, die Arbeit im Plenum oder in der Gruppe.

4. Methoden sind *Mittel* zum Zweck. Sie regeln, *wie* etwas gemacht werden soll, haben also eine dienende Funktion für die Erschließung der Inhalte. Sie sind aber immer mehr als das. Denn sie helfen zugleich, bestimmte Methoden- und Sozialkompetenzen aufzubauen. Sie haben also einen eigenen Wert.

5. Methoden haben eine *Eigenlogik* und Dynamik, die sich nicht aushebeln lässt. Sie helfen nicht nur, Ziele zu erreichen, sie sind auch in sich zielgerichtet. Deshalb gibt es Rückwirkungen der Methode auf den Inhalt und die Zielstellungen.

6. Durch den Einsatz von Methoden wird der Unterrichtsinhalt *«inszeniert»*. Das ist nicht polemisch gemeint, sondern wertfrei beschreibend. Wir setzen durch unser methodisches Handeln etwas «in Szene», was dadurch zum Inhalt des Unterrichts bzw. der Seminararbeit wird.[1]

---

1 Deshalb kann man den Regisseur mit dem Lehrer / der Lehrerin, das Drehbuch mit dem Curriculum, die Schauspieler und Zuschauer mit den Schülerinnen und Schülern, den Seminar-

7. Methodisches Handeln führt – wenn es gut geht – zur Aneignung von «Wirklichkeit» – eine etwas umständliche Formulierung dafür, dass es nicht nur um die Aneignung von Wissen, sondern immer auch um das Können und um die Persönlichkeitsbildung geht.

8. Das, was da angeeignet, also «zu eigen gemacht» wird, ist der *Seminarinhalt*. Er wird durch die Themenstellung vorstrukturiert, kann sich aber bei einer lebendigen Seminargruppe auch erheblich vom vorgegebenen Thema entfernen.

9. Lernen erfolgt immer *ganzheitlich*. Damit wird ausgedrückt, dass Lernprozesse nicht nur hin und wieder, sondern immer aus einer Mischung von Kopf- und Handarbeit bestehen. Gerade in den Gewerkschaften sollte immer wieder versucht werden, die hierarchische Unterordnung der Hand- unter die Kopfarbeit aufzubrechen.

10. Lernprozesse sind immer und nicht nur hin und wieder in *Emotionen* eingebettet. Die emotionale Tönung, die beim Erwerb von Wissen vorherrscht, bestimmt dieses Wissen ein Leben lang. Das belegen auch die jüngsten Ergebnisse der Neurowissenschaften (Spitzer 2002; Herrmann 2006).[2]

11. Methodisches Handeln ist kein Lehrendenprivileg. Es gibt keine einzige Methode auf der Welt, die nicht auch die Seminarteilnehmer/-innen beherrschen könnten. Der Aufbau methodischer Handlungskompetenz der Teilnehmer/-innen wird deshalb zu einem wichtigen Ziel.

12. Die Methodenkompetenz kann durch *Methodenreflexion* verstärkt werden. Das ist auch empirisch gut belegt: Wer darüber nachdenkt, welche Methoden er warum einsetzt, lernt auch mehr (Meyer 2004, S. 61). Deshalb sollte der Methodeneinsatz im Seminar öfters durch eine Methodenreflexion aller Teilnehmer/-innen ergänzt werden.

13. Es gibt *Lehrmethoden und Lernmethoden*. In einem kooperativ angelegten Seminar können sowohl die Leitung wie auch die Teilnehmer/-innen beides – lehren und lernen. Das ist eine für die Erwachsenenbildung besonders wichtige Einsicht.

14. Methodenvielfalt ist wichtig, aber sie hat keinen Wert an sich. Ein Methodenfeuerwerk, von dem sich die Teilnehmer/-innen eher erschlagen als bereichert fühlen, bringt nicht viel. (Das ist auch empirisch gut belegt.)

15. Entscheidend ist nicht, ob die Seminarleitung mit dem Stoff «durchgekommen» ist, sondern ob der Stoff bei den Teilnehmenden angekommen ist.

---

raum mit der Bühne und dem Zuschauersaal vergleichen. Die Rollen sind dabei klar definiert, aber sie können wechseln: Zuschauer können zu Spielern, Spieler zu Regisseuren, Regisseure zu Zuschauern werden. Auch das Drehbuch können sich die Akteure selbst schreiben, wenn ihnen dafür Zeit und Raum gegeben wird. Mehr zu dieser «inszenierungstheoretischen» Interpretation von Unterricht bei Meyer (1997, S. 267–275).

2 Wir warnen aber vor einer Überbewertung der Neurowissenschaften: Aus der Kenntnis der neuronalen Prozesse lässt sich nicht ableiten, was am nächsten Morgen im Seminar stattzufinden hat.

Unsere Hauptbotschaft lautet: Der Lehr-Lern-Prozess hat die aktive Mitarbeit der Teilnehmer/-innen zur Voraussetzung: Keine Lehrkraft kann Lernen «machen» – lernen können die Lernenden immer nur selbst. Aber ein Lehrer/eine Lehrerin kann dabei helfen. Das gilt für Kinder ebenso wie für Erwachsene. Deshalb ist die Frage, durch welche Methoden die Selbsttätigkeit und Selbstständigkeit der Teilnehmer/-innen angeregt werden können, für die gewerkschaftliche Bildungsarbeit zentral.

Die Kunst besteht darin, den toten Lehrstoff in lebendige Handlungen zurück zu übersetzen: politische Verträge in gesellschaftliche Konflikte, selbstverständlich Gewordenes in Provokationen, Verschüttetes in zu Entdeckendes, Kritik in Widerstand, Träume in Strategien. Dafür braucht man immer beides: fachlich korrekte Sachinformation einerseits, ausreichend Zeit für eigenes Experimentieren und Ausprobieren andererseits. Nur so kann das vermieden werden, was wir in Kapitel 2 als «Verkündigungspädagogik» kritisiert haben.

These: «Der schlechte Lehrer sagt den Schülern die Wahrheit. Der gute hilft ihnen, sie zu finden.»[3]

Optimale Methode?

Es ist lange geforscht worden, was die beste aller Methoden sei. Vor 30 Jahren hat man diese Forschungen eingestellt, weil offensichtlich geworden ist, dass es nicht «die eine» Methode gibt, die allen anderen überlegen wäre. Vielmehr kommt es darauf an, ein breites Angebot vorzuhalten, das der Heterogenität der Lernstile der Teilnehmerinnen und Teilnehmer gerecht wird und zugleich geeignet ist, sehr unterschiedliche Lernziele zu verfolgen. Die Forscher haben z. B. herausbekommen, dass Plenumsunterricht bei der Vermittlung von Fachwissen ein wenig besser als sein Ruf ist, während der so genannte offene Unterricht, bei dem die Schüler selbst entscheiden, was sie wann und mit wem lernen wollen, mehr Erfolg bei der Selbstständigkeitserziehung und beim Aufbau von Sozial- und Methodenkompetenzen verspricht (Meyer 2007, S. 58). Es gibt keinen Grund anzunehmen, dass dies in der Erwachsenenbildung anders ist. Deshalb ist es wichtig, auch hier unterschiedliche Lernarrangements anzubieten. Unser Methodenmotto lautet deshalb:

These: Mischwald ist besser als Monokultur!

---

3   Das ist ein 150 Jahre altes Zitat des Volksschulpädagogen und Politikers Adolf Diesterweg (1790 – 1860).

Methodenrepertoire der Seminarleitung

Bei Methodenfragen gibt es keine echten Anfänger! Denn Sie haben sich ja schon in Ihrer eigenen Schülerzeit und in der Berufsausbildung ein umfangreiches Methodenrepertoire angeeignet:

- Sie wissen, dass man nicht einfach mit der Tür ins Haus fällt, sondern einen methodisch gestalteten Einstieg bringt, um Neugier und Problembewusstsein zu wecken.
- Sie haben verinnerlicht, dass der Lehrende vorn in der Mitte steht und Regie führt.
- Sie sind es gewohnt, dass ein erheblicher Teil allen Unterrichts in Form eines Frage-und-Antwort-Spiels abläuft.
- Sie halten es für «normal», wenn Tafel und Kreide, Overheadprojektor oder Powerpoint eingesetzt werden.
- Sie wissen, dass man die Teilnehmer/-innen hin und wieder loben sollte und ärgern sich, wenn das in anderen Seminaren nicht passiert.

Die Beherrschung dieses Repertoires verschafft ein Gefühl der Sicherheit, aber es kann auch lähmen, weil es bei vielen Referenten/Referentinnen zur «zweiten Haut» geworden ist, die man nicht wie ein dreckig gewordenes Hemd abstreifen kann. Es ist viel leichter, sich in ein neues Wissengebiet einzuarbeiten, als ein neues Methodenrepertoire aufzubauen! Das brauchen Sie aber, wenn Sie das expansive Lernen Ihrer Teilnehmer/-innen fördern wollen.

Was tun? Trockenschwimmkurse (sprich: Buchlektüre und Belehrung) reichen nicht aus. Man muss alternative Methoden am eigenen Leibe ausprobiert und für gut befunden haben – nur dann wächst die Bereitschaft, sie auch bei nächster Gelegenheit selbst einzusetzen. Also sollten Sie jede Gelegenheit nutzen, um in anderen Veranstaltungen neue Methoden auszuprobieren.

Methodenkompetenzen der Teilnehmer/-innen

Auch die Teilnehmer/-innen Ihrer Seminare sind im Blick auf Methodenpraxis keine «unbeschriebenen Blätter». Sie haben genau wie Sie selbst schon viele Jahre Schule, einige Jahre Berufsausbildung und mehr oder weniger lange Zeit an gewerkschaftlicher Mitarbeit hinter sich. Sie haben gelernt,

- beim Lernen stillzusitzen,
- dem Lehrenden zuzuhören oder unauffällig abzutauchen,
- Powerpointvorträge auf sich herabrieseln zu lassen,
- hin und wieder eine Frage zu stellen oder einen Einspruch zu formulieren
- und abends beim Bier ausführlich über die Fach- und Methodenkompetenzen des Seminarleiters zu palavern.

Viele Teilnehmer/-innen haben aber Scheu vor jenen Methoden, bei denen sie sich mit ihrem ganzen Körper einbringen müssen: beim Rollenspiel, bei einem inszenierten Streitgespräch, bei einer Meinungslinie (s. Kapitel 4.2.2), beim Standbildbauen oder in einer Zukunftswerkstatt (s. Kapitel 4.3). Deshalb ist es wichtig, im Seminar ein offenes Klima zum Ausprobieren neuer Methoden zu schaffen. Das geht am besten, indem Sie selbst gleich am ersten oder zweiten Tag eine neue Methode vormachen und die Teilnehmenden aktiv einbinden. (Das haben wir in Kapitel 2.3.3 als «cognitive apprenticeship» beschrieben.)

Gemeinsame Methodenreflexion

Es ist wichtig, mit den Teilnehmerinnen und Teilnehmern über die ihnen zugemuteten alternativen Methoden nachzudenken, ihnen zu zeigen, dass und wie die einzelnen Methoden zu den Zielen und Inhalten passen und ihnen ein Gespür dafür zu vermitteln, wann sie eine Methode optimal genutzt haben. Deshalb empfehlen wir Ihnen, hin und wieder – insbesondere nach dem Einsatz «exotischer» Methoden – einen Stuhlkreis zu bilden und die Teilnehmer/-innen kommentieren zu lassen, ob sie etwas mit der neu erlebten Methode anfangen konnten oder nicht.

4.1.2   Dialektik des Lernens und Lehrens

Zwischen dem Lernen und Lehren besteht ein ganz merkwürdiges, auf den ersten Blick schwer zu durchschauendes Verhältnis, das wir im Anschluss an den Potsdamer Erziehungswissenschaftler Lothar Klingberg[4] mit Hilfe einer dialektischen Denkfigur deuten: Dialektisches Denken geht davon aus, dass die Spannungen zwischen Widersprüchen die eigentlich bewegenden Kräfte in der sozialen Wirklichkeit sind. Und das gilt, so Klingberg, auch für den Unterricht:

Lothar Klingberg

- Das Lernen ist seiner Struktur nach *anarchisch*[5] *und revolutionär*. Da ist jemand, der etwas herausbekommen oder können will – manchmal auf Teufel komm raus, manchmal auch nur zögerlich und phlegmatisch. Deshalb ist das Lernen für andere nicht verfügbar. Es folgt seinen eigenen, oft spontanen Spielregeln. Und es hat einen alles entscheidenden Vorteil. Es erlaubt den Lernenden, sich von der Vormundschaft des Lehrenden zu emanzipieren.

---

4   Klingberg (1989, S. 189); Klingberg (1990); vgl. Jank/Meyer (2002, S. 247).

5   Wenn Ihnen das Wort «anarchisch» (= frei von Fremdherrschaft) zu anarchisch ist, können Sie es durch «nicht verfügbar» ersetzen.

- Das Lehren ist seiner Struktur nach *systematisch und konservativ* (im ursprünglichen Wortsinn von «erhaltend»). Da ist jemand, der anderen etwas «beibringen» will, um sein eigenes Wissen und Können weiterzugeben und dadurch den kulturellen und politischen Besitzstand der Gesellschaft zu bewahren.
- Deshalb zwingen die Lehrer ihre Schülerinnen und Schüler immer wieder, etwas zu tun, was diese – allein gelassen – deutlich anders getan hätten. Aber die Lehrer tun dies nicht, weil sie die Schüler drangsalieren wollen, sondern weil sie die Hoffnung haben, dass diese mit ihrer Hilfe besser lernen als ohne sie.
- Aber aus denselben Gründen versuchen die Schülerinnen und Schüler immer wieder, sich dem Lehrer zu entziehen und «auf eigene Faust» zu lernen.

Nun sind die Seminarteilnehmer/-innen überwiegend Erwachsene und die Gewerkschaften systemoppositionelle Organisationen, die die gegebenen, aber ungerechten Verhältnisse verändern und nicht bewahren wollen. Dennoch gilt unsere obige Feststellung auch hier: Die gewerkschaftliche Bildungsarbeit will dazu beitragen, dass die Traditionen und die Ziele der Arbeiterbewegung bewahrt und weiterentwickelt werden.

Der Lehr-Lern-Prozess ist revolutionierend und konservierend zugleich. Das ist ein Widerspruch in sich – aber die Dialektik lehrt, mit solchen Widersprüchen umzugehen. Lothar Klingberg (1989, S. 108) schreibt: «Der Unterrichtsprozess ist ein dialektischer, in sich widersprüchlicher, komplizierter und nicht selten auch konfliktreicher Vorgang.» Aber diese Widersprüchlichkeit macht das Lernen nicht unmöglich und das Lehren nicht absurd. Im Gegenteil: Sie setzt den Lehr-Lern-Prozess in Gang und hält ihn am Laufen. Im Mittelpunkt der Prozessdialektik des Lehrens und Lernens steht deshalb für Klingberg die *Dialektik von Führung und Selbsttätigkeit*. Sie ergibt sich aus dem Widerspruch zwischen dem «aus der Logik des Lehrens resultierende[n] Erfordernis der führenden Rolle der Lehrenden auf der einen und dem aus der Logik des Aneignungsprozesses resultierenden Erfordernis zur Aktivität und schöpferischen Selbsttätigkeit der Lernenden auf der anderen Seite» (Klingberg 1986, S. 44). Dieser Widerspruch ist in *jedem* Lehr-Lern-Prozess enthalten. Er kann nicht einfach «gelöst» werden. Er muss immer wieder neu ausgetragen werden. So werden der Führungsanspruch des Lehrenden und der Selbsttätigkeitswille der Lernenden zu «Triebkräften der Weiterentwicklung» des Unterrichtsprozesses:

These: Der dialektische Widerspruch von Führung und Selbsttätigkeit treibt den Lernprozess voran.

Weil die Teilnehmer/-innen aktive Partner im Lehr-Lern-Prozess sind, tragen sie auch Verantwortung für sein Ergebnis. Diese Verantwortung können sie nur vernünftig wahrnehmen, wenn sie selbst didaktische Kompetenzen entwickeln – eine

Forderung, die wir schon in Kapitel 3.1.4 als einen Baustein guter Seminararbeit erhoben haben. Die Lernenden sollen nicht nur lernen, den eigenen Lernprozess bewusst zu machen und zu strukturieren – sie sollen auch lernen, in die Rolle der Lehrenden zu schlüpfen und Verantwortung für den Lernfortschritt der anderen zu übernehmen. Klingberg schreibt:

> «Didaktische Kompetenz der Lernenden heißt: Lernende als mitgestaltende, mitentscheidende und mitverantwortende Akteure in das Unterrichtskonzept einzubeziehen, ihre *Subjektposition* in allen Funktionen des Unterrichts in Ansatz zu bringen und zu respektieren: bei der Planung (insbesondere bei komplexen Lernvorhaben), bei der Unterrichtsgestaltung selbst und bei der kritischen Begleitung und Reflexion didaktischer Prozesse. Der dialogische Charakter des Unterrichts schließt auch das Gespräch von Lehrenden und Lernenden über Inhalte, Methoden, Organisationsformen und Resultate des Unterrichts ein. Es geht also, kurz gesagt, um eine zunehmende Bewusstheit und kritische Verantwortlichkeit von Lehrenden *und* Lernenden für den Unterricht als einer Sache, die nicht *für* Schüler veranstaltet, sondern *mit* ihnen gestaltet wird.»
>
> *(Klingberg 1990, S. 78)*

Wer lehrt, leitet und lenkt, übt Macht über die Lernenden aus. Er bestimmt, wer was wann wo wie und mit wem tun soll. Er setzt den Rahmen, er wählt die Materialien. Auch dort, wo der Lehrende diese Entscheidungen freigibt, bleibt er der Initiator und trägt die Verantwortung. Deshalb muss jede pädagogisch motivierte Machtausübung legitimiert werden können. Die einzige Legitimationsbasis ist dabei das Interesse an der wachsenden Selbstständigkeit, Solidarität und Professionalität der Lernenden.

Die Teilnehmer/-innen an der gewerkschaftlichen Bildungsarbeit sind selbstständige Menschen. Aber dort, wo sie sich zu einem Seminar angemeldet haben, empfinden sie sich als noch nicht selbstständig genug – sonst wären sie ja nicht gekommen. Also muss die Seminarleitung für die komplizierten Sachfragen, die Gegenstand der gewerkschaftlichen Bildungsarbeit sind, ein «Lerngerüst» aufbauen, das ihnen hilft, die Fragen zu klären. Zugleich sollte aber viel Spielraum für eigenes Probieren geschaffen werden, weil nur so die Selbstständigkeit des Denkens, Fühlens und Handelns der Teilnehmer/-innen wachsen kann.

Die Seminarleiter/-innen müssen leiten – nicht auf Teufel komm raus, sondern behutsam und mit viel Einfühlungsvermögen. Aber gerade deshalb können Sie als Seminarleiter/-in darauf hoffen, dass die Teilnehmer/-innen so fit sind, dass Sie schon bald zu einer kooperativ gestalteten Seminarleitung «auf gleicher Augenhöhe» übergehen können, um die Teilnehmenden schließlich weitgehend unabhängig von Ihrer Moderation lernen zu lassen.

4.1.3   Mikro-, Meso- und Makromethodik

Es gibt Tausende von Einzelmethoden. Da kann man schnell den Überblick verlieren. Deshalb haben wir ein Ordnungsschema entwickelt (Abb. 19), das Ihnen helfen kann, den Überblick zu wahren. Wir unterscheiden drei Ebenen methodischen Handelns, die wiederum in mehrere Dimensionen unterteilt sind. Prinzipiell jede Methode, die es zwischen Himmel und Erde gibt, kann in dieses Schema eingeordnet werden.

Die in Abbildung 19 hergestellte Ordnung ist nicht zufällig, sondern auf der Grundlage eines theoretischen Modells zur Klassifikation von Methoden entwickelt worden.[6] Die drei Ebenen des Modells stellen dabei so etwas wie «Aggregatzustände» methodischen Handelns dar:

- Auf der ersten Aggregatstufe, der *Mikromethodik,* werden die Operatoren und Inszenierungstechniken erfasst: Es handelt sich zumeist um wenige Sekunden, höchstens ein oder zwei Minuten andauernde Unterrichtsszenen, aus deren Abfolge sich dann alle komplexeren Formen und Verfahren methodischen Handelns zusammensetzen. Hier ist die Methodik sozusagen «gasförmig».

- Auf der zweiten Aggregatstufe, der *Mesomethodik,* werden historisch gewachsene feste Formen methodischen Handelns erfasst. Sie werden im Kapitel 4.2 noch ausführlicher erläutert. Hier ist die Methodik sozusagen «flüssig».

- Auf der dritten Aggregatstufe, der *Makromethodik,* geht es um umfangreiche Modellierungen des didaktisch-methodischen Handelns oberhalb der vier Dimensionen methodischen Handelns. Man kann sie als Lernkonzepte oder Lernarrangements bezeichnen. In der Grafik werden sie auf einige wenige Groß- oder Grundformen zurückgeführt. In diesen Großformen ist die Aggregatstufe «fest», weil es um sehr dauerhafte, oft Wochen, Monate oder Jahre umgreifende Lehr-/Lernformen geht.

Grundlage des methodischen Handelns sind Haltungen und Kompetenzen, die wir in der Zeile ganz unten angedeutet und in Kapitel 3.1.2 bereits skizziert haben.

Nicht erfasst ist das, was man als Prinzipien oder Grundsätze methodischen Handelns bezeichnet: z. B. der schon besprochene Grundsatz, die Subjektposition der Lernenden zu stärken, die Prinzipien des Erfahrungsbezugs, der Handlungsorientierung oder des Lebensweltbezugs. Diese Grundsätze steuern die Auswahl und Gestaltung von Methoden – deshalb können sie rein logisch nicht selbst Methoden sein. Sie schweben sozusagen über dem Drei-Ebenen-Modell.

---

6   Eine ausführliche theoretische Erläuterung findet sich bei Meyer (1987, Bd. 1, S. 218–240).

Abb. 19: Drei-Ebenen-Modell methodischen Handelns (aus: Meyer 2007, S. 45)

4.2 Entscheidungsfelder

Wir werden nun die drei Ebenen und die darauf aufgelisteten wichtigsten Begriffe des Mikro-Meso-Makro-Modells der Reihe nach erläutern. Auf jeder Ebene müssen bei der Seminarplanung Entscheidungen getroffen werden.

4.2.1 Tausend Operatoren: Fragen, Zuhören, Antworten & Co.

Wir beginnen mit der Mikromethodik. Die kleinste methodische Einheit, die man bei der Planung eines Seminars durchdenken kann, ist eine einzelne Handlung der Leitung und/oder eines Teilnehmenden bzw. mehrerer Teilnehmender. Statt von Handlungen spricht man auch von «Operationen». Das ist aber nichts anderes als die Übersetzung des Wortes «Handlung» ins Lateinische. Eine Operation wird durch ihren «Operator» bestimmt – das ist schlicht ausgedrückt das Verb, mit dem die Handlungsausführung näher beschrieben wird:

- auf einen Gegenstand zeigen,
- eine Frage stellen,
- etwas erklären,
- etwas sortieren,
- etwas vergleichen.

Die Mikromethodik wird in den Methodenbüchern häufig ausgeklammert, aber sie hat entscheidenden Einfluss darauf, wie Sie als Seminarleiter/-in bei den Teilnehmerinnen und Teilnehmern «rüberkommen». Wenn man sie befragt, wie sie die Lehrkompetenzen der Leitung beurteilen, beziehen sie sich sehr oft auf diese Ebene. Sie sagen dann z. B. «die kann gut erklären» oder «der ist witzig und hat Humor» oder «die ist immer so umständlich».

> *Definition:* **Operatoren** sind kleine und kleinste (verbale und nonverbale, mimische, gestische und körpersprachliche, bildnerische und musische) Anweisungen, Verfahren und Gesten, mit denen die Lehrenden und Lernenden den Unterrichtsprozess in Gang setzen und am Laufen halten.

Statt von Operatoren sprechen wir auch von *Inszenierungstechniken,* weil mit ihrer Hilfe die Seminararbeit inszeniert wird.

Familien

Einzelne Operatoren und Inszenierungstechniken können im Blick auf ihre unterschiedlichen didaktischen Funktionen zu Familien zusammengefasst werden. In der keineswegs vollständigen Abbildung haben wir mehrere davon aufgelistet.

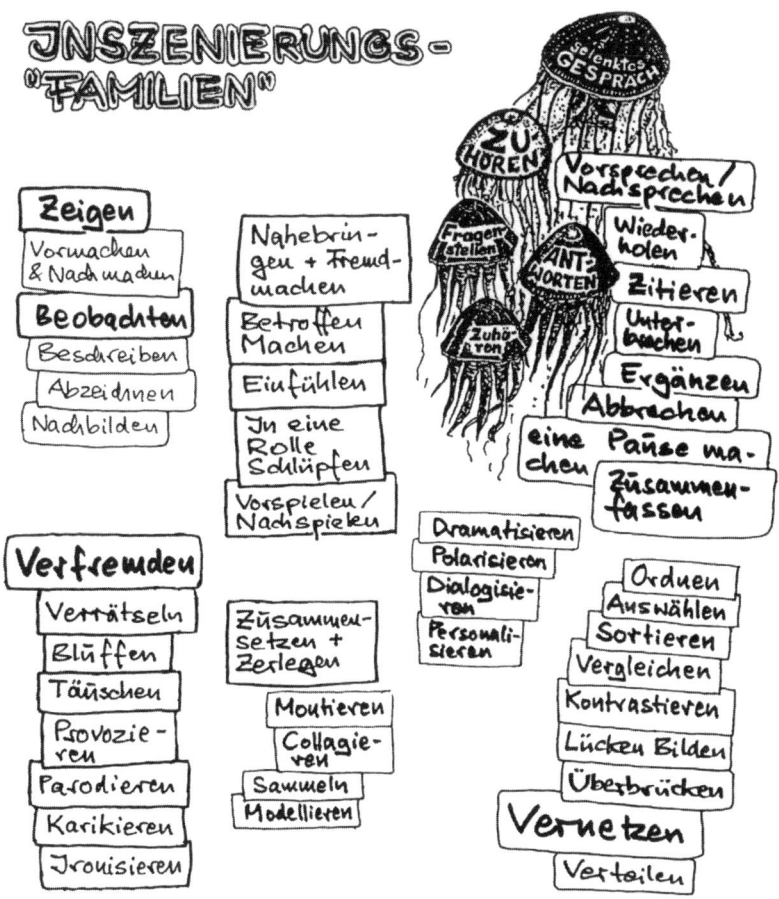

Abb. 20: Inszenierungsfamilien

Die rein quantitativ am häufigsten eingesetzten Operatoren und Inszenierungstechniken der Seminarleiter/-innen sind das Berichten, das Informieren, das Vortragen und das Fragenstellen. Die dann zwangsläufig am häufigsten erwarteten Inszenierungstechniken der Teilnehmer/-innen sind das Zuhören, das Mitschreiben und das gelegentliche Antworten. Diese methodische Monokultur ist ein Ärgernis, weil es viele attraktive Alternativen zum Fragenstellen gibt, von denen wir einige in Abbildung 20 aufgelistet haben.

Körpersprache

Ein großer Teil der Inszenierungstechniken wird körpersprachlich,
also nonverbal realisiert. Eine Frage kann man als stummen Impuls
setzen. Unzufriedenheit mit einer
Antwort durch erstauntes Gucken;
Zustimmung zu einem Vorschlag
durch eine freundliche Miene. Die

Körpersprache hilft also, den Lehr-Lern-Prozess zu steuern. Über die Körpersprache
regeln Sie aber ganz nebenbei auch Ihr sozial-kommunikatives Verhältnis zu Ihren
Teilnehmerinnen und Teilnehmern. Sie «inszenieren» sich als eher jovial oder eher
spröde, als zupackend oder behutsam. Das beginnt schon bei der Eröffnung eines
Seminars: Stehen Sie als Seminarleiter/-in offen und zugewandt vor den Teilnehmenden? Verstecken Sie sich hinter den Medien? Lassen Sie ein Lachen zu?

Elemente der Körpersprache sind nach Rosenbusch/Schober (2004):
1. die Mimik,
2. die Augen und der Blickkontakt,
3. die Gestik (das Gestikulieren mit Armen und Beinen),
4. die Körperhaltung (locker oder verspannt, aufrecht oder geduckt),
5. die Proxemik (das ist die Art und Weise, wie wir uns im Seminarraum bewegen, wo Sie sich als Leiter/-in am liebsten aufhalten, welchen Abstand Sie
   halten und wie viel körperliche Nähe zu den Teilnehmenden Sie zulassen),
6. die Paralinguistik (das, was unser Sprechen begleitet: Lachen, Räuspern,
   Husten, Pausen machen, Sprechtempo drosseln oder beschleunigen).

Über die Körpersprache senden Lehrende und Teilnehmende fortwährend kleine
und große Botschaften hin und her. Das ist besonders deutlich beim Blickkontakt.
Er ist so konstruiert, dass zeitgleich gesendet und empfangen werden kann. Man
sieht sofort, ob der Angeschaute reagiert, ob er den eigenen Blick als lobende Anerkennung, als kritische Rückfrage oder als Tadel wahrgenommen hat oder nicht.
Man kann ermunternd gucken und sieht sofort, ob die Ermutigung angenommen
worden ist. Aufschlussreich ist auch die Frage, wer mit wem im Seminar Körper-
kontakt aufnimmt, also enger zusammenrückt, freundschaftlich auf die Schulter
klopft oder auf Abstand geht. Initiativ ist dabei zumeist der sozial Mächtigere.

Es ist kaum möglich, bei Erwachsenen eine in vielen Jahrzehnten eingeschlif-
fene Körpersprache grundlegend zu verändern. Das ist auch gar nicht wünschenswert – man würde ziemlich komisch wirken, wenn man seine Körpersprache nur
deshalb, weil man vorn steht und Lehraufgaben hat, völlig umkrempelt. Aber es
ist sinnvoll, sich bewusst zu machen, welche Wirkungen die eigene Körpersprache

auf die Teilnehmer/-innen hat. Da diese Wirkungen über Selbstbeobachtung nur schwer herauszubekommen sind, sollten Sie hin und wieder Ihre Teampartnerin bzw. Ihren Teampartner bitten, ganz gezielt Ihre Körpersprache zu beobachten.

4.2.2 Hundert Handlungsmuster: Vortrags-, Gesprächs- und Spielformen

Wir wechseln von der Ebene der Mikromethodik zur Mesomethodik. Dort werden vier der sechs Dimensionen des *Didaktischen Sechsecks* (vgl. Kapitel 3.2.2) unterschieden: die Prozess-, die Handlungs-, die Sozial- und die Raumstruktur.[7] Wir beginnen mit der *Handlungsstruktur*.

Aus mehreren, oft nur Sekunden oder Minuten andauernden Einzelhandlungen auf der Mikroebene entstehen «Handlungsketten», für deren Realisierung man deutlich mehr Zeit benötigt: ein paar Minuten, eine viertel Stunde, manchmal auch eine Stunde oder mehr. Dabei wird das eine Kettenglied jeweils zum Mittel, um das nächste Kettenglied herstellen zu können. Drei Beispiele:

- *Eine zweigliedrige Kette:* Ein Rätsel wird gestellt – dann muss es auch gelöst werden.
- *Eine dreigliedrige Kette:* Eine These wird aufgestellt – eine Gegenthese wird formuliert – eine Synthese wird erarbeitet.
- *Eine viergliedrige Kette:* Rollenspiel: Ein Rollenkonflikt wird beschrieben und analysiert – die Rollen werden verteilt – das Rollenspiel wird durchgeführt – und danach ausgewertet.

Eine feste oder zumindest immer wieder ähnlich eingesetzte Abfolge von Handlungsketten nennen wir ein *Handlungsmuster*. Das ist die Rückübersetzung des lateinischen Wortes Aktionsform ins Deutsche. Handlungsmuster haben, wie schon das Beispiel «ein Rätsel lösen» zeigt, einen mehr oder weniger zwingenden Ablauf, den man auch als seine Handlungslogik bezeichnen kann. Wir definieren:

Arbeitsdefinition: **Handlungsmuster** sind historisch gewachsene, von Lehrenden und Lernenden fest verinnerlichte Formen der Aneignung von Wirklichkeit.
- Sie arbeiten mit festgelegten Rollenzuschreibungen.
- Sie haben einen durch die Aufgabenstellung definierten Anfang, einen Spannungsbogen und ein Ende.
- Sie sind in sich zielgerichtet.

Konkreter Unterricht ist eine inhaltliche und methodische Variation der durch die Handlungsmuster vorgegebenen Formen.

---

7   Die Ziel- und die Inhaltsdimension fehlen – sie wurden bereits im Kapitel 3 zur Didaktik behandelt.

Handlungsketten folgen einer inneren Logik, die man bei der Seminargestaltung beachten muss, weil sie sich auch gegen den Willen der Seminarleitung durchzusetzen pflegt.

Die Handlungsmuster fallen nicht vom Himmel. Sie sind in den vergangenen Jahrhunderten und Jahrtausenden im menschlichen Zivilisationsprozess erfunden, weiterentwickelt und überformt worden. Es gibt dabei viele außerschulische Einflüsse, z. B. durch neue Formate des Fernsehens («Talkshow») oder der Politik («Hearing»), durch Arbeitsformen auf Kirchentagen («Markt der Möglichkeiten») oder in der Psychologie («Fallgespräch»).

Abbildung 21 zeigt eine *Didaktische Landkarte* mit zahlreichen Beispielen für verschiedene Handlungsmuster, die wiederum im Blick auf ihre unterschiedlichen didaktischen Funktionen zu Familien zusammengefasst sind.

Die *Didaktische Landkarte* ist ein Sprach-Bild-Puzzle. Räumliche Nähe signalisiert Zusammengehörigkeit, räumliche Ferne Unvereinbarkeit. Quallen treten dort gehäuft auf, wo die Wasserqualität schlecht ist. In der Grafik signalisieren sie deshalb die «ökologische Belastung» bestimmter Bereiche methodischen Handelns. Die *Landkarte* ist zweifach untergliedert:

- In der Waagerechten sind rechts die eher «verkopften» und ausschließlich verbal vermittelten Handlungsmuster notiert; links die eher ganzheitlich handlungsorientierten Muster.
- In der Senkrechten finden Sie in der oberen Hälfte die Handlungsmuster mit hoher Dominanz der Seminarleitung; in der unteren die Muster mit hoher Teilnehmeraktivität.

Jedes einzelne Handlungsmuster hat seine starken und seine schwachen Seiten. Es gehört ein wenig Erfahrung dazu, sie zu erkennen. Sie können sich aber an Ihren eigenen Schülererfahrungen orientieren:

- Ein Lehrervortrag liefert geballte und gut kalkulierbare Kost. Er hilft der Seminarleitung, mit ihrem Stoff durchzukommen. Aber ob der Stoff auch bei den Teilnehmenden angekommen ist, ist damit noch lange nicht gesagt.
- Eine erzählte Geschichte kann hundert Mal spannender als ein Vortrag sein. Sie müssen nur aufpassen, dass die Erzählung nicht ausufert.
- Ein Gespräch kann spannend werden, wenn es um wirkliche Kontroversen geht, die gekonnt inszeniert werden.

Es gibt sicherlich mehrere Hundert verschiedene Handlungsmuster. Es ist aber weder möglich noch nötig, sie alle zu beherrschen. Jeder entwickelt – über Jahre hinweg – sein eigenes Handlungsmuster-Repertoire. Aber Sie sollten sich überlegen, in welche Richtung Sie Ihr Repertoire schrittweise erweitern könnten.[8]

---

8   Dazu können Sie mit zwei farbigen Markern auf der *Landkarte* markieren, welche Methoden Sie schon zu Ihrem Repertoire zählen und welche Sie als nächstes neu erlernen wollen.

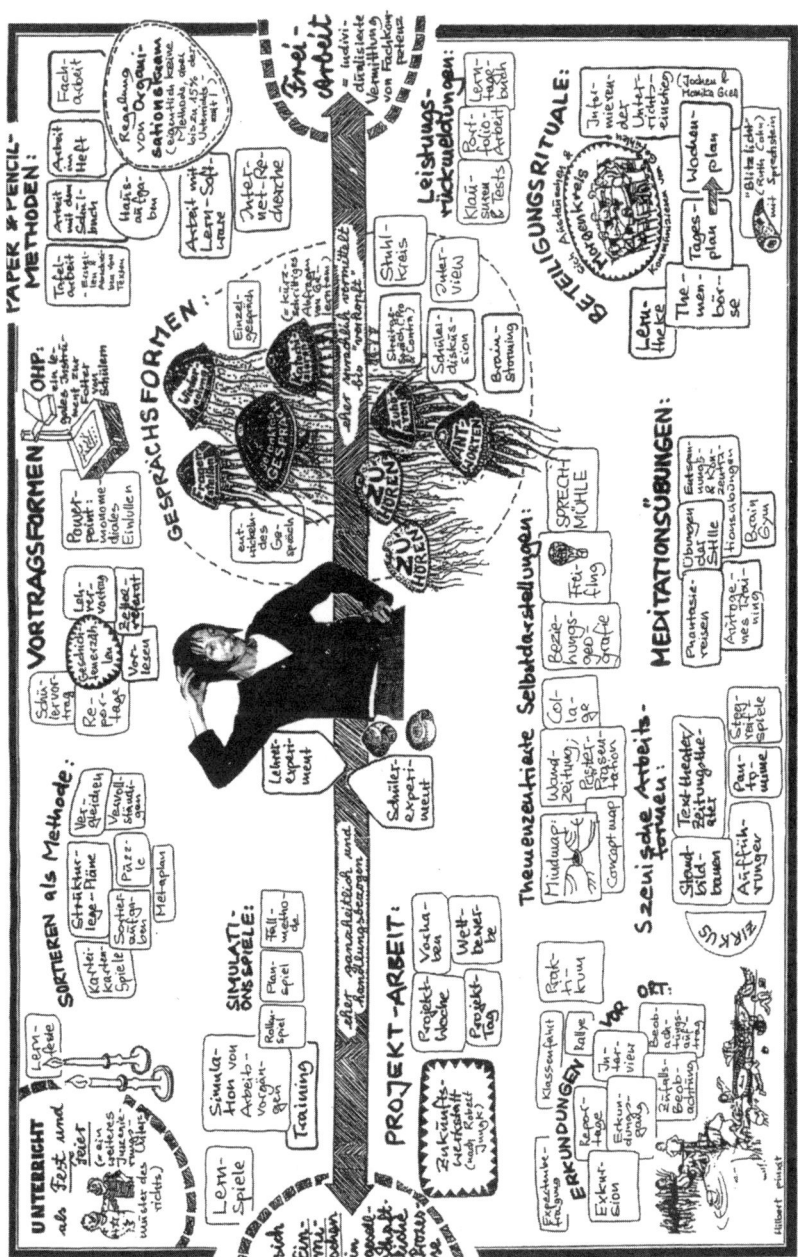

Abb. 21: Didaktische Landkarte mit Handlungsmustern (aus: Meyer 2004, S. 77)

Wir werden nun beispielhaft einige wenige Handlungsmuster vorstellen, die uns für die gewerkschaftliche Bildungsarbeit besonders geeignet erscheinen.

(1) Kurzvortrag

Viele Vorträge werden heute als Powerpointpräsentation gehalten. Das ist nicht automatisch schlecht, aber immer ein bisschen riskant. Powerpoint ist nämlich vor allem ein referentenfreundliches Medium (man ist flexibel und braucht nicht mehr als seinen USB-Stick). Aber die Gefahr ist groß, die Teilnehmer/-innen mit einem Sturzbach viel zu voll gepackter Folien zu erschlagen. Deshalb unser Vorschlag, immer wieder einen kurzen, dafür aber halb-frei[9] gehaltenen Vortrag einzuschieben. Vor Beginn des Vortrags sollten Sie den Teilnehmenden das Thema bzw. die Überschrift des Vortrags klarmachen, ihnen erklären, welche Funktion der Vortrag für den nächsten Arbeitsschritt hat (Einstieg in ein neues Thema? Ergebnissicherung? Hilfe für den Arbeitsauftrag?). Klären Sie, ob sich die Teilnehmer/-innen Notizen machen sollen oder ob es eine schriftliche Unterlage für den Vortrag gibt. Dabei gelten folgende Kriterien:

- Der Vortrag sollte kurz und prägnant sein (nicht länger als fünf bis zehn Minuten!).
- Er sollte übersichtlich gegliedert sein.
- Er kann Wiederholungen enthalten, aber die Neigung zu ausschweifenden Exkursen ist unbedingt zu unterdrücken!
- Der Inhalt sollte lebendig und – falls dies nicht vom Thema her ausgeschlossen ist – humorvoll vorgetragen werden.
- Sie sollten Blickkontakt zu den Teilnehmenden suchen.
- Sie können zum Schluss noch einmal eine Zusammenfassung der wichtigsten Punkte oder der Kernbotschaft geben.

Es gibt einen Kardinalfehler beim Vortragen. Er besteht darin, den Vortrag zu früh und zu häufig durch gelenkte Gesprächsphasen zu unterbrechen, so dass am Ende gar nicht mehr zu erkennen ist, wo der Vortrag angefangen hat und wo er beendet wurde. Wir halten das für pseudodemokratisch! Ein Vortrag ist zwangsläufig lehrerzentriert. Da braucht man sich nicht zu entschuldigen. Wer wichtige Nachfragen hat, kann sich ja Notizen machen und hinterher fragen.

Hin und wieder können Sie auch Teilnehmer/-innen für einen Kurzvortrag gewinnen. Das sollte aber in den meisten Fällen am Tag zuvor abgesprochen worden sein.

---

9   Damit meinen wir, dass Sie sich die Hauptbotschaft Ihres Vortrags auf Karteikarten notiert haben, die Sie während des Vortrags in der Hand halten.

(2) Zettelreferat

Für Powerpointfans dürfte dies die Steinzeitvariante der Vortragsformen sein. Wir sehen das anders. Es ist eine effiziente Form Verlebendigung!

Ablaufschema
- Die Teilnehmer/-innen setzen sich in einem Halbkreis vor die Referentin/ den Referenten.
- Der Vortragende hat vorher das ganze Referat (das entsprechend kurz ausfallen muss!) stichwortartig auf Karteikarten aufgeschrieben.
- Ungefähr 20 groß beschriebene Karten (geschrieben mit Schriftgröße 30 Punkt, damit alles lesbar bleibt!) werden nun vor den Augen der Teilnehmer/ -innen Blatt für Blatt vorgetragen und im gleichen Moment auf den Fußboden gelegt und dort nach Teilüberschriften sortiert.

Abb. 22: Zettelreferat

- Danach kann die Lerngruppe mit den Zetteln und Stichpunkten weiterarbeiten. Die Reihenfolge kann neu gelegt werden. Hypothesen können auf einen Zettel geschrieben und dazugelegt werden usw.
- Die Karten können nach dem Referat an die Wand gepinnt und für die Weiterarbeit genutzt werden.

Methodenreflexion: Zettelreferate können von der Seminarleitung ebenso gut wie von den Teilnehmenden gehalten werden (z. B. zur Berichterstattung nach einer Gruppenarbeitsphase).

Die auf den Zetteln notierte Kernbotschaft kann im nachfolgenden Gespräch flexibel erweitert oder auch korrigiert werden (was bei Powerpoint nicht möglich ist.)

Der *Trick:* Das Zettelreferat reduziert die Ausschweifungen auf ein Minimum, weil die Zettel in der Hand «gelegt sein wollen» und so den Vortrag vorantreiben. Deshalb sei diese Methode insbesondere jenen Referenten/Referentinnen empfohlen, die die selbstkritische Einsicht gewonnen haben, zu viel zu reden.

(3) Tandem- oder Tuschelgespräch

Wir raten Ihnen, nach Vorträgen hin und wieder eine drei- bis fünfminütge Tuschelrunde einzubauen. Zwei, maximal drei Teilnehmer/-innen unterhalten sich über das, was sie gerade gehört haben und bereiten Fragen für die nachfolgende Plenumsdiskussion vor. Das hat den Vorteil, dass alle Teilnehmer/-innen schon mal loswerden konnten, was sie für wichtig halten. Es kann aber auch für die Reduzierung und Kanalisierung von Fragen genutzt werden, wenn man den Auftrag gibt: «Verständigt euch auf eine gemeinsame Frage, die ihr gleich im Plenum vortragt.»

(4) Gesprächsformen

Es gibt viele verschiedene Gesprächsformen. Jede hat ihre eigenen Ziele und eigenen Spielregeln. Es ist wichtig, den Teilnehmenden die Unterschiede deutlich zu machen.

- *Lehrgespräch:* Die Seminarleitung oder ein eingeflogener Experte verwickeln die Teilnehmer/-innen in ein stark lehrerzentriertes Gespräch, in das immer wieder fachliche Belehrungen eingebettet werden.
- *Problemzentriertes Gespräch* (auch fragend entwickelndes Gespräch): Ein gemeinsames Problem wird an den Anfang gestellt – alle Teilnehmer/-innen beteiligen sich an der Problemanalyse und der Suche nach Lösungen.
- *Analysegespräch:* Eine Teilnehmerin/ein Teilnehmer schildert einen selbst erlebten Fall – die Teilnehmer/-innen beleuchten den Fall aus verschiedenen Perspektiven (s. u.).
- *Streitgespräch/Pro-und-Contra-Diskussion:* Es gibt mindestens zwei gegenläufige Positionen. Es ist nicht die Aufgabe der Gesprächsleitung, einen Konsens herbeizuführen, sondern dafür zu sorgen, dass die unterschiedlichen Positionen deutlich zum Vorschein kommen. Die inhaltliche Aufarbeitung erfolgt dann in einem weiteren Schritt.
- *Schlichtungsgespräch:* Die Gesprächsleitung rutscht in die Rolle des Schlichters, z. B. bei Tarifverhandlungen, und bemüht sich, einen Konsens herbeizuführen. Sie kann die Sitzung unterbrechen, sie kann auch einen weiteren Schlichter ernennen.
- *Interview:* Ein Seminarmitglied interviewt vor den Augen aller Teilnehmer/-innen ein anderes Mitglied zu einer Fachfrage.
- *Hearing:* Mehrere Seminarteilnehmer/-innen schlüpfen in die Rolle eines Interessenvertreters/Lobbyisten/Politikers und lassen sich von politischen Entscheidungsträgern interviewen.
- *Talkshow:* Das Fernsehformat wird im Seminar nachgeahmt: Es gibt einen Moderator und drei bis fünf «Experten», die um die Sache streiten, aber zugleich versuchen, den Unterhaltungswert hochzuhalten.
- *Beratungsgespräch:* Ein Experte oder Coach beobachtet einen Gewerkschafter bei seiner Arbeit und berät ihn.

Abb. 23: Pro und Contra

Methodenreflexion: Als Gesprächsleiter/-in sind Sie Spielführer/-in und Schiedsrichter/-in in einer Person. Das kann manchmal zu Schwierigkeiten führen.

Machen Sie vor Beginn jedes Gesprächs eine Ansage, um welche Gesprächsform es sich handelt. Rufen Sie gegebenenfalls die Spielregeln in Erinnerung. Bei Verletzung der Spielregeln sollten Sie freundlich, aber bestimmt und zügig eingreifen.

Die richtige Sitzordnung ist für den Erfolg eines Gesprächs wichtiger, als die meisten Laien glauben. Die Diskutierenden müssen sich in die Augen sehen können, aber auch von allen Zuschauern gut gesehen werden.

Versuchen Sie hin und wieder, die Gesprächsleitung an eine Teilnehmerin/einen Teilnehmer zu delegieren.

(5) Meinungslinie

Eine *Meinungslinie* ist eine körperbezogene Inszenierung von «Standpunkten», die einzelne Seminarmitglieder vertreten. Nur solche Fragen kommen in Betracht, bei denen es zwei klare Pole gibt: z. B. «Streik ja – Streik nein» oder «Ich bin ein Planungschaot – ich bin ein Planungsfetischist». Ein weiteres Beispiel: «Bezieht bitte auf der Meinungslinie Position: Wer strikt gegen die Zusammenarbeit des DGB mit der Linkspartei ist, stellt sich rechts hin; wer dafür ist, links; wer die Konditionen noch genauer geklärt haben will, in die Mitte.»

Wenn ein Thema klar in drei Positionen zu untergliedern ist, kann man auch ein «Meinungsdreieck» aufbauen.

Es gibt drei Rollen: Moderator/-in, «Spieler/-in» und Beobachter/-in. Zeitbedarf: ca. 15 Minuten.

Ablaufschema

1. Eine Linie von circa sechs Meter Länge wird mit einer Rolle Kreppband auf den Fußboden geklebt.
2. Sechs bis maximal zwölf Spieler werden nach vorn gebeten.
3. Die Moderatorin/der Moderator stellt möglichst präzise die Frage, zu der die Meinungslinie hergestellt werden soll.
4. Die Moderatorin/der Moderator legt – als Erinnerungsstütze – an beiden Enden der Meinungslinie vorbereitete Pappen oder Blätter (DIN A4 oder größer) auf den Boden. Auf den Pappen sind die zwei Positionen mit einem oder zwei Wörtern gekennzeichnet («Planungschaot» und «Planungsfetischist»).
5. Auf ein Zeichen der Moderatorin/des Moderators stellen sich die Spieler/-innen an der Stelle auf der Meinungslinie auf, an der sie ihrer subjektiven Einstellung nach stehen.

Abb. 24: Meinungslinie

6. Die Moderatorin/der Moderator befragt alle sechs bis zwölf Spieler nacheinander: «Warum stehst du an dieser Stelle?» Ob sie/er mit dem Abfragen bei den Extremen oder in der Mitte beginnt, spielt keine Rolle. Wenn die Methode eingeübt ist, können sich auch die Beobachter/-innen am Befragen der Spieler/-innen beteiligen.
7. Bei bestimmten Themen kann der Arbeitsauftrag variiert werden:
   Frage 1: «Wo stehst du heute?»
   Frage 2: «Wo möchtest du in Zukunft gern stehen?»

Methodenreflexion: Man kann die Methode für den Einstieg in ein neues Thema nutzen. Man kann sie auch am Ende eines Themenblocks wiederholen und überprüfen, ob sich die Positionen verändert haben.

Der *Trick*, warum diese Methode fast immer gut funktioniert, liegt darin: Wer vor aller Augen einen bestimmten Standort beziehen muss, entwickelt einen Erzähldrang. Er will den anderen mitteilen, warum er genau dort steht, wo er sich hingestellt hat.

Der *Vorteil* gegenüber anderen Formen der Meinungsabfrage ist folgender: Die Teilnehmer/-innen müssen sich eindeutig erklären. Die Einzelpositionen bleiben nicht in der Schwebe, so dass danach gezielter weitergearbeitet werden kann. Da immer mehrere Personen vorn stehen, entsteht sofort ein Meinungsbild der ganzen Gruppe.

(6) Fishbowl

Eine Fishbowl[10] ist nichts anderes als ein geschickt inszeniertes Streitgespräch. Es wird ein großer Stuhlkreis gebildet, der in der Mitte noch einmal einen kleinen Stuhlkreis mit fünf Stühlen hat. Die Moderatorin/der Moderator benennt das Thema, über das diskutiert werden soll. Vier Personen gehen in die Mitte und debattieren – sie allein haben Rederecht. Der fünfte Stuhl kann zu beliebiger Zeit von einem der Zuschauer besetzt werden – dieser erhält dann ebenfalls Rederecht. Wenn noch jemand mitdiskutieren will, geht sie/er zum Stuhlkreis und tippt einem der Diskutierenden auf die Schulter, dessen Argumente er stützen oder widerlegen will. Dieser muss dann seinen Platz frei machen.

(7) Analysegespräch

Das Analysegespräch, das wir hier im Anschluss an Altrichter/Posch (2007, S. 85–89) skizzieren, ist nicht nur für die in Kapitel 2.3.2 skizzierte Fallarbeit, sondern für viele andere Formen expansiven Lernens geeignet. Ein Analysegespräch soll *einer* Person helfen, ein für sie wichtiges Problem besser zu verstehen.[11]

Rollen: (1) Die Person, die ein Problem klären will: Sie steht absolut im Vordergrund. Die Beiträge der übrigen Beteiligten haben dienende Funktion. (2) Die Moderatorin/der Moderator: Sie/er moderiert das Gespräch. Sie/er achtet auf die Einhaltung der Spielregeln. Sie/er darf auch Fragen stellen. (3) Die übrigen Gesprächsteilnehmer:. Sie sollen sich als kritische Freunde betrachten, also grundsätzliche Solidarität zur befragten Person zeigen, aber in der Sache beharrlich nachfragen. (4) Die Protokollantin/der Protokollant: Sie/er fertigt während des Gesprächs ein Protokoll, das der befragten Person direkt nach dem Gespräch übergeben wird.

---

10 Der Name rührt daher, dass die fünf Diskutierenden wie fünf Goldfische in einem runden Glas herumschwimmen und von den Menschen im Außenring bestaunt werden.

11 Es hat nichts mit den in der Psychoanalyse üblichen Analysegesprächen zu tun.

Gruppengröße: Es sollten mindestens vier, maximal 15 Personen am Gespräch teilnehmen. (In größeren Seminaren also zwei parallele Analysegespräche führen!)

Raumbedarf: Es wird ein Stuhlkreis von etwa vier Meter Durchmesser gebildet.

Zeitbedarf: 45 bis 75 Minuten. Kürzere Gespräche sind weniger sinnvoll. Beim wiederholten Ausprobieren haben wir gemerkt, dass zumeist erst nach ca. 20 Minuten die Oberflächenfragen und -antworten aufhören und die Tiefenstrukturen des Problems zum Vorschein kommen.

Spielregeln: Es gibt vier streng einzuhaltende Regeln, die vor Beginn des Gesprächs erläutert und dann am besten auf große DIN-A3-Blätter aufgeschrieben und in der Mitte des Stuhlkreises auf den Fußboden gelegt werden.

1	Stelle nur Fragen. Verzichte auf eigene Beispiele und die Schilderung eigener Erfahrungen.	2	Verzichte darauf, die Aussagen positiv oder negativ zu bewerten.
3	Verzichte auf eigene Lösungsvorschläge.	4	Die befragte Person darf Fragen unbeantwortet lassen («nächste Frage bitte») oder das Gespräch abbrechen.

Wenn eine Gesprächsperson eine der Spielregeln verletzt, fällt ihr die Moderatorin/der Moderator ins Wort und bricht die Frage ab. Besonders schwer fällt es ungeübten Gesprächsteilnehmerinnen und -teilnehmern, auf eigene Lösungsvorschläge zu verzichten. Auch in Frageform verkleidete Lösungen («Meinst du nicht auch, dass man in diesem Falle ...») sind verboten.

Fragetypen: Fragen zur Konkretisierung des Problems; Fragen zum gedanklichen Hintergrund (z. B. die Bitte um Begründung einer Handlung); Fragen zur systemischen Erweiterung des Problems (institutioneller, soziokultureller Hintergrund usw.)

Ablaufschema

1. genaue *Festlegung des Problems*, zu dem das Analysegespräch geführt werden soll
2. Erläuterung bzw. Wiederholung der *Spielregeln* durch die Moderatorin/den Moderator
3. Die befragte Person beginnt mit einer *ausführlicheren Beschreibung* des zu klärenden Problems (ca. 5 bis 12 Minuten).

4. *Fragen* der Gesprächsteilnehmer/-innen und *Antworten* der befragten Person (30 bis 60 Minuten)
5. *Beendigung* des Gesprächs durch die Moderatorin/den Moderator
6. *Ausfühlungsgespräch* mit der befragten Person: («Wie hast du die Situation erlebt? Hat dich das Gespräch weitergebracht?»)
7. *Ausfühlungsgespräch* mit den übrigen Gesprächsteilnehmern

(8) Standbildbauen

Das Standbildbauen gehört zu den szenischen Arbeitsformen (Scheller 1998; 2004). Eine Regisseurin bzw. ein Standbildbauer erhält den Auftrag, ein Bild aus lebenden Personen Schritt für Schritt aufzubauen und so ihre bzw. seine persönliche Interpretation von Wirklichkeit zu veröffentlichen, die danach von allen gemeinsam diskutiert werden kann.

Standbilder liefern eine körperlich-sinnliche Deutung eines Textes oder von sozialen Erfahrungen, Haltungen und Phantasien. Sie sind auch geeignet, verschüttete Erinnerungen wieder lebendig werden zu lassen.

Die Methode ist gut geeignet, um Konfliktsituationen nachzuspielen – z. B. könnte man als Einstieg das anspruchsvolle Thema wählen: «Ein Standbild zum Verhältnis von Vertrauensleuten und Betriebsrat».

Rollen: (1) die Moderatorin/der Moderator, die/der die Rollen verteilt und auf Einhaltung der Spielregeln achtet; (2) der Standbildbauer oder die Regisseurin, der/die allein für den Inhalt «seines/ihres» Standbildes verantwortlich ist; (3) die Spieler/-innen, die keine eigene Meinung ausdrücken dürfen, sondern «Wachs» in den Händen des Standbildbauers sind; und (4) die Beobachter/-innen, die «einfach so» beobachten oder einen gezielten Beobachtungsauftrag erhalten.

Ablaufschema

1. Die Moderatorin/der Moderator *erläutert die Methode, nennt das Thema,* zu dem ein Standbild gebaut werden soll und benennt den Standbildbauer/ die Regisseurin.
2. In einer *Einfühlungsphase* werden die Erfahrungen, Phantasien und Emotionen der Teilnehmenden wachgerufen. Das kann z. B. durch ein kurzes Interview mit dem Standbildbauer/der Regisseurin erfolgen: «Bist du Vertrauensmann/Vertrauensfrau? Wie lange schon? Sprichst du aus eigener Erfahrung?»
3. Während der ganzen «Bauphase» wird *nicht gesprochen*.
4. Der Standbildbauer/die Regisseurin *sucht sich diejenigen Personen aus* der Lerngruppe *aus*, die von ihrer äußeren Erscheinung her in das Bild passen,

das er/sie vor Augen hat (also Eignung im Hinblick auf Körpergröße, Geschlecht, Haare, Statur usw.).

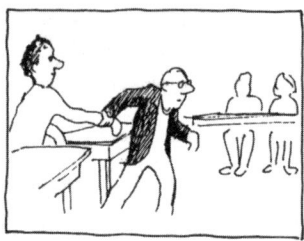

5. Der Standbildbauer/die Regisseurin baut mit den ausgewählten Spielern das Bild Figur für Figur auf, indem er/sie die *Körperhaltung der Mitspieler/-innen* solange *mit seinen Händen* formt, bis sie die richtige Position eingenommen haben. Die Mitspieler/-innen müssen sich dabei völlig passiv verhalten; sie dürfen sich nicht gegen bestimmte Körperhaltungen sperren.

6. Die *Gesichtsausdrücke* der Spieler werden geformt. Das ist schwierig. Die Mimik kann vom Standbildbauer/der Regisseurin vorgemacht und dann vom jeweiligen Spieler nachgespielt werden. (Meistens wird aber ein wenig gelacht, weil das Herumwerkeln des Standbildbauers/der Regisseurin in den Haltungen und Mienen der Spieler/-innen als merkwürdig empfunden wird. Zur Not kann der Standbildbauer/die Regisseurin auch eine Regieanweisung geben: böse, erschreckt, verärgert gucken usw.

7. Wenn das Standbild fertig aufgebaut ist, *erstarren* alle Spieler/-innen für 30 bis 60 Sekunden, um sich selbst meditativ in die eingenommene Haltung einzufühlen und um den Beobachtenden Gelegenheit zu geben, das entstandene Bild auf sich wirken zu lassen. Die Beobachter/-innen können in dieser Zeit um das Standbild herumgehen.

8. Danach wird das entstandene Standbild *beschrieben* und *interpretiert*: zuerst von den Beobachterinnen und Beobachtern, dann von den Spielerinnen

und Spielern. Dabei kommt es vor allem darauf an, die Beziehungen zwischen den Spielenden zu deuten.

9. Dazu kann man die Inszenierungstechnik *«Hilfs-Ich»* einsetzen: Eine Beobachterin/ein Beobachter stellt sich hinter eine der Figuren und spricht aus, was die Figur nach ihrer/seiner Deutung denkt oder fühlt. Dabei muss das Hilfs-Ich in der ersten Person sprechen.

10. Man kann auch versuchen, eine *Überschrift* zu formulieren oder das Thema zu erraten (wenn lediglich der Standbildbauer/die Regisseurin wusste, was da gebaut wurde) und dann den Standbildbauer/die Regisseurin fragen, ob er/sie der Deutung zustimmt.

11. Zum Schluss wird *der Standbildbauer/die Regisseurin befragt*, welche Absichten er/sie beim Bau des Standbildes gehabt hat.

Variationen und Weiterführungen

12. Wenn keine Einigkeit über die Deutung des Bildes zu erzielen ist, kann der Standbildbauer/die Regisseurin aufgefordert werden, das Standbild zu verändern.

13. Ebenso gut kann sich ein anderer Teilnehmer/eine andere Teilnehmerin zum Standbildbauer/zur Regisseurin machen und das Bild aus seiner/ihrer Sicht weiter entwickeln.

14. Eine weitere Figur – z. B. ein Konfliktschlichter – kann in das Bild integriert werden. Eine andere Figur kann herausgelöst werden. – Beides ergibt völlig neue Konstellationen.

Methodenreflexion: Der *Trick* dieser Methode besteht darin, die Deutung von Situationen, Bildern und Phantasien bewusst zu verlangsamen. Das Standbild kann ja beliebig lange angehalten werden, während beispielsweise ein Rollenspiel ein nicht zu stoppendes Tempo entwickelt. Solche Verlangsamung in methodischer Absicht ist überall dort interessant, wo die Seminarteilnehmer/-innen dazu neigen, zu schnell zu urteilen.

Wichtig: Die neu zusammengestellten Bilder spiegeln die subjektive Sicht des Standbildbauers bzw. der Regisseurin wider. Deshalb kann es beim Bauen kein Richtig oder Falsch geben – allenfalls kann eine Beobachterin/ein Beobachter sagen: «Mein Standbild sähe anders aus!» Wenn man mehrere Standbildbauer/Regisseurinnen ihr Standbild zum selben Thema herstellen lässt, können die verschiedenen Perspektiven sehr gut herausgearbeitet werden.

Vorsicht: Bei der Arbeit mit Standbildern wird unsere Körpergeschichte wieder lebendig! Wir erinnern uns viel intensiver als beim bloß verbalen Erörtern an die Stimmungen und Konflikte, die damals existierten, als sich die Bilder in uns hineingefressen haben. Deshalb muss die Moderatorin/der Moderator behutsam vorgehen und gegebenenfalls den Bau des Standbildes abbrechen, z. B. dann, wenn eine Teilnehmerin oder ein Teilnehmer in Tränen ausbricht.

(9) Stummes Schreibgespräch

Eine bei sparsamem Einsatz Spaß machende Alternative zum mündlichen Gespräch ist das stumme Schreibgespräch, bei dem sich die Teilnehmer/-innen schriftlich unterhalten müssen.

Ablaufschema

1. Je nach Seminargröße werden zwei, drei oder vier Tische aufgestellt.
2. Auf dem Tisch werden Packpapier- oder Flipchart-Papierbögen ausgelegt.
3. Die Seminarleitung hat schon vorher das Thema des Schreibgesprächs in der Mitte mit dickem Filzstift in einem Kreis eingetragen: z. B. «Offene Fragen zum Tarifrecht» oder «Was das Seminar für mich gebracht hat».
4. Die Seminarleitung formuliert den Reflexionsauftrag und benennt die wichtigste Spielregel: «Ab sofort darf nicht mehr gesprochen werden.»
5. Und nun kommentieren die Teilnehmer/-innen das Thema schriftlich. Jeder darf sich auf jeden beziehen; mit Pfeilen und Strichen können Querverbindungen hergestellt werden.

Das Schreibgespräch ist gut für Auswertungs- und Feedback-Runden geeignet. Es hat den Vorteil, dass die Feedback-Aussagen sofort protokolliert sind.

4.2.3 Vier Sozialformen: Plenums-, Gruppen-, Tandem- und Einzelarbeit

Wir sind im Schema von Seite 125 immer noch auf der Mesoebene, und zwar bei der Sozialstruktur. Sie hat eine äußere Seite, nämlich die Frage, in welchen Konstellationen die Seminarteilnehmer/-innen zusammenarbeiten. Dafür wird der Fachbegriff «Sozialformen» verwandt. Es gibt – aus rein logischen Gründen – nicht mehr als vier davon:

1. Plenum (auch Frontalunterricht genannt[12])
2. Gruppenarbeit
3. Tandemarbeit (auch Partnerarbeit)
4. Einzelarbeit (auch Still- oder Alleinarbeit)

Sozialformen haben eine innere Seite. Das sind die durch die Sozialformen ermöglichten Kommunikationsstrukturen und die dadurch beeinflussten zwischenmenschlichen Beziehungen.

---

12 Wir empfehlen Ihnen, den älteren Begriff Frontalunterricht zu vermeiden, weil er zumeist mit einer Reihe negativer Erfahrungen belastet ist und oft auch Vorurteile produziert.

Plenumsarbeit

Plenumsarbeit wird oft mit hoher Lehrerlenkung verknüpft. Aber das ist nicht zwingend. Wenn Sie ein teilnehmeraktives Seminar durchführen und z. B. ein Rollenspiel oder ein soziales Experiment einbauen, so handelt es sich immer noch um Plenumsarbeit. Auch dort, wo in hohem Umfang Gruppenarbeit gemacht wird, sind Plenen unverzichtbar:

- Plenen werden für die Seminareröffnung und den Abschluss ebenso benötigt wie für gemeinsame Zwischenreflexionen.
- Plenen sind die Bühne für die demokratische Seminarkultur. Hier wird über die Seminarplanung verhandelt, hier finden Abstimmungen statt.
- Plenen sind die Bühne für die Präsentation und Würdigung der Arbeitsergebnisse der Gruppen.

Um beurteilen zu können, ob Sie die Sozialform geschickt ausgesucht haben, müssen Sie die Stärken und Schwächen der Sozialformen kennen lernen:

- Plenumsarbeit ist in Einstiegsphasen gut geeignet, um einen Sach-, Sinn- oder Problemzusammenhang aus der Sicht des Lehrenden bzw. eines zum Lehrenden ernannten Teilnehmers zügig und fachlich korrekt zu erarbeiten. In Ergebnissicherungsphasen ist das Plenum unverzichtbar, um die Arbeitsergebnisse aus der Gruppenarbeit zur Kenntnis zu nehmen und sie gemeinsam zu beurteilen.
- Gruppenarbeit ist gut geeignet, um das selbstständige Arbeiten zu fördern, aber auch, um im Plenum erarbeitete Themen zu vertiefen.
- Einzel- und Tandemarbeit können gut als kleine Phasen der Erarbeitung, Vertiefung und Ergebnissicherung eingeschoben werden.

Manche Lehrkräfte an allgemein- und berufsbildenden Schulen praktizieren die Plenumsarbeit halbherzig und mit schlechtem Gewissen – zu recht. Sie nimmt dort mit durchschnittlich 75 Prozent (Sekundarstufe I) einen viel zu großen Raum ein. Aber das ist kein Grund, sie nachlässig zu behandeln. Unsere Meinung: Halten Sie den Umfang der Plenumsarbeit in Grenzen. Aber dort, wo Sie sie einsetzen, bitte mit methodischer Phantasie und ohne schlechtes Gewissen!

Gruppenarbeit

Gruppenarbeit ist eine Sozialform des Unterrichts, bei der durch die zeitlich begrenzte Teilung des Lernverbandes arbeitsfähige Kleingruppen entstehen, die gemeinsam an der zwischen der Seminarleitung und den Teilnehmenden vereinbarten Aufgabenstellung arbeiten, und deren Arbeitsergebnisse danach für den gesamten Lernverband nutzbar gemacht werden.

Im Gegensatz zum Schulalltag wird die Gruppenarbeit in der gewerkschaftlichen Bildungsarbeit häufig praktiziert. Dabei wird oft nicht genügend berücksichtigt, dass es sich hier um eine sehr anspruchsvolle Methode handelt, die gründlich vorbereitet werden muss. («Wenn der Teamer nicht mehr weiter weiß, dann gründet er einen Arbeitskreis.»)

Die Gruppen müssen erst zusammenwachsen. Deshalb müssen Sie den Seminarmitgliedern die Chance lassen, sich selbst zu organisieren und auch einmal einen Fehler zu machen.

Gruppenbildung

Die Gruppenbildung sollte vorher durchdacht worden sein: Wie groß muss die Gruppe sein – wie klein sollte sie bleiben, damit alle Gruppenmitglieder etwas zu tun haben? Nach welchen Kriterien sollen die Gruppen gebildet werden? Folgende Kriterien und Verfahren bieten sich an:

- *Methode «Pisspott»:* Man führt bewusst eine Zufallsmischung herbei – das einfachste Verfahren dafür: abzählen.
- *Postkarten-Zusammensetzen:* Man zerschneidet vier oder fünf Postkarten in unregelmäßige Teile. Die Gruppe findet sich auf dem «Marktplatz», indem die Puzzleteile zusammengefügt werden.
- *Differenzierung nach Interessengruppen:* Man stellt die verschiedenen Themen der Gruppenarbeitsphase kurz vor und überlässt es den Teilnehmenden, welcher Gruppe sie sich zuordnen. (Wenn eine Interessengruppe zu groß wird, bildet man zwei Teilgruppen.)
- *Branchenprinzip:* Man überlegt sich vorher ein oder zwei Differenzierungskriterien, erläutert sie und fordert dann die Teilnehmer/-innen auf, sich nach diesen Kriterien zuzuordnen, z. B. Branchenmischung oder Kombination unterschiedlicher Kompetenzen.
- *Geschlechterdifferenzierung:* Je nach Themenstellung kann man die männlichen und weiblichen Teilnehmer/-innen gezielt mischen oder auch gezielt geschlechtergetrennt arbeiten lassen.
- *Stammgruppenbildung:* In einem Zwei-Wochen-Seminar kann versucht werden, stabile Kleingruppen zu bilden, die dann bei wechselnden Themen immer wieder drankommen. Das stärkt das Teamgefühl und beschleunigt die Arbeit.

Differenzierungsformen

Es ist üblich, themengleiche und themendifferenzierte Gruppenarbeit zu unterscheiden:

- *Themengleiche* Gruppenarbeit sollte angesetzt werden, wenn es um zentrale Fragen geht, die alle Teilnehmer/-innen unbedingt in gleicher oder zumindest ähnlicher Form erarbeitet haben müssen, um danach weitermachen zu können. Themengleichheit schließt nicht aus, methodendifferenziert zu arbeiten: Gruppe A stellt eine Mindmap zu einem Gesetzestext her, Gruppe B eine Wandzeitung zum selben Text, Gruppe C einen Dialog.

- *Themendifferenzierte* Gruppenarbeit ist anspruchsvoller. Dabei wird das Rahmenthema in mehrere Teilthemen aufgeteilt, die so geschickt zurechtgeschnitten sind, dass bei der späteren Zusammenführung der Teilarbeitsergebnisse wieder ein Ganzes entsteht. Das entspricht dem «Verschiebebahnhof» von Seite 106.

Themendifferenzierung bietet sich angesichts des Anspruchsniveaus gewerkschaftlicher Bildungsarbeit in vielen Fällen an. Aber auch die themengleiche Arbeit kann sehr fruchtbar sein, weil die Teilnehmer/-innen aufgrund ihrer unterschiedlichen Interessen und Vorerfahrungen doch fast immer zu verschiedenen Lösungen kommen. Sie können sich dann in der nachfolgenden Plenumsphase besonders gut als Kritische Freunde (s. Seite 151) betätigen.

Rollenabsprachen

Ein wirklicher Geheimtipp für den Erfolg von Gruppenarbeit ist die streng geregelte, aber abwechselnd wahrgenommene Rollenverteilung zwischen den Gruppenmitgliedern. Wir schlagen Ihnen vor, folgende Rollen einzuführen:

- *Sitzungsleiter/-in:* Ein Gruppenmitglied übernimmt für eine genau definierte Zeit (z. B. zwei Stunden) die Leitung und achtet darauf, dass der Arbeitsauftrag realisiert wird. Er oder sie sorgt auch bei Bedarf für das Einhalten einer Rednerliste.
- *Zeitwächter/-in:* Der/die Zeitwächter/-in, der/die ebenfalls von Sitzung zu Sitzung wechselt, hilft bei der Moderation der Gruppensitzung. Er/sie achtet auf Anfang und Ende und gibt zwischendurch Signale, wenn die Zeit knapp wird.
- *«Wadenbeißer/-in»:* Er oder sie hat den Auftrag, auf Einhaltung der vereinbarten Spielregeln zu achten. Er/sie darf deshalb knurren, bellen und zur Not auch zubeißen.

Die Seminarleitung tritt während der Gruppenarbeit in den Hintergrund. Sie beobachtet die Arbeitsprozesse und hilft dort, wo Medien und Materialien fehlen. Deshalb ist es falsch, sich sofort wieder zu einer der Gruppen dazuzusetzen. Vor allem müssen Sie vermeiden, sich gleich wieder in Fachgespräche verwickeln zu lassen. Zulässig sind natürlich Rückfragen zum Arbeitsauftrag.

Stolpersteine

Gruppenarbeit wird oft dadurch belastet, dass die Teilnehmenden schlechte Erfahrungen aus der eigenen Schulzeit mitbringen. Achten Sie deshalb auf folgende Risiken:

- Erstes Risiko: Die Teilnehmer/-innen missbrauchen die Gruppenarbeit, um rumzudaddeln.
- Zweites Risiko: Die Gruppenzusammensetzung erweist sich im Nachhinein als ungeschickt.
- Drittes Risiko: Der Arbeitsauftrag wird ungeschickt formuliert, so dass er besser in Einzel- als in Gruppenarbeit zu erledigen ist.
- Viertes Risiko: Die Teilnehmer/-innen werden durch zu offen formulierte Arbeitsaufträge überfordert.
- Fünftes Risiko: Die Teilnehmer/-innen sind guten Willens, aber ihnen fehlen wichtige Methodenkompetenzen und Arbeitstechniken.

Diese Risiken sind für uns aber kein Grund, auf diese Sozialform zu verzichten. Expansives Lernen können wir uns anders gar nicht vorstellen. Schon während der Gruppenarbeit muss geklärt werden, wie die Arbeitsergebnisse im Plenum präsentiert werden (s. u.). Auch hier ist es wichtig, dass die möglichen Formen der Berichterstattung schon vor Beginn der Gruppenarbeit geklärt worden sind.

4.2.4 Drei Schritte: Einstieg, Erarbeitung und Ergebnissicherung

In Kapitel 3.2.7 haben wir bereits den methodischen Grundrhythmus von Einstieg, Erarbeitung und Ergebnissicherung dargestellt – ein weltweit ähnlich genutztes Schema zur Strukturierung von Lehr-Lern-Prozessen. Man kann den Dreischritt sowohl für die Planung des Gesamtseminars wie auch auf die Planung von kleineren Einheiten (z. B. für einen Zweistundenblock oder einen halben Tag) nutzen.

Der größte Teil der auf der *Didaktischen Landkarte* von Seite 131 aufgelisteten Handlungsmuster kann sowohl für den Einstieg als auch für die Erarbeitung und Präsentation genutzt werden.

(1) Einstiegsmethoden

Die Gestaltung des Einstiegs verdient besondere Aufmerksamkeit. Es ist sozusagen Ihre Visitenkarte, mit der Sie sich bei den Teilnehmenden vorstellen. Außerdem finden in den Anfangssituationen wichtige sozialpsychologische Prozesse statt, die für eine gute Gruppenbildung von entscheidender Bedeutung sind. Welche Form Sie wählen, hängt davon ab, welche Funktion der Einstieg für die darauf folgenden Phasen haben soll. Wir empfehlen, die folgenden fünf Funktionen zu unterscheiden. In einem 14-Tage-Seminar sollten alle fünf Varianten am ersten Tag vorkommen.

(a) Vorstellungsrunde

Sie ist ein «Muss». Sie sollten aber darauf achten, dass sie nicht zeitlich ausufert. Gleich zu Beginn sollten Sie auch klären, ob sich alle Teilnehmerinnen und Teilnehmer duzen. (In den Gewerkschaften ist dies eine Selbstverständlichkeit. In anderen Bildungseinrichtungen nicht.) Die Ansage kann lauten: «Stellt euch bitte vor; jede(r) hat dafür zwei Minuten Zeit. Sagt uns, aus welchem Betrieb ihr kommt und warum ihr euch für dieses Seminar gemeldet habt.» Manchmal werden diese Kurzvorstellungen zum Schluss hin langatmiger. Seien Sie dann nicht schüchtern, sondern rufen Sie beim Rednerwechsel freundlich in Erinnerung, dass jeder nur zwei Minuten Zeit hat.

Bei der Vorstellungsrunde können Sie das Sprechsteinritual einführen (s. Seite 114). Das kann ein Stein, ein Walrosszahn vom Flohmarkt oder eine Glaskugel sein.

Die Spielregeln lauten: 1. Der Stein wird reihum herumgereicht. 2. Nur derjenige, der den Stein in der Hand hält, darf sprechen. 3. Keiner muss sprechen, man darf den Stein auch ohne Kommentar weiterreichen. 4. Rede in Ich-Form. 5. Es ist verboten, sich auf den Vorredner/die Vorrednerin zu beziehen.

Es ist wichtig, dass nicht nur die Seminarleitung die Teilnehmer/-innen bald mit Namen ansprechen kann – auch die Teilnehmer/-innen untereinander sollten sich am dritten Seminartag alle mit Namen ansprechen können. Wir empfehlen, in der ersten Sitzung eine Kreppbandrolle und einen dickeren Filzstift herumzugeben, damit jeder und jede seinen/ihren Namen aufschreibt und auf das Hemd/den Pullover aufklebt. (Bitte hochwertigen Filzstift benutzen, der nicht schmiert.)

(b) Information über Aufgabenstellung und Ablauf

In der Schulpädagogik nennt man dies den «informierenden Unterrichtseinstieg» (Grell/Grell 1979). Dieser Schritt ist unverzichtbar. Er sichert die Planungsbeteiligung und ist insofern ein Kern der demokratischen Seminarkultur. Dabei sollte nicht nur über die Ziele, sondern auch über die Aufgabenstellungen und den geplanten Verlauf informiert werden. Deshalb raten wir Ihnen, die Verlaufsplanung auf Flipcharts oder große Tonpapierbögen zu notieren und seminarbegleitend auszuhängen. So kann sich jede(r) Teilnehmende zwischendurch mit schnellem Blick vergewissern, was gerade angesagt ist und wie es in den Gesamtplan eingebaut ist. Das ist unseres Erachtens besser als die inzwischen übliche Powerpointpräsentation zu Seminarbeginn, die allzu schnell wieder vergessen wird. Ein Beispiel aus einem Sprockhöveler Seminar für pädagogische Mitarbeiter/-innen zeigt die Abbildung 25 (s. Seite 149).

(c) Absprache von Spielregeln der Seminararbeit

In der Einstiegsphase müssen sich Seminarleitung und Teilnehmer/-innen über die Regeln der Zusammenarbeit und den ethischen Kode verständigen:

- Wer entscheidet was?
- Wann sind Rückfragen erwünscht, wann wird problematisiert?
- Wann gibt es Pausen?
- Wer dokumentiert die Arbeitsergebnisse?
- Gibt es eine Seminarsprecherin/einen Seminarsprecher? Wann wird sie/er gewählt?
- Wie werden vertrauliche Informationen behandelt?
- Wer übernimmt die Danksagung beim Küchenpersonal und den anderen, die zum Gelingen der Arbeit beigetragen haben?

Wichtig ist vor allem, von Beginn an für eine anspruchsvolle Gesprächskultur zu sorgen. Dafür hat insbesondere Ruth Cohn wertvolle Anregungen gegeben, die wir schon auf Seite 86 skizziert haben.

Wir empfehlen Ihnen, bestimmte Rituale zu nutzen. Man kann z. B. jede Sitzung mit einem akustischen Signal (z. B. mit einer Klangschale) beginnen. Das funktioniert bestens, schont die eigene Stimme und klingt angenehmer als lautes Brüllen oder eine Hupe.

(d) Thematischer Einstieg

Durch den methodisch geschickt inszenierten Einstieg soll das neue Thema den Teilnehmenden «erschlossen» werden. Dies heißt nicht, dass es ihnen mundgerecht vorgekaut werden müsste. Der Einstieg soll «kognitiv aktivierend» sein, also ein Problem oder einen Konflikt in aller Schärfe verdeutlichen, ein auf den ersten Blick unlösbares Problem benennen und so dazu beitragen, dass die Teilnehmenden ihre schon vorhandenen Erfahrungen aktivieren und dem Seminarthema eine persönliche Bedeutung zumessen.

Ein guter thematischer Einstieg genügt dabei folgenden Kriterien:
- Er führt in das Zentrum des Themas (und hält sich nicht zu Motivationszwecken mit Belanglosigkeiten auf).
- Er hilft den Teilnehmenden, dem neuen Thema eine persönliche Bedeutung zu geben.
- Er ist handlungsorientiert und teilnehmeraktivierend.

Drei Bücher mit einer Fülle von Einstiegsvarianten seien erwähnt: Geißler (1989; 1992) und Greving/Paradies (1996).

(e) Aufwärmen (Warm-up)

Aufwärmmethoden sind körperbezogene, ganzheitliche Einstiege in das Gesamtseminar, in einen neuen Tag oder einen neuen Seminarabschnitt. Sie dienen dem Begrüßen, dem gegenseitigen Kennenlernen und auch dazu, sich von den Privatge-

Abb. 25: Seminarplan IG Metall Bildungszentrum Sprockhövel

sprächen weg und zu den inhaltlichen Aufgaben hin zu bewegen. Ein Beispiel, das gut zum Kennenlernen am ersten Tag passt und ohne jede Voraussetzungen und ohne Material in sieben bis zehn Minuten durchgeführt werden kann, wird «Willkommen Vielfalt» genannt:

Willkommen Vielfalt

Alle Teilnehmer/-innen stehen in einem großen Kreis. Die Moderatorin/der Moderator nennt ein Merkmal – dann treten jene, auf die das Merkmal zutrifft, in die Mitte des Kreises. Sie lassen sich anschauen – sie bekommen Applaus – und dann gehen sie, ohne ein Wort gesagt zu haben, wieder in den Außenkreis zurück. Mögliche Merkmale:

- Alle, die mehr als 200 km Anfahrtstrecke zum Seminar hatten.
- Alle, die schon ein Kind oder mehrere eigene Kinder haben.
- Alle, die schon länger als zehn Jahre bei ver.di, bei der IG Metall oder bei ... waren.
- Alle, die schon mal einen Streik mitorganisiert haben.

Eine Alternative: Sie bringen einen Stapel dummer und kluger Sprüche[13] mit, die Sie mit Schriftgröße 40 Punkt auf DIN-A4-Blättern ausgedruckt haben. Sie bilden einen Stehkreis, legen die Sprüche im Inneren des Kreises auf den Fußboden und lassen jeden Teilnehmer sowie jede Teilnehmerin einen Spruch auswählen. Wenn alle gewählt haben (wobei auch zwei oder drei Teilnehmende denselben Spruch wählen können), trägt jeder/jede vor, warum er/sie sich gerade von diesem Spruch angezogen oder provoziert gefühlt hat.

Dumme und kluge Sprüche
- Die Stärken stärken und die Schwächen schwächen.
- Sage mir, was du willst – und ich sage dir, warum es nicht geht.
- Alle sagten, das geht nicht. Dann kam eine, die das nicht wusste, und hat's gemacht.
- Wer gründlich plant, wird vom Zufall besonders hart getroffen.
- Ich bin, aber ich habe mich nicht. Darum werden wir erst. (Ernst Bloch)
- Eine Woche streiken bringt mehr Erkenntnis als ein Jahr Bildungsarbeit.
- Nicht gemeckert ist Lob genug.
- Wege entstehen beim Gehen – aber die Ziele entstehen im Kopf.
- Der Kopf ist rund, damit das Denken die Richtung wechseln kann. (Francis Picabia)
- Mischwald ist besser als Monokultur.
- Wer alles verändern will, kann gleich bei sich selbst anfangen.

Die Aufwärmmethoden sind zumeist lustbetont – sie lockern die Atmosphäre gleich zu Beginn des Seminars auf und sorgen für einen guten Start in den Tag. Sie dienen auch dem, was Oskar Negt als Identifikationskompetenz bezeichnet hat.

(2) Erarbeitungsmethoden

Die Phase der Erarbeitung oder Vertiefung ist die wichtigste von allen und deshalb zumeist auch relativ lang. Bei der Erarbeitung ist ein hohes Niveau an Selbstbestimmung unverzichtbar. Deshalb ist Gruppen- bzw. Teamarbeit naheliegend. Nicht immer verfügen alle Gruppenmitglieder über die dafür erforderlichen Kom-

---

13   Eine Liste mit weiteren Sprüchen finden Sie auf Hilbert Meyers Homepage.

petenzen und Haltungen (s. o.). Deshalb sollten Sie genügend Zeit für die Gruppenarbeit einplanen.

Die Wahl der Erarbeitungsmethoden muss sich aus dem gestellten Arbeitsauftrag ergeben. Grundsätzlich kommen sämtliche auf der *Didaktischen Landkarte* von Seite 131 aufgelisteten Methoden infrage.

(3) Methoden zur Ergebnissicherung

Die Ergebnissicherung findet zumeist im Plenum statt. Sie sollte, wie wir dies beim methodischen Grundrhythmus auf Seite 111 erläutert haben, möglichst von den Teilnehmenden selbst gestaltet und nicht von der Seminarleitung vorgekaut werden.

Es gibt eine problematische Standardform der Ergebnissicherung nach der Gruppenarbeit: Die Arbeitsgruppen kommen ins Plenum zurück und berichten der Reihe nach, was sie erarbeitet haben. Fast immer weisen sie dann darauf hin, dass die Zeit nicht gereicht und dass man nur Vorläufiges zu berichten habe. Das Kardinalproblem dabei: Die übrigen Teilnehmer/-innen schaffen es nicht, in der oft sehr kurzen Zeit wirklich aufzunehmen, was vorn im Geschwindtempo vorgetragen wird. Deshalb konzentrieren sie sich oft nur noch auf den eigenen Gruppenbeitrag und kontrollieren, ob er auch angemessen «rüberkommt».

Um dieses Problem zu umgehen, können Sie eine der folgenden Präsentationsmethoden anbieten:

- *«Kritischer Freund»*: Eine Teilnehmerin/ein Teilnehmer wird vorher ausgeguckt, keiner Kleingruppe zugeordnet und erhält den Auftrag, während der Gruppenarbeitsphase alle oder mehrere Gruppen aufzusuchen, interessante Teilergebnisse einzusammeln und diese im Plenum vorzustellen. Motto: «Schatzsuche ist besser als Fehlerfahndung.»
- *Wandzeitung/Poster/Flipchart*: Die Visualisierungen werden an die Wand geklebt. In einem «Galeriegang» gehen alle Seminarteilnehmer/-innen von Bild zu Bild und lassen sich erläutern, was die Gruppe erarbeitet hat.
- *Simulationen*: Die Ergebnisse werden handlungsorientiert präsentiert, z. B. durch ein Rollenspiel, eine kleine Inszenierung, ein Standbild, ein Streitgespräch.
- *Szenariomethode*: Die Teilnehmer/-innen sichern ihre Lernergebnisse, indem sie eine Zukunftsszene ausmalen: «Wie sieht eine Betriebsratssitzung im Jahr 2012 aus?» Man kann auch gleich zwei Szenarien erarbeiten: «Was wäre 2012 die schlimmste Entwicklung? Was wäre 2012 die optimale Lösung?»
- *Thesen-Vergleich*: Die Teilnehmer/-innen sollen drei Thesen zu ihrer Fragestellung entwickeln, die sie dann im Plenum erläutern und verteidigen.

Achten Sie streng darauf, dass bei der Ergebnispräsentation die Ergebnisse der ganzen Gruppe und nicht die Meinung eines einzelnen Gruppenmitglieds vorgetragen werden.

Es gibt inzwischen viele technische Hilfsmittel, um die Arbeitsergebnisse für alle verfügbar zu machen: Die Arbeitsblätter werden für alle kopiert; Poster werden fotografiert und allen auch elektronisch zur Verfügung gestellt.

(4) Rausschmeißer

Ein Seminar sollte immer mit einer liebevoll gestalteten Schlussszene beendet werden, in der man zurück und nach vorn schaut und sich von den Kolleginnen und Kollegen verabschiedet. Dafür zwei Vorschläge (weitere Ideen bei Geißler 1992):

Werkzeug-Evaluation
1. Der Seminarleiter bringt eine Werkzeugkiste mit oder besorgt sie sich beim Hausmeister der Bildungsstätte.
2. Alle Teilnehmer/-innen bilden einen Stehkreis.
3. Der Seminarleiter breitet die einzelnen Werkzeuge (Wasserwaage, Kneifzange, Holzhammer, Feile, Hobel, roter Faden usw.) vor den Augen aller Teilnehmer/-innen auf dem Fußboden aus und formuliert den Reflexionsauftrag, z. B.: «Suche dir ein Werkzeug aus, das zum Ausdruck bringt, was du nach deiner Rückkehr in den Betrieb als erstes anpacken willst.»
4. Dann tritt einer nach dem anderen einen Meter nach vorn und erklärt mit einem Satz, warum er «sein» Werkzeug gewählt hat.

Alternative Reflexionsaufträge: «Ein Werkzeug, das unser Betriebsrat dringend braucht.» «Ein Werkzeug, das die Leitung dieses Seminars braucht.» Statt des Werkzeugs kann man auch Küchengeräte (Messer, Sieb, Tauchsieder, Holzhammer u. a.) wählen.

Insel-Evaluation
Auf dem Fußboden wird auf einem großen Bogen Packpapier eine Insel eingezeichnet oder aus zusätzlichem farbigem Papier ausgeschnitten und aufgeklebt. Um die Insel herum wird ein gelber Kranz mit einer Strand- und Wattenmeerzone und darum ein blau gefärbter Kreis mit tiefem Wasser gezogen.

Die Seminarteilnehmer/-innen geben nun ein abschließendes Feedback zu der Frage, was sie im Seminar gelernt haben. Dazu schreiben sie drei bis fünf Stichworte auf einen kleinen Zettel und platzieren ihn – nach einem entsprechenden Signal des Moderators – auf dem festen Inselland oder in der Strandzone oder im tiefen Wasser.
- Festes Land bedeutet: «Das habe ich schon sicher gelernt und kann es für die Betriebsratsarbeit nutzen.»

- Strandzone und Wattenmeer signalisieren: «Das droht bei der nächsten Flut wieder weggespült zu werden.»
- Tiefes Wasser sagt aus: «Das habe ich nicht kapiert – das ist schon wieder abgesoffen!»

4.3 Expansives Lernen III: Zukunftswerkstätten und Werkstattlernen

Wir haben die Makromethodik aus dem Schaubild von Seite 125 erreicht. Hier sind komplexere Lernarrangements und Grundformen der Seminararbeit wie das lehrgangsförmige Lernen, die Projekt- und die Freiarbeit platziert.[14] Auch der schon im Kapitel 2.3 skizzierte Fallstudienansatz, die Aufgabenorientierte Didaktik und der Cognitive-Apprenticeship-Ansatz gehören hierher.

Die Abbildung 26 (siehe Seite 155) liefert einen Überblick über die Grundformen und die im Schulalltag existierenden Varianten. Viele davon stammen aus der Reformpädagogik vom Anfang des 20. Jahrhunderts. Das meiste kann auch in der Erwachsenenbildung genutzt werden.

Die im Folgenden genannten Arrangements genügen, wenn sie angemessen umgesetzt werden, dem in Kapitel 2 formulierten Anspruch expansiven Lernens: Sie können partizipativ und kooperativ genutzt werden.

- Das bekannteste Lernarrangement ist die von John Dewey (1859 – 1952) konzipierte **Projektarbeit**. Lehrende und Lernende arbeiten dabei an einer gemeinsam vereinbarten Aufgabe. Sie versuchen, Arbeitsergebnisse herzustellen, die für sie einen persönlichen Nutzen haben und die die Gemeinschaft voranbringen. Typische Tätigkeiten sind das gemeinsame Planen von Vorhaben, die Arbeit an diesen Vorhaben in Kleingruppen, die Präsentation der Arbeitsergebnisse und die gemeinsame Reflexion und Kontrolle des Erreichten. Projektarbeit setzt die Bereitschaft zum solidarischen Handeln voraus, stärkt sie aber auch immer dort, wo ein Projekt zu einem befriedigenden Abschluss gekommen ist. In der Projektarbeit übernimmt die Seminarleitung die *Moderation* der gemeinschaftlich organisierten Arbeit. Sie hilft bei der Planung, bei der Herstellung von Außenkontakten, sie warnt vor überzogenen Hoffnungen und hilft bei der Ergebnissicherung und Auswertung der Projektergebnisse. Hin und wieder bringt sie sich als Fachkraft ein – aber dann ist sie im Prinzip gleichberechtigtes Projektmitglied.
- Im Anschluss an John Deweys Projektmethode wurde in Deutschland in den achtziger und neunziger Jahren des letzten Jahrhunderts der **Handlungsorientierte Unterricht** entwickelt. Darin wird gefordert, dass Leh-

---

14 Ausführlich erläutert bei Meyer (2007, S. 53–74).

rende und Lernende ein gemeinsames, gesellschaftlich relevantes Projekt in Angriff nehmen, bei dessen Bearbeitung Kopf- und Handarbeit in ein ausgewogenes Verhältnis zueinander gebracht werden (Gudjons 2001, Jank/Meyer 2002, S. 314–334).

- In Frankreich entwickelte Celestin Freinet (1896 – 1966) zusammen mit seiner Frau Élise die **Freinet-Pädagogik** – ein für gewerkschaftliche Bildungsarbeit hoch interessantes Konzept, das unseres Erachtens bisher zu wenig wahrgenommen wurde. Wichtige Grundsätze ihres Konzepts sind: ein politisches Verständnis von Lehr-/Lernarbeit, ein solidarisches Verhältnis der Lehrenden und Lernenden, die Einbeziehung der Umweltfrage, die Arbeit als Mittelpunkt («Nur in der Arbeit drückt sich das Individuum völlig aus und verwirklicht sich wirksam») und die demokratische Entscheidungsfindung in der Klassenkooperative (Freinet 1980). Wichtige Instrumente sind der Klassenrat, die freie Textarbeit, die Druckereiarbeit, die Einrichtung von Werkateliers.
- In der Schweiz hat Ruth Cohn (1975) das Konzept der **Themenzentrierten Interaktion** entwickelt, in dem Spielregeln und Grundsätze für eine sachbezogene symmetrische Kommunikation im Mittelpunkt stehen.
- An der Carl von Ossietzky Universität Oldenburg hat Ingo Scheller ein Konzept des **Szenischen Spiels** entwickelt, mit dessen Hilfe eine anspruchsvolle szenische Interpretation von Texten, von Phantasievorstellungen, von Haltungen u. a. m. geleistet werden kann. Einzelmethoden sind z. B. das Standbildbauen, das wir auf Seite 139 f. skizziert haben, und das Zeitungs- oder Texttheater (Scheller 1998; 2004).

Zwei für gewerkschaftliche Bildungsarbeit interessante Lernarrangements werden wir nun in Ergänzung zur Fallarbeit und zum situierten Lernen skizzieren: die von Robert Jungk erfundene Zukunftswerkstatt und die von Freinet entwickelte Werkstattarbeit.

(1) Zukunftswerkstätten

Mit dem Begriff Zukunftswerkstatt wird weniger ein bestimmter Raum, sondern eine Strategie zum Ausdenken und Durchsetzen politischer Ziele durch die Betroffenen selbst bezeichnet. Entwickelt wurde das Konzept von Robert Jungk (1913 – 1994). Erprobt wurde es in zahlreichen Bürgerinitiativen der siebziger und achtziger Jahre. Übergeordnetes Ziel einer Zukunftswerkstatt ist die Verknüpfung des herkömmlichen rational-analytischen Denkens mit dem (zu häufig unterdrückten) intuitiv-emotionalen Denken.[15]

---

15 Die beste Einführung in die Zukunftswerkstattarbeit liefert immer noch das Buch Jungk/Müllert (1981). Weitere Leseempfehlungen, Kontaktadressen und Erfahrungsberichte finden Sie bei Burow/Neumann-Schönwetter (1995).

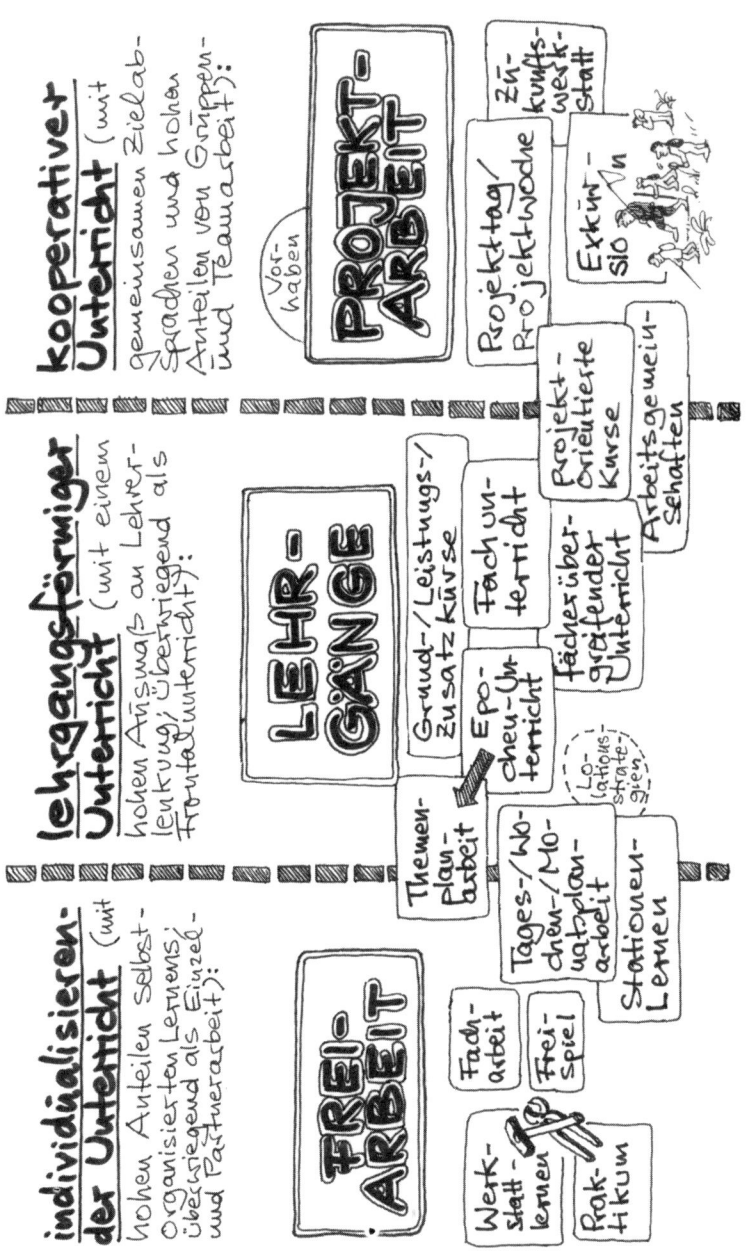

Abb. 26: Grundformen der Seminararbeit

Eine **Zukunftswerkstatt** besteht aus vier klar voneinander getrennten Phasen:

0. Eine *Vorbereitungsphase*, in der sich die Teilnehmer/-innen auf das Thema, seine Bedeutung für die eigene politische Arbeit und die zugrunde liegenden politischen Interessenkonflikte verständigen.

1. Eine *Kritikphase*, in der die Werkstattmitglieder stressfrei und ungebremst alles kritisieren sollen, was ihnen an dem Sachverhalt/dem Problem/der Entwicklung, um die es geht, stört. Sie sind gehalten, diese Kritik zu visualisieren: als Wandzeitung, als Dialog oder als Inszenierung.

2. Eine *Phantasie- oder Utopiephase*; hier geht es ebenfalls darum, in ganzheitlichen Lern- und Lebenssituationen – einzeln, im Tandem oder in Teams – auszuphantasieren, wie eine erträumte ideale Situation/Problemlösung oder Institution aussehen könnte.

3. Eine *Umsetzungs- oder Verwirklichungsphase*, in der es darum geht, Wege zu finden, um die eigentlich für utopisch gehaltenen Tagträume umzusetzen. Dazu wird eine kleine, besonders geeignet erscheinende Teilidee auf ihre Realisierbarkeit abgeklopft: «Was müsste passieren, damit wir doch noch Bündnispartner für diese Idee bekommen? Welche Strategie ist geeignet? Was ist der erste Schritt?»

Methodenreflexion: Die Kritikphase fällt den meisten Teilnehmern leicht – kritisieren haben wir alle gelernt – sonst wären wir nicht in der Gewerkschaft!

Die Phantasiephase bereitet deutlich mehr Schwierigkeiten, weil die Teilnehmer/-innen ihre Tagträume oft nicht wirklich zulassen, sondern sofort wieder die Schere im Kopf haben. Deshalb gilt der Grundsatz: «Nichts ist verboten – alles darf gedacht werden – ihr habt Geld und Zeit wie Heu – wen immer ihr euch als Koalitionspartner wünscht, ihr könnt ihn haben.» Um die Schere im Kopf auszuschalten, gibt Robert Jungk die Empfehlung, nicht nur schriftliche Manifeste zu verfassen, sondern vielfältige Medien zu nutzen: Man kann ein Modell bauen, einen Baum aus Pappmachée aufstellen, einen Arbeiterchor bilden, eine Geschichte erfinden u. a. m.

Für die Umsetzungsphase gilt der Grundsatz Ernst Blochs, dass auch Utopien ihre «Fahrpläne» haben. Bestimmte Entwicklungen kündigen sich langfristig an. Sie «auszuspionieren», ist die Aufgabe dieses dritten Schritts.

Wichtig sind auch die Räumlichkeiten und die Arbeitsformen: Es muss in der Zukunftswerkstatt gemütlich und anregend zugehen. Die Kolleginnen und Kollegen müssen freie Hände und klare Köpfe haben, um die Tagträume einer anderen und besseren Gewerkschaftsarbeit ausdrücken zu können.

(2) Werkstattlernen

Beim Werkstattlernen (Freinet 1980; Pallasch/ Reimers 1990) wird der Seminarraum auch äußerlich sichtbar in eine Werkstatt verwandelt. Es gibt einen Stuhlkreis für gemeinsame Absprachen (den «Marktplatz»), mehrere Arbeitsecken, vielfältige Materialien, einen Internetanschluss, vielleicht eine kleine Druckerpresse, eine Videokamera, einen Fotoapparat, Pinnwände für die erarbeiteten Poster usw.

> *Definition:* **Werkstattlernen** ist ein materialgestütztes und produktorientiertes Arbeiten, bei dem Lernende und Lehrende gemeinsam
> * durch sinnlich-anschauliches «Begreifen» der gestellten Aufgabe
> * «Werke» nach handwerklichen Regeln herstellen
> * und auf einem «Marktplatz» veröffentlichen,
> * um ihre Eignung und Qualität für die eigene Berufspraxis zu überprüfen.

Der Seminarleitung tritt bei der Werkstattarbeit in den Hintergrund; die eigentliche Arbeit besteht für sie darin, die Medien und Materialien vorbereitet zu haben, die Themenstellung zu erarbeiten und die Plenumsphasen zu moderieren.

Ein mögliches Thema für eine Lernwerkstatt lautet z. B. «Vorbereitung einer lokalen Gewerkschaftskampagne zum Mindestlohn». Damit könnte man an den letzten zwei oder drei Tagen eines 14-Tage-Seminars eine handlungsorientierte Ergebnissicherung vornehmen.

Ablaufschema

1. *Vorbereitungsphase:* Die Teilnehmer/-innen kommen in dem zum «Marktplatz» umgetauften Stuhlkreis zusammen und verständigen sich auf die Aufgabenstellung. Sie vereinbaren Teilaufgaben und bilden Arbeitstandems oder Kleingruppen. Sie verständigen sich über die «Handwerksregeln» – in diesem Falle die Kriterien für gute Arbeitsergebnisse. (Das kann zum Abschluss der ersten Spiegelungsrunde erfolgen.)
2. *Planungs- und Explorationsphase:* Die Kleingruppen entscheiden, was für ein Werkstück sie in Angriff nehmen wollen (z. B. ein Flugblatt, Plakate, einen Vertrag, eine Videoproduktion, ein Straßentheater, einen Internauftritt). Sie machen sich schlau für die Lösung der Aufgabe. Sie holen sich, wenn erforderlich, die Seminarleitung oder weitere Experten zu Hilfe.
3. *Spiegelung I:* Nach einem halben Arbeitstag ruft die Moderatorin/der Moderator die Gruppen zusammen und bittet sie, ihr Arbeitsvorhaben vorzustellen. Die übrigen Werkstattteilnehmer/-innen schlüpfen in die Rollen *Kritischer Freunde* und kommentieren die bisher geleistete Arbeit.
4. *Umsetzungsphase:* Die Kleingruppenarbeit geht weiter.
5. *Spiegelung II:* Nach anderthalb Tagen treffen sich alle auf dem «Marktplatz» und besprechen, wie die Schlussphase gestaltet werden kann. Sie klären den Raum-, Zeit- und Medienbedarf.

6. *Schlussphase:* Die Arbeitsergebnisse werden auf dem «Marktplatz» oder in einem zum Marktplatz ernannten anderen Raum präsentiert. Man geht herum und lobt. Die *Kritischen Freunde* kommentieren..

Es gibt einen Katalog mit Spielregeln und einen «Problemspeicher» für jene Fragen, die während der Kleingruppenarbeit auftauchen und in der nächsten Spiegelungsrunde behandelt werden sollen.

4.4 Ratschläge für Einsteiger

Was gibt Einsteigern Sicherheit? Man muss nicht alles, was in den Kapiteln 3 und 4 erörtert wurde, vorher gelesen und zu 100 Prozent verarbeitet haben. Die beiden Kapitel sind eher als begleitende Reflexionshilfen beim Einstieg in die Referententätigkeit gedacht. Wir formulieren aber 16 Rezepte, die sich aus den didaktischen und methodischen Anregungen von Kapitel 3 und 4 ergeben:

Einsteiger-Rezepte für die erste Sitzung

1. Bereite den Seminarraum gut vor. Kontrolliere schon vorher, ob die Medien funktionieren und ob alle Materialien parat sind.
2. Sei als Erste/als Erster im Raum und begrüße jeden Neuankömmling persönlich. Das schafft das angenehme Gefühl, die Leute schon zu kennen.
3. Mache nach 30 oder 40 Minuten eine Aufwärmübung (z. B. «Willkommen Vielfalt», s. Seite 149 f.).
4. Setze Rituale ein, z. B. eine Klangschale, um den Sitzungsbeginn einzuläuten, und einen Sprechstein, um Rederechte zu verteilen.
5. Verstecke dich nicht hinter den Medien! Sei vorsichtig mit Powerpointvorträgen – sie sind meistens zu lang und zu vollgepackt.
6. Suche dir zwei oder drei Gesichter von Teilnehmerinnen und Teilnehmern aus, deren Mimik du zwischendurch beobachtest: Du kannst sehen, ob sie folgen können oder nicht, ob sie zustimmen oder innerlich widersprechen.
7. Als Seminarleiter/-in bist du der Zeitmeister! Sorge für eine klare Strukturierung und Zeitplanung.
8. Halte dich an den methodischen Grundrhythmus von Einstieg, Erarbeitung und Ergebnissicherung (s. Seite 111).
9. Bereite einen informierenden Unterrichtseinstieg vor (s. Seite 147). Am besten ist es, wenn der Seminarplan auf Flipchart- oder Packpapierbogen großformatig notiert und an die Wand gepinnt wird, damit man ihn während der Sitzungen immer parat hat.
10. Halte irgendwann in der Anfangsphase einen gut vorbereiteten, kurzen und knackigen Vortrag (7 Minuten), mit dem du deine Fachkompetenz belegst.

11. Veranlasse danach ein «Tandem- oder Tuschelgespräch» (s. Seite 134) als Vorbereitung für die erste Diskussionsrunde.

12. Konzentriere dich bei der Diskussionsleitung auf deine Moderationsaufgaben – vermeide es, eine eigene Position in der Diskussion durchsetzen zu wollen, oder ernenne einen anderen Diskussionsleiter.

13. Organisiere schon in der Anfangsphase eine Runde, in der die Teilnehmer/ -innen ihre eigenen Erfahrungen und Kompetenzen zum Thema einbringen können.

14. Du musst nicht alles, was die Teilnehmer/-innen sagen, auf der Stelle kommentieren.

15. Wenn du etwas nicht weißt, gib dies zu und regle, wer sonst im Seminar das Wissen beschaffen kann.

16. Organisiere möglichst an jedem Abend eine Feedback-Runde (s. Seite 114). Auch morgens lohnt es sich zu fragen, ob noch etwas vom Vortag nachhängt («Ist-was-Runde»).

Rezepte dürfen niemals dogmatisch angewandt werden. Man muss jeweils prüfen, ob sie auf die persönliche Situation passen oder nicht.

Fazit

Wir kommen zum Abschluss dieses langen Kapitels. Die Methodik ist für uns weit mehr als eine bloße Technik zur Vermittlung und Aneignung von Inhalten. In den Methoden steckt ein heimlicher Lehrplan:

- Wer zehn oder dreizehn Jahre lang nichts anderes als straff lehrerzentrierten Unterricht «genossen» hat, der hat dieses und jenes Fachwissen angehäuft, aber er bzw. sie hat viel zu selten die Chance gehabt, selbstständig zu arbeiten und so den «aufrechten Gang» zu proben.

- Wer aber die Chance hatte, in einer vorbereiteten Umgebung beteiligungsorientiert und kooperativ zu arbeiten, hatte auch die Möglichkeit, seine Methoden- und Sozialkompetenzen zu entwickeln, Selbstvertrauen aufzubauen und sich in den auf Seite 69 bereits skizzierten Arbeitszusammenhang der Gewerkschaften einzugliedern. Er bzw. sie hat nicht nur diese oder jene Fertigkeit erworben, er/sie hat gelernt, den Lernprozess gemeinsam mit Kollegen zu planen, die Lernergebnisse selbstständig zu kontrollieren und gegebenenfalls zu korrigieren. Kurz: Er oder sie hat das Lernen des Lernens gelernt.

Durch unsere Methodenentscheidungen üben wir als Seminarleitung Macht über die Seminarteilnehmer/-innen aus. Aber wir tun dies mit Respekt und in der Hoffnung, dass die Teilnehmer/-innen das, was wir ihnen beibringen, in ihrer Gewerkschaftsarbeit in eigener Regie und Verantwortung nutzen werden.

> **Wir fassen zusammen:** Methoden sind Zwangsjacke und Befreiung in einem. Sie enthalten das heimliche Versprechen, die Teilnehmer/-innen von der Vormundschaft der Seminarleitung zu befreien. – Und das ist gut so!.

Leseempfehlung zu Kapitel 4

Es gibt inzwischen viele Ratgeber- und Kompendienbücher zur Methodik. Wir empfehlen:

- Geißler, Karlheinz A. (1989): Anfangssituationen. Was man tun und besser lassen sollte. Weinheim, Basel.
- Geißler, Karlheinz A. (1992): Schlußsituationen. Die Suche nach dem guten Ende. Weinheim, Basel.
- Greving, Johannes/Paradies, Liane (1996): Unterrichts-Einstiege. Berlin.
- Meyer, Hilbert (1987): Unterrichtsmethoden. Bd. II: Praxisband. Berlin.
- Peterßen, Wilhelm (1999): Kleines Methoden-Lexikon. München.
- Rosenbusch, Heinz S./Schober, Otto (Hrsg.) (2004): Körpersprache und Pädagogik. 4. überarb. Aufl., Baltmannsweiler.
- Wiechmann, Jürgen (Hrsg.) (2008): Zwölf Unterrichtsmethoden. 4. Aufl., Weinheim, Basel.

5   Bildungsplanung

In diesem Kapitel skizzieren wir die Bedeutung, die Leitideen und den organisatorischen Rahmen für die Bildungsplanung. Dabei orientieren wir uns an dem Modell einer beteiligungsorientierten Bildungsplanung. Sie soll die Bedarfe der Teilnehmenden so weit wie möglich aufgreifen und mit den Erfahrungen und Aufgaben der Gewerkschaften verbinden.

5.1   Aufgaben und Strukturen

Die Bedeutung der Bildungsplanung wird im Allgemeinen stark unterschätzt. Sie bleibt im Hintergrund, obwohl sie wesentlich über die Wirksamkeit der Bildungsarbeit entscheidet. Wenn am Bedarf vorbei geplant wird oder wenn gute Angebote denjenigen nicht bekannt werden, die sie benötigen, kann das auch die beste pädagogische Arbeit nicht wieder gut machen.

Die hohe Kunst der Bildungsplanung besteht darin, die beschränkten Bildungsmittel so einzusetzen, dass sie den höchsten Nutzen stiften. Sie muss die Gruppen, die für die Interessenvertretung von abhängig Beschäftigten am wichtigsten sind, für die Teilnahme an Bildungsangeboten gewinnen, die ihren Bedürfnissen entsprechen, die ihre Handlungsfähigkeit erweitern und die die gewerkschaftliche Arbeit stärken. Kurz gesagt: Die Bildungsplanung soll dafür sorgen, dass die richtigen Teilnehmer/-innen in das richtige Seminar kommen.

Die Verantwortlichen für die Bildungsplanung haben in diesem Zusammenhang verschiedene Aufgaben. Sie sollen:

- die Zielgruppen der Bildungsarbeit, die inhaltlichen Schwerpunkte und die Verteilung der Kapazitäten nach politischen Gesichtspunkten festlegen; dazu muss auch das Verhältnis von eher funktionsbezogenen und stärker gesellschaftspolitischen Angeboten bestimmt werden;
- das Bildungsangebot im Einzelnen so strukturieren, dass es die Bedarfe der (potenziellen) gewerkschaftlichen Interessenvertreter/-innen trifft und die aktuellen wie langfristigen Aufgaben der Gewerkschaften unterstützt (Mitgliedergewinnung, Betriebspolitik, Tarifpolitik, Jugendarbeit, politische Kampagnen usw.);
- entscheiden, was sinnvollerweise in den Regionen und was auf zentraler Ebene in den Bildungsstätten angeboten werden soll;
- dafür sorgen, dass die Information über diese Angebote die Interessenten erreicht und von ihnen auch wahrgenommen werden kann;
- gute Arbeitsbedingungen für die Veranstaltungen sicherstellen;

- auf einen sparsamen Umgang mit den Ressourcen achten;
- öffentliche Mittel einwerben, z. B. durch die Anerkennung von Seminaren im Rahmen des Bildungsurlaubs oder die Inanspruchnahme von EU-Mitteln; die Bildungsplanung muss auch die Zahlungsverpflichtungen der Arbeitgeber für die Betriebsrätebildung nach dem Betriebsverfassungsgesetz absichern, z. B. durch entsprechende Ausschreibungen der Seminare;
- die Bildungsarbeit dokumentieren, um aussagekräftige Daten für die Evaluation und für die Planung zukünftiger Bildungsmaßnahmen zu bekommen.

Die meisten gewerkschaftlichen Bildungsveranstaltungen werden über gewerkschaftsinterne Programme ausgeschrieben. Die Gewerkschaften planen ihre Bildungsangebote gewöhnlich in Jahresrhythmen. Im Herbst wird das Bildungsprogramm für das nächste Jahr in den verschiedenen Regionen und auf der zentralen Ebene ausgearbeitet und über Programmhefte und das Internet bekannt gegeben. Daneben gibt es Bildungsveranstaltungen, die nicht öffentlich ausgeschrieben werden, sondern mit bestimmten Zielgruppen ausgehandelt werden, z. B. für den Betriebsrat eines Betriebes.

Um ihrem Anspruch gerecht zu werden, die verschiedenen Zielgruppen weitgehend an der Festlegung des Angebots zu beteiligen, braucht Bildungsplanung eine breite Informationsbasis, vor allem Rückmeldungen von den Betroffenen. Anfragen aus Betrieben, Beobachtungen der örtlichen Gewerkschaftssekretäre, Einschätzungen von Fachabteilungen, Nachfrageentwicklung bestimmter Seminartypen, Rückmeldungen aus den Seminaren und Einschätzungen der pädagogischen Mitarbeiter/-innen können helfen, ein realistisches und zeitnahes Bild der vorhandenen Bedarfe zu schaffen.

Je vielseitiger und dichter das Erfahrungswissen ist, das in die Formulierung der Angebote eingeht, um so höher ist die Chance, dass die Angebote den tatsächlichen Anforderungen gerecht werden. Vieles kann trotzdem nur durch Erproben herausgefunden werden. Hier ist auch ein sinnvoller Ansatzpunkt für kleine Forschungsprojekte, um genauer herauszufinden, wie der Bildungsbedarf aussieht und in welcher Weise er verwirklicht werden kann.

Bei den Bedarfsmeldungen aus den Betrieben und den Regionen stehen oft die unmittelbaren Handlungsanforderungen an erster Stelle. Die Bildungsplanung darf sich aber nicht allein darauf beschränken. Sie muss immer auch die strategischen Ziele und die langfristigen Handlungsbedingungen der Gewerkschaften im Auge haben (Middendorf 2001).

IG Metall Bildungsangebote

Erstkontakt
Einführungsseminare
(regionale Wochenseminare)
Moderne Zeiten (Mitglieder)
Beschäftigte in Betrieb und Gesellschaft (Vertrauensleute und Betriebsräte)
Betriebsräte I; Entgelt I; Arbeitssicherheit I
u. a.

Betriebsräte kompakt		**Vertrauensleute kompakt**
(Wochenseminare)		(Wochenseminare)

Betriebsräte kompakt
(Wochenseminare)
- Mitbestimmung organisieren und durchsetzen
- Personelle Maßnahmen
- Arbeitsbedingungen gestalten
- Umstrukturierungen im Unternehmen
- Tarifverträge – Tarifpolitik

Vertrauensleute kompakt
(Wochenseminare)
- Die Wirtschaft, in der wir leben (auch für BR)
- Beteiligungsorientierte Betriebspolitik (auch für BR)
- Wie viel Tarifpolitik braucht der Mensch?
- Arbeitswelt gestern und heute

Aufgabenbezogene Weiterbildung; Bereiche:
(Wochenseminare)
- Beschäftigung sichern und entwickeln
- Arbeit, Entgelt und Leistung
- Betriebliche Interessenvertretung
- Methodische und soziale Kompetenz
- Interessenvertretung im Handwerk
- Jugend und Studierende

**Mitbestimmungsakademie
Seminare für Aufsichtsrats-mitglieder**

Forum politische Bildung
Tagungen zu aktuellen Fragen

Gesellschaftspolitische Weiterbildung; Bereiche:
(Ein- und Zweiwochenseminare)
- Geschichte und politische Kultur
- Ökonomie, Sozialpolitik, Ökologie und Arbeit
- Politische Jugendbildung
- Interkultureller Dialog

Referentinnen/Referenten und Multiplikatorinnen/Multiplikatoren
Aus- und Weiterbildung von ehrenamtlichen Referentinnen/Referenten und
Multiplikatorinnen/Multiplikatoren

Abb. 27: IG Metall Bildungsangebote

5.2   Bildungsbeteiligung

Frei ausgeschriebene Seminare sind fester Bestandteil der gewerkschaftlichen Bildungsarbeit. Sie haben viele Vorteile, aber auch eine problematische Seite. Es melden sich oft in erster Linie Kolleginnen und Kollegen aus bereits gewerkschaftlich gut organisierten Betrieben an – denn nur sie gelangen an die Informationen und werden vor allem persönlich angesprochen. Wo dies zutrifft, hilft die Bildungsarbeit, die gewerkschaftlich gut organisierten Bereiche zu stabilisieren und auszubauen. Das ist zweifellos eine wichtige Aufgabe. Aber sie trägt wenig dazu bei, neue Organisationsfelder zu erschließen.

Was tun? Die IG Metall hat im Jahr 2002 die Herkunft und Struktur der Teilnehmer/-innen in der Verwaltungsstelle Berlin über einen Zeitraum von sechs Jahren untersucht (Schulz/Wentzel 2002). Es wurden alle Betriebe mit mehr als 300 Beschäftigten erfasst. Das Ergebnis: Etwa ein Viertel der Betriebe war gut in die Bildungsarbeit integriert, ein weiteres Viertel wurde zumindest erreicht und zur restlichen Hälfte bestand wenig oder gar kein Kontakt (ebd. S. 13 ff.). Entscheidend für die Beteiligung an Seminaren war dabei nicht die Betriebsgröße, sondern die Nähe des Betriebsrates zur IG Metall.

Dieses Ergebnis dürfte charakteristisch für viele regionale Gewerkschaftseinheiten sein. Die Bildungsbeteiligung weist ein großes Gefälle zwischen den einzelnen Betrieben auf. Ähnliches gilt für die regionalen Gewerkschaftseinheiten selbst. Auch hier gibt es Regionen, in denen die Bildungsarbeit einen großen Stellenwert hat, was sich unter anderem in einer hohen Teilnehmerzahl in den Bildungsstätten niederschlägt, und andere, in denen kaum Bildungsaktivitäten zu verzeichnen sind – das sind oft Bereiche, in denen Gewerkschaftsarbeit insgesamt aus unterschiedlichen Gründen in einem schwierigen Zustand ist.

Wenn Bildungsarbeit nicht nur einen Beitrag zur Bestandssicherung der Gewerkschaften leisten, sondern auch deren Einflussbereich erweitern will, muss sie versuchen, auch diese «weißen Flecken» zu erreichen. Hier kann sie dazu beitragen, Gewerkschaftsstrukturen wiederzubeleben oder neu aufzubauen.

Solche Bildungsschritte müssen aber im Zusammenhang mit der gesamten Situation der Gewerkschaftsarbeit geplant werden. Nur so lassen sich gezielte Bildungsmaßnahmen für Betriebe oder Regionen entwickeln. Solche maßgeschneiderte Bildungsarbeit kann natürlich nur in enger Abstimmung mit den jeweiligen Betriebsbetreuerinnen und -betreuern und der örtlichen Gewerkschaftsarbeit aufgebaut werden.

5.3   Rollen, Strategien und Instrumente

Was kann Bildungsplanung tun, damit das Bildungsangebot intensiv und gezielt wahrgenommen wird, damit strategische Ziele verfolgt und möglicherweise auch neue Felder erreicht werden können? Im Folgenden skizzieren wir einige wichtige Maßnahmen, um über die übliche Bildungswerbung hinauszukommen und insbesondere Strukturen für eine betriebliche Bildungsberatung aufzubauen.

5.3.1 Bildungsberater/-innen

Die Teilnehmer/-innen der gewerkschaftlichen Bildungsarbeit sind mit den klassischen Mitteln der Bildungswerbung – Programmhefte, Internetauftritte, Faltblätter, Anschläge an schwarzen Brettern usw. – nur begrenzt zu erreichen. Für die meisten sind Seminare nichts Selbstverständliches. Nicht wenige haben seit der Lehre keine Bildungsmaßnahmen mehr besucht und die Schulerfahrungen waren oft auch wenig motivierend. Besonders hoch ist daher die Schwelle zu dem entscheidenden Schritt, dem Entschluss, zum ersten Mal zu einem Seminar zu fahren.

Für die Nutzung des Bildungsangebots spielen daher die persönliche Ansprache und Beratung nach wie vor eine wesentliche Rolle. Es geht darum, die Angebote bekannt zu machen, Vorbehalte und Ängste zu zerstreuen, aber auch bei der Auswahl zu helfen, damit die Teilnehmer/-innen das für sie passende Seminar finden. Hier kann individuelle Beratung viel zu einer sinnvollen Nutzung der knappen Ressource Bildung beitragen.

Für die Bildungsberatung sind gewöhnlich bestimmte Gewerkschaftssekretärinnen/Gewerkschaftssekretäre in den örtlichen Gewerkschaftseinheiten zuständig, die aber neben der Bildungsarbeit noch andere umfangreiche Aufgaben haben und daher für die Beratung selten zur Verfügung stehen, geschweige denn in alle Betriebe gehen können. Im Normalfall nimmt ihre Mitarbeiterin/ihr Mitarbeiter die Anrufe entgegen und gibt eine erste Beratung.

Eine wirkungsvolle Möglichkeit, die Bildungswerbung und Beratung zu verbessern, ist die Ernennung von Bildungsberaterinnen bzw. Bildungsberatern – inzwischen auch als «Biber» bezeichnet – in den Betrieben (Forum Bildung 2007, S. 5 ff.). Eine Bildungsberaterin/ein Bildungsberater sollte Mitglied des Betriebsrats sein, um in die Interessenvertretungsarbeit eingebunden zu sein. Die Berater/-innen können auf betrieblicher Ebene Personen ansprechen, die sich in der Gewerkschaftsarbeit zu engagieren beginnen; sie können unter den Vertrauensleuten für Bildungsangebote werben und mit dem Betriebsrat die für seine Arbeit nötigen Qualifizierungsschritte besprechen.

Der große Vorteil der Bildungsberater/-innen ist ihre Nähe zu den betrieblichen Prozessen. Allerdings ist es aufwendig, eine solche Struktur aufzubauen, und sie muss immer wieder mit Leben erfüllt werden. Die Berater/-innen benötigen eine gewisse Ausbildung für ihre Arbeit, müssen ständig über die Entwicklung der Bildungsangebote auf dem Laufenden gehalten werden und die Möglichkeit haben, ihre Erwartungen und Erfahrungen weiterzugeben. Dies ist aber eine Investition, die sich lohnt. Dort, wo engagierte Bildungsberater/-innen tätig sind, kann man fast überall eine sehr viel intensivere und bedarfsgerechtere Teilnahme an Bildungsveranstaltungen feststellen.[1]

5.3.2 Qualifizierungspläne

Die Aufstellung von Qualifizierungsplänen für Betriebsräte ist ein bewährtes Mittel, um die Bildungsangebote bekannt zu machen und sie zielgenau einzusetzen. Zu diesem Zweck wird auf einer Sitzung oder Klausur eines Betriebsrates zunächst eine Bestandsaufnahme der vorhandenen Qualifikationen vorgenommen. Methodisch kann dabei so verfahren werden, dass jeder seine Vorkenntnisse auf den wichtigsten Kompetenzfeldern in eine Tabelle einträgt:

- keine Kompetenzen
- Grundkompetenzen
- fortgeschrittene Kompetenzen
- Spezialkompetenzen
- kann Kompetenzen weitergeben

Danach verständigt sich der Betriebsrat über die wichtigsten Aufgaben, die auf ihn zukommen werden, und über die Qualifikationsanforderungen, die dadurch für das gesamte Gremium und für jeden Einzelnen entstehen. Im nächsten Schritt wird das erforderliche Qualifikationsprofil mit den vorhandenen Kompetenzen verglichen. Für das Gremium als Ganzes und für jeden Einzelnen werden dann Bildungswege entwickelt, über die die fehlenden Kompetenzen erworben werden können.

Die Erstellung eines solchen Qualifizierungsplans muss von jemandem begleitet werden, der sich gut im gesamten Bildungsangebot auskennt, das heißt in der Regel von pädagogischen Mitarbeiterinnen/Mitarbeitern, Bildungssekretärinnen/ -sekretären aus der Region oder von einem gut ausgebildeten «Biber» (Bildungsberater). Die Verbindung mit einer betrieblichen Bildungsberaterin bzw. einem betrieblichen Bildungsberater ist optimal. Denn sie/er kann die Einhaltung der Vorschläge unterstützen und bei Veränderungen neue Bildungswege entwickeln helfen.

Die Erfahrungen mit Qualifizierungsplänen zeigen, dass die einmal erarbeiteten Bildungswege oft von der Dynamik der betrieblichen Ereignisse wieder umgeworfen werden. Es ist deshalb nötig, solche Pläne immer wieder zur Diskussion zu stellen und nachzujustieren. (Forum Bildung Nr. 15/2007, S. 16 ff.)

Die Entwicklung von Qualifizierungsplänen lässt sich auch auf andere Handlungskollektive übertragen, z. B. auf die Vertrauenskörperleitungen oder gewerkschaftliche Aufsichtsratsmitglieder.

---

1 Eine theoretische Strukturierung und praktische Orientierung zur Bildungsberatung liefert Strittmatter (1998).

5.3.3   Werbung und Beratung über Schlüsselgruppen

An der Bekanntmachung und Verbreitung von Bildungsangeboten sind viele verschiedene Personengruppen beteiligt, die teilweise eher im Stillen wirken oder auf den ersten Blick nicht sofort mit Bildung in Verbindung gebracht werden. Diese Gruppen gezielt anzusprechen, ist ein sinnvoller und effektiver Weg, um den Informationsfluss zu erleichtern und die Bildungswerbung und -beratung zu verbessern. Solche Gruppen sind:

- die örtlichen Betriebsbetreuer/-innen, die mit allen gewerkschaftlich organisierten Betriebsräten in Kontakt stehen,
- die Mitarbeiter/-innen der für Bildung zuständigen örtlichen IG-Metall-Sekretärinnen/-Sekretäre, die einen erheblichen Teil der Bildungsberatung leisten,
- die Mitarbeiter/-innen des Betriebsrates, bei denen oft Anfragen nach Bildungsmöglichkeiten ankommen,
- die Fachreferenten/Fachreferentinnen von großen Betriebsräten, die helfen können, Bildung stärker in die Arbeitsplanung des Betriebsrates zu integrieren.

Die wichtigste Gruppe für einen breiten und wirkungsvollen Einsatz von Bildungsarbeit sind zweifellos die Betriebsbetreuer/-innen. Wenn sie nicht aus der Bildungsarbeit kommen, fehlt ihnen allerdings oft der Blick für die Bildungsmaßnahmen, die ihnen bei ihrer Arbeit helfen könnten. Die Bildungsarbeit muss deshalb versuchen, stärker mit den Betriebsbetreuern/Betriebsbetreuerinnen ins Gespräch und ins Geschäft zu kommen. Eine gute Gelegenheit dazu sind die Klausuren der örtlichen Gewerkschaftsvorstände, in denen sie ihre Arbeitsplanung festlegen. Es ist schon viel gewonnen, wenn Bildungsarbeit dort immer ein fester Bestandteil der Tagesordnung ist.

5.3.4   Bildungsberatung in Seminaren

Die Seminare sind generell ein guter Ort, um mit den Teilnehmenden gemeinsam ihren weiteren Bildungsweg zu planen. Inzwischen hat es sich vielfach eingebürgert, eine bestimmte Phase am Ende eines Seminars für die weitere Bildungsplanung frei zu halten. Methodisch wird dazu oft ein so genannter Navigator genutzt, das heißt ein Fragebogen, mit dessen Hilfe die Teilnehmer/-innen vorhandene Kompetenzen festhalten und ihren Qualifizierungsbedarf mitteilen können (IG Metall Vorstand 2008, S. 37 ff.).

Ein großer Teil der gewerkschaftlichen Bildungsangebote wird von ehrenamtlichen Referenten/Referentinnen durchgeführt. Sie werden oft in den Seminaren eingesetzt, die am Anfang der gewerkschaftlichen Bildungsarbeit stehen. Daher ist es besonders wichtig, gerade die ehrenamtlichen Referenten/Referentinnen für diese Aufgabe gezielt zu qualifizieren. Sie gehören zwar unmittelbar zur «Bildungsfamilie», sind aber oft nicht im Detail über die Entwicklung des Bildungsangebots informiert. Sie müssen ständig auf dem Laufenden gehalten und auch mit methodischen Hilfen zur Bildungsberatung unterstützt werden.

5.3.5 Bildungsmaßnahmen mit betrieblichen Handlungskollektiven

Eine besondere Arbeitsform stellen Bildungsangebote dar, die mit betrieblichen Handlungskollektiven, meist Betriebsräten, zu bestimmten aktuellen Problemen vereinbart werden. Dafür existieren verschiedene Begriffe: «Bildung und Beratung», «Bildung nach Maß», «nachfrageorientierte Bildung» oder «betriebsnahe Bildung» (s. Kapitel 1.2.6 und Kapitel 2.4). Bei ver.di sind solche Angebote vor allem im Zusammenhang mit dem Konzept betrieblicher Kerngruppen entwickelt worden.

Betriebliche Handlungskollektive wenden sich in diesem Falle an die Bildungsarbeit, meistens die Bildungsstätten, um einen für ihre besondere Problemlage zugeschnittenen Arbeitsprozess zu vereinbaren, in dem Elemente von lösungsbezogener Beratung mit Reflexion und Kompetenzerweiterung, also von Bildung, verbunden werden. Das Themenspektrum ist breit: von Personalentwicklungsprozessen für Betriebsräte bis zur Begleitung von betrieblichen Restrukturierungsmaßnahmen. Die Auswahl muss natürlich eng mit der örtlichen Gewerkschaftsarbeit abgestimmt sein.

In diesem Feld haben sich inzwischen auch eigene Arbeitsformen etabliert. Es wird z. B. viel mit Seminarreihen gearbeitet, mit deren Hilfe ein fester Personenkreis einen bestimmten Prozess über einen längeren Zeitraum begleiten kann. Die Erfahrungen, die mit den jeweils erarbeiteten Lösungswegen gemacht worden sind, können dann auf der nächsten Veranstaltung der Reihe überprüft und aufgearbeitet werden. Diese Art der Bildungsarbeit ist sehr direkt auf die Umsetzung ihrer Ergebnisse bezogen.

Von allen Bildungsmaßnahmen scheinen solche Arbeitsformen auch besonders gut geeignet, graue oder weiße Flecken in der Bildungslandschaft zu beseitigen. Es müssen allerdings in den Betrieben die nötigen Ansatzpunkte für gewerkschaftliche Politik vorhanden sein, z. B. ein kleiner Kreis von Engagierten in einem weitgehend unorganisierten Angestelltenbetrieb. Solche Bildungsformen haben auch eine Nähe zu den Organizing-Konzepten, wie sie sich in der amerikanischen Gewerkschaftsbewegung entwickelt haben (Brinkmann u. a. 2008). Die Möglichkeiten, die verschiedenen Konzepte miteinander zu verbinden, sind vielversprechend, aber bisher noch wenig erprobt worden.

5.4 Strategische Bildungsplanung – auch auf der regionalen Ebene

Bildungsarbeit bietet viele Ansatzpunkte, Gewerkschaftsarbeit zu unterstützen. Um diese Möglichkeiten optimal zu nutzen, muss die Bildung eng in die laufende gewerkschaftliche Arbeit integriert werden. Eine solche strategische Bildungsplanung ist auf der Ebene der Vorstände mit ihren Bildungsabteilungen relativ gut möglich, sie fehlt in vielen Fällen aber auf der örtlichen Ebene.

Bei näherem Hinsehen ist es oft so, dass vor Ort zwar die Einstiegsseminare bekannt sind und auch einige wichtige Fachseminare, dass aber den handelnden Akteuren die ganze Palette der Möglichkeiten von Bildungsarbeit nicht bewusst ist. Dass Bildungsarbeit einem zerstrittenen Betriebsrat ein Personalentwicklungsseminar anbieten kann, dass sie gezielt helfen kann, einen Vertrauensleutekörper wieder zu aktivieren oder eine Betriebsaufspaltung mit einer Veranstaltungsreihe über eine gewisse Zeit begleiten kann, bis der neue Betriebsrat steht – das ist oft gar nicht im Blickfeld der Betroffenen.

Wie weit Bildungsarbeit aktiv in die örtliche Gewerkschaftsarbeit integriert wird, so dass man sich nicht nur auf das routinemäßige Wahrnehmen der bekannten Angebote beschränkt, hängt erfahrungsgemäß auch von bestimmten Personen ab. Ist jemand mit viel Bildungserfahrung für diesen Bereich verantwortlich, kann man regelmäßig beobachten, dass Bildungsarbeit sehr viel breiter zur Unterstützung der Alltagsarbeit eingesetzt wird. Dazu kommt – beides hängt oft miteinander zusammen – der politische Stellenwert, den Bildungsarbeit in der Verwaltungsstelle genießt.

Das Entstehen oder die Verbesserung der strategischen Bildungsplanung in den Regionen lässt sich aber auch gezielt fördern. Arbeitsklausuren lassen sich gut nutzen, um über die verschiedenen Instrumente der Bildungsarbeit und ihre Anwendungsmöglichkeiten zu informieren und für einen aktiveren Umgang mit Bildung zu werben. Eine wichtige Unterstützung können örtliche Referentenarbeitskreise leisten. Auch in der Nachwuchssekretärsausbildung, die inzwischen fast alle Gewerkschaften aufgebaut haben, sollten die verschiedenen Möglichkeiten von Bildungsarbeit ein Thema sein.

Wir fassen zusammen: Eine integrierte, strategische Bildungsplanung auf allen Handlungsebenen der Gewerkschaften ist sicher ein weitgestecktes, aber erreichbares Ziel. Natürlich haben alle Ebenen ihre eigenen Handlungsbedingungen und Entscheidungswege. Trotzdem lohnt es sich, dafür zu werben, die Möglichkeiten von Bildungsarbeit durch eine strategische Planung stärker zu nutzen – gerade unter den schwierigen Verhältnissen, unter denen sich Gewerkschaften heute behaupten müssen. Und auch hier gilt: Am meisten überzeugt das gute Beispiel.

5.5 Bausteine einer Seminarbeschreibung

Die meisten Seminare in der gewerkschaftlichen Bildungsarbeit sind keine Einzelveranstaltungen, sondern gehören zu bestimmten Seminartypen, z. B. «Einführung in die Tarifpolitik». Wie kann man solche Seminare so beschreiben, dass auch neue Lehrkräfte sie auf der Basis dieser Unterlagen durchführen können?[2]

---

2 Oft werden solche Beschreibungen auch benutzt, um das eigene Wissen wieder aufzufrischen und sich auf das Seminar vorbereiten zu können, das man vor längerer Zeit schon einmal geleitet hat.

Traditionell werden für solche Seminarkonzeptionen in der gewerkschaftlichen Bildungsarbeit «Leitfäden» entwickelt. Sie sind teilweise in die Kritik geraten, weil sie einzelne Seminarschritte sehr detailliert beschrieben haben. Dies konnte leicht dazu verführen, sich nicht so sehr an der konkreten Seminarsituation, sondern an der vorgegebenen Planung zu orientieren. Die hier vorgeschlagene Seminarbeschreibung knüpft an diese Leitfäden an, versucht aber stärker, die Referentinnen und Referenten darin zu unterstützen, die Seminarsituation selbstständig zu gestalten. Die damit gestellte Aufgabe ist anspruchsvoll. Es muss das Kunststück fertiggebracht werden, einerseits konkret und detailliert genug zu sein, um tatsächliche Orientierungshilfen zu liefern, andererseits offen und variabel genug zu bleiben, damit die Referenten und Referentinnen ihre Selbstständigkeit wahren und die je spezifischen Bedingungen vor Ort berücksichtigen können.

Seminarbeschreibungen, das sollte von vornherein deutlich ausgesprochen werden, lassen sich nicht eins zu eins in die Wirklichkeit umsetzen. Dazu sind die jeweilige Zusammensetzung der Seminargruppe, die Zeitumstände (z. B. die anstehende Tarifrunde) und anderes mehr viel zu unterschiedlich.

Eine hilfreiche Seminarbeschreibung sollte aus folgenden Bausteinen bestehen:

Bausteine einer Seminarbeschreibung:

1. **Ausschreibungstext:** Für örtliche wie zentrale Seminarprogramme ist eine Seminarausschreibung erforderlich, die die Entscheidungsgrundlage für die Teilnehmer/-innen bildet, aber auch neugierig machen und werben soll. Die Teilnehmer/-innen wollen wissen, was sich hinter der Überschrift verbirgt, an welchen Teilnehmerkreis sich das Seminar wendet, welche Voraussetzungen erwartet werden und welche wesentlichen Ziele erreicht werden sollen. Außerdem müssen die Ausschreibungstexte – besonders im Bereich des § 37,6 des BetrVG – rechtssicher sein.

2. **Leitidee:** In der Leitidee eines Seminars werden Thema, Aufgabenstellung und methodische Umsetzung zusammengeführt (s. o., Seite 98). Die Beschreibung der Leitidee soll dem Referenten/der Referentin helfen, den roten Faden für das Seminar vor Augen zu behalten.

3. **Zielgruppe:** An wen wendet sich das Seminar? Welche Vorkenntnisse werden erwartet? Welches Kompetenzniveau wird angesprochen (Level 1: Einsteiger/-innen; Level 2: Fortgeschrittene)? Ist das Seminar offen für alle oder spezifiziert? In welchem Verbund steht das Seminar? Wie grenzt es sich zu anderen Seminaren ab?

4. **Kompetenzportfolio:** Wir empfehlen, zu jedem Seminar ein knapp gehaltenes «Kompetenzportfolio» anzulegen, , in dem angegeben wird, in welchen politisch-strategischen, fachlichen, sozialen und methodischen Lern-

feldern die Kompetenzen der Teilnehmenden entwickelt oder gestärkt werden sollen (s. o., Seite 78). Die Kompetenzbeschreibungen sollten sich auf die Handlungsanforderungen im jeweiligen Tätigkeitsfeld beziehen und die Arbeit an Haltungen und Einstellungen, am Selbstbewusstsein und an der Kreativität der Teilnehmer/-innen einschließen.

5. **Teilnehmeraktivierung:** Schon in der Seminarbeschreibung sollte erläutert werden, wo, wie und in welchem Umfang die Teilnehmer/-innen Einfluss auf die Gestaltung nehmen können.

6. **Ziele:** Die Seminarbeschreibung sollte eine knappe, am Kompetenzportfolio ausgerichtete Lehr- und Lernzielliste enthalten. Wichtige Fragen sind dabei: Wie kann die Identifikation der Teilnehmer/-innen mit den Zielen der Gewerkschaften gestärkt werden? Wie kann der Transfer des neu Gelernten in die Praxis schon im Seminar zum Thema gemacht werden?

7. **Schlüsselsituationen:** Die Seminarautoren/-autorinnen sollten klären, ob es bestimmte Schlüsselsituationen der Gewerkschaftsarbeit gibt, die besonders gut geeignet sind, um in das Zentrum der Seminarthematik einzuführen. Diese Situationen sollten benannt, analysiert und bewertet werden, um auch praktisch zu zeigen, wie arbeitsbezogene Aufgaben bewältigt werden können (s. o., Seite 75).

8. **Verlaufsplanung:** Für neu gewonnene Referenten/Referentinnen ist die Beschreibung des vorgeschlagenen Ablaufs besonders hilfreich. Wir empfehlen, eine Wochenübersicht zu geben, in der die verschiedenen Themenblöcke benannt, platziert und die dafür vorgesehenen Zeiten angegeben werden (s. o., Seite 111). Es ist auch sinnvoll, alternative Schritte zu beschreiben und die Scharnierstellen zu benennen, an die die Alternativen angedockt werden können.

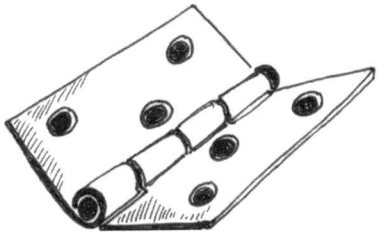

9. **Medien und Material:** Es erleichtert die Arbeit von «Neuen» erheblich, wenn die Seminarunterlagen halbwegs umfassend mitgeliefert werden: Rechtsgrundlagen, kurze Aufsätze zum Thema, Ziel- und Kompetenzkataloge, Arbeitsaufträge für Kleingruppen, Wandbilder, Texte, Statistiken, Videofilme, CDs und DVDs usw. Wenn ein wichtiges Material nicht beigefügt werden kann, sollte ein Hinweis erfolgen, wo und unter welchen Bedingungen es zu beziehen ist.

10. **Ergebnissicherung:** Die Seminarbeschreibung sollte Angaben zur Sicherung der erarbeiteten Ergebnisse enthalten (z. B. Fotoprotokolle, schriftliche Unterlagen, Arbeitsergebnisse).

11. **Feedback der Teilnehmer:** Eine vollständige Seminarbeschreibung enthält Ratschläge zur Selbstevaluation und zum Feedback

Seminarautoren/-autorinnen neigen manchmal dazu, ihre Veranstaltungen zu «überplanen» und mit Ansprüchen zu überfordern. Das sollte vermieden werden. Die Beschreibungen dürfen die lebendige Entwicklung eines Seminars nicht einschnüren, vielmehr haben sie eine orientierende Funktion.

Memo an die Autoren/Autorinnen: Das Memo-Schreiben[3] ist ein Rückmeldeverfahren der Nutzer/-innen der Seminarbeschreibungen an deren Autoren/Autorinnen oder an die anderen Seminarleiter/-innen, die mit diesem Seminartyp arbeiten. Es ist aber auch eine geeignete Grundlage für die persönliche Auswertung des Seminars. Fragen, die im *Memo* beantwortet werden, können sein:

- Wie war die Zusammensetzung der Teilnehmer/-innen und wie hat sie sich auf den Seminarverlauf ausgewirkt?
- Welche Leitideen haben im Seminar eine besondere Rolle gespielt?
- Haben die im Seminar erarbeiteten Schlüsselsituationen ihre motivierende und handlungsleitende Funktion erfüllt?
- Welche fachlichen Inhalte standen im Mittelpunkt? Was wurde weggelassen?
- Waren die Zeitangaben der Seminarbeschreibung realistisch?
- Hat das Einholen von Feedbacks funktioniert?
- Konnten die Teilnehmer/-innen neu erworbene Kompetenzen einbringen und sichtbar machen?
- Konnten die Teilnehmer/-innen ihr gewerkschaftliches Selbstverständnis im Seminar festigen und weiterentwickeln?
- Welche Methoden haben sich bewährt? Welche nicht?
- Welche Materialien waren hilfreich? Welche nicht?

Das *Memo* liefert wesentliche Impulse für die kontinuierliche Weiterentwicklung eines Seminartyps. Es kann auch als Grundlage für Schreibkonferenzen der Autoren/Autorinnen genutzt werden, auf denen die Seminarkonzeption überarbeitet wird.

---

3 Der Begriff stammt aus der qualitativen Sozialforschung und meint dort ein verdichtetes **Memo**rieren datenbezogener Einsichten.

Memo

Seminartyp: _____ **Datum:** _____

Teilnehmerzusammensetzung:

Anzahl: Frauen _____ Männer _____

Alter: bis 25 _____ bis 35 _____ bis 45 _____ bis 55 _____ über 55 _____

**Betriebs-
größe:** bis 200 _____ bis 500 _____ bis 1000 _____ bis 2000 _____ über 2000 _____

Funktionen: keine _____ Vertrauensmann/-frau _____ Betriebsrat/Betriebsrätin _____

andere Funktionen _____

1.	Erwartungen besondere Erwartungen der Teilnehmenden	
2.	Leitideen Waren sie stimmig? Spielten sie eine zentrale Rolle?	
3.	Didaktische Struktur Welche Inhalte wurden zusätzlich bearbeitet, welche weggelassen? Seid ihr mit der Zeit ausgekommen? Wo habt ihr gestrafft, wo habt ihr euch mehr Zeit genommen?	
4.	Schlüsselsituationen Haben euch Schlüsselsituationen bei der Bearbeitung der Themen geholfen?	
5.	Feedback Wie und wann habt ihr «Feedback-Schleifen», Selbstauskünfte der Teilnehmenden gemacht? Waren sie sinnvoll und ausreichend?	
6.	Erproben Hatten die Teilnehmenden ausreichende Möglichkeiten, ihre neu erworbenen Fähigkeiten auszuprobieren?	
7.	Unterlagen Welches Material, welche Medien waren hilfreich? Welche nicht? Was fehlte?	
8.	Verlauf Benennt aus eurer Sicht drei «Topps» und drei «Flops» im Verlauf des Seminars.	
9.	Gesamtbewertung Bewertet mit Hilfe des Fragebogens: Wo konnten die Teilnehmenden – eures Erachtens nach – ihr gewerkschaftspolitisches Selbstverständnis und die eigene Handlungsfähigkeit durch den Besuch eines Seminars weiterentwickeln? Wo gelang dies weniger?	
10.	Offene Anmerkungen …	

Abb. 28: Beispiel für ein Memo

6 Qualitätssicherung

Die Bildungsarbeit der Gewerkschaften hat ein hohes Niveau erreicht. Dieses Niveau soll gesichert werde:

- *In Kapitel 6.1 klären wir die Grundbegriffe der Qualitätssicherung und entfalten einen Satz politisch-didaktischer Qualitätskriterien.*
- *In Kapitel 6.2 werden zehn empirisch basierte Merkmale guter Seminararbeit formuliert, die für die Vor- und Nachbereitung der eigenen Seminar- und Referententätigkeit genutzt werden können.*
- *In Kapitel 6.3 entfalten wir ein Konzept für die Selbstevaluation der Bildungsarbeit und skizzieren Verfahren der methodisch kontrollierten Datenerhebung.*

Wir gehen davon aus, dass sich die Qualität der gewerkschaftlichen Bildungsarbeit noch weiter steigern lässt. Die Qualitätsverbesserung ist deshalb ein nie abgeschlossenes Thema. Sie kann nur gelingen, wenn alle Beteiligten sie zu ihrer eigenen Aufgabe machen. Das ist aber, wie man an den öffentlichen Schulen erkennen kann, alles andere als eine Selbstverständlichkeit.

6.1 Theorierahmen

6.1.1 Grundbegriffe

Die Grundbegriffe Qualität, Qualitätssicherung und -entwicklung, Qualitätskontrolle und Qualitätskriterien stehen in einem engen theoretischen und praktischen Zusammenhang. Deshalb werden wir zunächst unser Verständnis dieser Begriffe erläutern.

(1) Qualitätsbegriff

Das Wort Qualität kommt aus dem Lateinischen und heißt ursprünglich «Beschaffenheit». Heute meinen wir damit die Güte oder den Wert eines Gegenstandes oder Prozesses.

(2) Qualitätssicherung

Qualitätssicherung umfasst alle direkten und indirekten Maßnahmen, die das erreichte Niveau der Bildungsarbeit aufrechterhalten. Mit Kontrollen allein ist es dabei nicht getan (weil vom vielen Wiegen noch kein Schwein fett geworden ist). Maßnahmen zur Ressourcensicherung, eine effiziente Bildungsplanung, regelmäßige Fortbildung der Seminarleiter/-innen u. a. m. gehören dazu.

(3) Qualitätsentwicklung und -verbesserung

Damit sind alle Maßnahmen gemeint, die das vorliegende Niveau noch weiter erhöhen und neu entstandene Aufgaben anpacken. Instrumente der Qualitätsentwicklung sind die Organisationsentwicklung, die Personal- und die Curriculumentwicklung. Eine klare Abgrenzung zwischen der Qualitätssicherung und -entwicklung ist aber unmöglich.

(4) Qualitätskontrolle

Qualitätskontrolle ist der naheliegende erste Schritt zur Qualitätsentwicklung und bezeichnet alle Verfahren zur datengestützten und methodisch kontrollierten Überprüfung der Frage, wie erfolgreich die Arbeit ist und ob das, was man zu tun behauptet, tatsächlich getan wird. Kontrollmaßnahmen können auf verschiedenen Ebenen durchgeführt werden; diese Ebenen sind:

- *der Gesamtbereich (Makroebene):* das Qualitätsmanagement oder System-Monitoring[1] des gesamten Systems, in den Gewerkschaften organisiert von den Bildungsabteilungen der Vorstände;
- *die mittlere Ebene (Mesoebene):* Kontrolle der Qualität von Bildungsangebot und Nachfrage, von Durchführung und Nutzung auf regionaler und überregionaler Ebene:
- *einzelne Maßnahmen (Mikroebene):* Kontrolle der Qualität der Seminararbeit, also der direkten Interaktionen der Lehrenden und Lernenden in den Seminaren und sonstigen Bildungsveranstaltungen.

(5) Qualitätsdimensionen

Es ist in der Fachliteratur üblich, drei Qualitätsdimensionen zu unterscheiden (Riecke-Baulecke 2004, S. 17):

- Mit dem Begriff *Strukturqualität* wird die Qualität der Rahmenbedingungen erfasst, also z. B. die Qualität der Arbeitsbedingungen, der Personalrekrutierung, der Aus- und Weiterbildung, die Qualität der Kooperationsstrukturen, das Verhältnis von Vorgaben und Freiräumen und die Leitungsqualität.
- Mit dem Begriff *Prozessqualität* wird die Qualität der laufenden Prozesse gewerkschaftlicher Bildungsarbeit erfasst, also die Praxis der Seminararbeit und sonstiger Bildungsveranstaltungen.
- Mit dem Begriff *Ergebnis-* oder *Produktqualität* wird die Qualität der durch die Bildungsanstrengungen ausgelösten Effekte erfasst: der Umfang und das Niveau der Kompetenzentwicklung der Teilnehmer/-innen, die Zufriedenheit der «Abnehmer» mit den Maßnahmen und die durch die Bildungsmaßnahmen ausgelöste Identifikation mit oder Kritik an der Organisation.

---

1   Monitoring ist die Überwachung laufender Prozesse zur Bestätigung korrekter Arbeit und zum Eingriff bei Regelverletzungen und Fehlern.

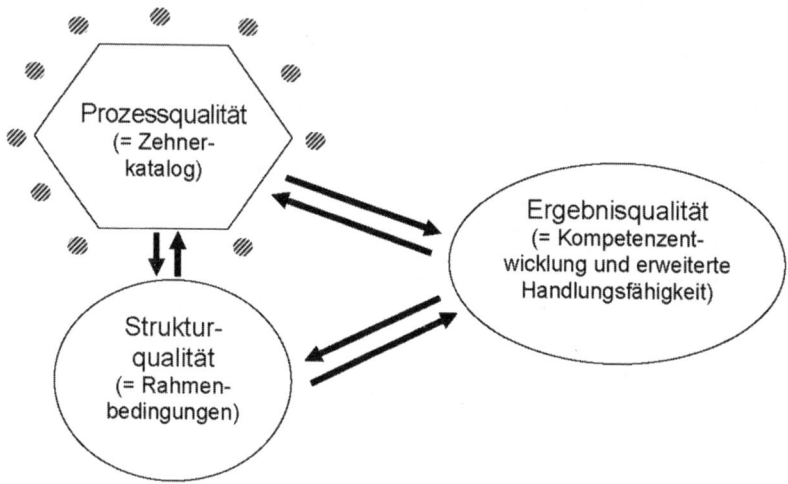

Abb. 29: Prozess-Dreieck

Außenstehende neigen dazu, allein die Ergebnisqualität für wichtig zu halten. Aber das ist nicht klug. Es ist nämlich sehr schwierig, verlässliche Urteile zur Ergebnisqualität von Bildungsprozessen zu erhalten, die auch wissenschaftlichen Standards genügen. Man müsste die bei Beginn der Seminararbeit vorhandenen Einstiegs- und die am Ende erreichten Ausstiegskompetenzen erfassen und messen, den in den Seminaren erzielten Lernfortschritt errechnen und ihn dann mit dem Lernerfolg anderer Einrichtungen vergleichen.

In der gewerkschaftlichen Bildungsarbeit ist die Erfassung der Produktqualität noch schwieriger als in der Schule. Das Ziel ist ja, Handeln dauerhaft – insbesondere in Konfliktsituationen – zu verändern. Deshalb müsste man wissen, wie sich jemand *vor* dem Seminar in der betrieblichen Interessenvertretung verhalten hat und wie danach. Außerdem wäre die Frage zu klären, was davon durch die Bildungsveranstaltung und was durch die täglich auf die Menschen einwirkenden sonstigen Einflüsse bewirkt worden ist.

Wir verzichten deshalb in diesem Kapitel auf die Analyse der Produktqualität und konzentrieren uns auf die Frage, wie die Prozessqualität gewerkschaftlicher Bildungsarbeit gesichert und vielleicht noch erhöht werden kann.

(6) Qualitätskriterien

Wo immer etwas beurteilt wird, ist ein Offenlegen der Beurteilungskriterien erforderlich. Das gilt für den TÜV genauso wie für die gewerkschaftliche Bildungsarbeit. Die Qualitätskriterien dürfen nicht mit den Zielen verwechselt werden. Vielmehr sind Kriterien auf der so genannten *Metaebene* angesiedelt. Man schaut mit ihnen sozusagen von oben auf die Ziele, Prozesse und Ergebnisse herab. Folgende Kriterien kommen infrage[2]:

Qualitätskriterien

1. **Zielangemessenheit:** Entspricht das, was in der gewerkschaftlichen Bildungsarbeit getan wird, den vorgegebenen Zielen?

2. **Lernerfolg:** Lässt sich nachweisen, dass die Teilnehmer/-innen die vorgegebenen und/oder weitere Ziele in einem befriedigenden, guten oder sehr guten Umfang erreicht haben?

3. **Produktqualität:** Sind die neu entstandenen Curricula, Medien und Materialien wirklich besser als die alten? Und woran soll die Qualität dieser Materialien gemessen werden?

4. **Effizienz:** Standen Arbeitsaufwand, Mitteleinsatz und Arbeitsergebnisse für die Qualitätssicherung in einem angemessenen Verhältnis?

5. **Akzeptanz:** Wird die durch die Qualitätssicherung und -entwicklung hergestellte neue Seminarkultur von den Lehrenden und Lernenden, von den Geschäftsstellen, den Bildungsberatern/-beraterinnen usw. akzeptiert? Was wurde getan, um Akzeptanzprobleme zu beheben?

6. **Brauchbarkeit:** Bewähren sich die neuen Produkte (Module, Feedbackinstrumente usw.) im Weiterbildungsalltag?

7. **Nachhaltigkeit:** Gelingt es, die verbesserte Qualität auf Dauer im alltäglichen Seminarbetrieb zu verankern?

Es ist ausgeschlossen, bei konkreten Maßnahmen zur Qualitätskontrolle alle sieben Kriterien gleich gut zu «bedienen». Also müssen die Verantwortlichen Schwerpunkte setzen. Von der Schwerpunktsetzung hängt dann ab, welche Daten gesammelt und welche Initiativen ergriffen werden:

- Wenn in einer Studie die Kriterien (1) und (4) im Vordergrund stehen, müssen im ersten Schritt die Ziele der Bildungsarbeit definiert werden: Auf abstrakter Ebene haben wir das in den Kapiteln 1 bis 3 getan. Es geht um Zweckbildung für die strategischen Ziele der Gewerkschaften, um die Stärkung der Subjektpositionen der Lernenden und um die Demokratisierung der Gesellschaft. Im zweiten Schritt müssen dann Indikatoren («Anzeiger») festgelegt werden, an denen überprüft wird, ob die Ziele erreicht wurden. Man kann z. B. an den Teilnehmerdaten ablesen, ob die angestrebten Zielgruppen auch wirklich erreicht wurden. Im dritten Schritt kann man das

---

2 Burkard/Eikenbusch (2002); Meyer (2008, S. 64).

Ergebnis mit ähnlichen Weiterbildungsträgern vergleichen und sehen, ob diese mit ihren Mitteln erfolgreicher sind.

- Liegt der Schwerpunkt auf Kriterium (5), dann ist eine Akzeptanzstudie zu erstellen – das ist heutzutage eine theoretisch und praktisch recht einfach zu lösende Aufgabe, weil «nur» die persönlichen Urteile der Betroffenen und Beteiligten erhoben werden müssen.

- Sind die Kriterien (6) oder (7) besonders relevant, muss eine so genannte Implementationsstudie durchgeführt werden, in der geprüft wird, in welchem Umfang eine Neuerung tatsächlich umgesetzt worden ist.

Schaut man sich Evaluationsstudien wie «Bi-Metall» genauer an, so wird deutlich, dass fast immer eine Kombination mehrerer Qualitätskriterien vorgenommen worden ist.

Wer sind die Akteure?

Qualitätssicherung ist eine Machtfrage. Deshalb muss in einer demokratisch verfassten Organisation von Beginn an um die Akzeptanz an der Basis gerungen werden. Das geht am besten durch eine Beteiligung der Betroffenen von Beginn an.

Wer kontrolliert die Kontrolleure?

Wer für das Controlling verantwortlich ist, wird argwöhnisch beobachtet. Das ist gut so und Ausdruck der starken demokratischen Tradition der Gewerkschaften. Deshalb müssen Standards der Qualitätssicherung (so genannte «assessment standards») formuliert werden, an die sich alle Verantwortlichen halten. Das letzte Urteil spricht dann der Gewerkschaftstag.

6.1.2 «Die Subjektposition der Lehrenden stärken»

Was wir in Kapitel 2 für die Teilnehmer/-innen an gewerkschaftlichen Bildungsmaßnahmen gefordert haben, gilt auch für die Lehrenden selbst. Sie sollen sich nicht nur isolierte Teilkompetenzen aneignen, sondern auch ihre Subjektposition in der und für die Gewerkschaftsarbeit stärken. Denn nur dann können sie im Sinne Holzkamps die Seminarteilnehmer/-innen zum expansiven Lernen anleiten. Das ist schwierig, weil die Seminarleiter/-innen recht anspruchsvolle Aufgaben erfüllen müssen. Sie sollen:

- die strategischen Ziele der Gewerkschaften verfolgen, aber dabei immer die subjektiven Interessen und Bedürfnisse der Teilnehmer/-innen im Blick behalten.

- den Seminarablauf klar strukturieren, aber auf alle unerwarteten Ereignisse flexibel reagieren.

- klare Vorgaben machen, aber immer das Einverständnis der Teilnehmer/-innen anstreben.

- jedem Einzelnen gerecht werden, aber immer das ganze Seminar im Blick behalten.
- gründlich planen, aber immer ganz locker sein.

Solche Widersprüchlichkeiten sind typisch für alle Lehrberufe und Gegenstand umfangreicher Forschungen zur Professionalisierung dieser Berufsgruppe. Professionelles Handeln zeichnet sich dadurch aus, die Widersprüchlichkeit der Erwartungen an das eigene Handeln zu erkennen, sie gemeinsam mit den Teilnehmenden zu bearbeiten und auszubalancieren.[3]

Klaus Holzkamp hat seine Ausführungen zu der Frage, welche Ansprüche an die Lehrpersonen zu richten sind, eher knapp gehalten.[4] Also stellen wir uns selbst die Frage, was Lehrkräfte tun können, die sich in ihrer Alltagspraxis immer neu mit der Qualität ihrer Arbeit auseinandersetzen wollen. Es gibt einige Ansätze der Personalentwicklung und -führung, die uns für ein «expansives» Lernen der Lehrenden geeignet zu sein scheinen und die wir im Folgenden kurz erläutern.

(1) Die persönliche Theorie guter Seminararbeit weiterentwickeln

Jeder Seminarleiter, jede Seminarleiterin hat schon lange, bevor er oder sie das erste Mal ein Seminar leitet, persönliche Vorstellungen über die Voraussetzungen, die Durchführungsbedingungen und die Effekte guter Seminararbeit entwickelt. Auf Seite 92 (Abbildung 9) haben wir ein Beispiel dafür gegeben. Wir empfehlen, diese Vorstellungen zu einer persönlichen Theorie auszubauen.

Definition: **Persönliche Theorien guter Seminararbeit** sind die auf der Grundlage eigener Erfahrungen *und* der gezielten Aneignung von Theoriewissen formulierten und kritisch reflektierten Annahmen über Grundlagen, Effekte und Ursache-Wirkungs-Zusammenhänge unterrichtlichen Handelns.

Persönliche Theorien enthalten also nicht nur Theoriewissen im wissenschaftlichen Sinne, sondern auch persönliche Vorstellungen zur Bedeutung der gewerkschaftlichen Bildungsarbeit, zur Wichtigkeit der Inhalte, zum Berufsethos, zum Umgang mit Interessenkonflikten usw.

---

3   Wegen dieser widersprüchlichen Zielsetzungen kann das Lehren nicht in eine Technologie umgeformt werden. Es geht immer um ein «Handeln unter Ungewissheit», das nicht aus Technikwissen abgeleitet, sondern nur vor Ort mehr oder weniger spontan bewältigt werden kann.

4   Klaus Holzkamp liefert im Wesentlichen eine Kritik bestehender «defensiver» Lehr-/Lernpraxis (Holzkamp 1993, S. 339–563), sagt aber kaum etwas darüber, wie eine «expansive Lehrpraxis» aussehen könnte. Dabei hätte er in der gewerkschaftlichen Bildungsarbeit wahrscheinlich mehr Anregungen finden können als in den öffentlichen Schulen.

Das Bewusstmachen der persönlichen Theorie guter Seminararbeit ist der erste Schritt zu ihrer Weiterentwicklung.

(2) Persönliche Entwicklungsaufgaben festlegen

Vor fünfzig Jahren hat der US-amerikanische Soziologe David Havighurst den Begriff Entwicklungsaufgabe («developmental task») geprägt. Er meinte damit Aufgaben, die jeder Jugendliche in modernen Industriestaaten bewältigen muss: Entwicklung einer Berufsperspektive, Definition einer Geschlechterrolle, Klärung des Verhältnisses zur Religion usw.[5] Der Ansatz scheint uns gut zu einer subjektwissenschaftlich orientierten Didaktik zu passen. Wir definieren:

> *Arbeitsdefinition:* Eine **persönliche Entwicklungsaufgabe** ist eine biographisch bedeutsame und subjektiv als notwendig empfundene Herausforderung zum Aufbau neuer fachlicher und didaktisch-methodischer Kompetenzen.

Entwicklungsaufgaben sind «biographisch bedeutsam» und «subjektiv notwendig», das heißt, sie passen in unsere bisherige Lehrer-Lern-Biographie und wir selbst halten das Entwicklungsziel für wertvoll und «angesagt» – dafür sprechen nicht nur objektive Faktoren.

Es herrscht kein Mangel an kleinen und großen Entwicklungsaufgaben: die Aktualisierung des Fachwissens, das man für die Seminararbeit braucht, die Ausweitung des Methodenrepertoires, die Identifikation mit einer Berufsethik und vieles andere mehr. Entwicklungsaufgaben können aber nie allgemeingültig definiert werden, sonst wären sie kein Element eines persönlichen Entwicklungsprozesses mehr.

(3) Die Teamarbeit der Seminarleiter/-innen stärken

In der gewerkschaftlichen Bildungsarbeit hat die Teamarbeit einen zentralen Stellenwert (s. Seite 41). Das gilt auch für die Seminarleitungen. Besonders wichtig ist dabei das so genannte Teamteaching, also die im Tandem durchgeführte Seminarleitung. Die Erfahrungen damit sind überaus positiv. Also sollte darum gekämpft werden, die Teamstrukturen zu erhalten. Auch die Selbstevaluation lässt sich besser im Team realisieren.

---

5 Der Begriff ist dann von Herwig Blankertz auf die Berufstätigkeit von Lehrern und die Berufsausbildung von Lehramtsstudierenden übertragen worden. Inzwischen ist von Blankertz-Schülern eine ganze «Bildungsgangdidaktik» entwickelt worden, die den Begriff Entwicklungsaufgabe in den Mittelpunkt rückt (Trautmann 2004; Meyer 2001, S. 75–79).

(4) Kollegiales «Coaching» einführen

Die in Kapitel 2 und 5 dargestellten Gründe für die enge Verzahnung von Weiterbildung und Beratung können auf die Ebene der Weiterbildung von Seminarleitern/-leiterinnen übertragen werden. Der international gebräuchliche Fachbegriff dafür lautet «Coaching» (vgl. Pallasch/Hameyer 2008). Varianten des Coaching sind Supervision und Beratung. Die Beratung kann auch als Hospitation erfolgen. Ein erfahrener Teamer bzw. eine erfahrene Teamerin arbeitet dann mit einem Einsteiger/einer Einsteigerin zusammen und führt selbst vor, wie er/sie bestimmte Situationen bewältigt.[6]

(5) Weiterbildung

Ein ganz entscheidendes Mittel, die Qualität der Bildungsarbeit zu verbessern, ist die Weiterbildung der Lehrkräfte, besonders wenn sie entlang der eigenen Entwicklungsthemen verläuft. In den größeren Gewerkschaften können die pädagogischen Mitarbeiter/-innen sich ihre Weiterbildung selbst organisieren. Die gleiche Bedeutung hat Weiterbildung für die ehrenamtlichen Referenten/Referentinnen. Weiterbildung sollte ein wesentlicher Bestandteil der Tätigkeiten eines gut funktionierenden Referentenarbeitskreises sein, auch wenn hier die zeitlichen Möglichkeiten beschränkt sind. Darüber hinaus sollten diesen Referenten/Referentinnen auch auf zentraler Ebene Weiterbildungsangebote gemacht werden.

(6) Eine «Berufs»ethik entwickeln

Weil die Arbeit der Seminarleiter/-innen von pädagogischen und ethischen Konflikten durchzogen ist, die nicht aufgehoben werden können, sondern ausbalanciert werden müssen (s. o.), ist eine Berufsethik erforderlich, an die sich die einzelnen pädagogischen Mitarbeiter/-innen und Referenten/Referentinnen, aber auch die Bildungsabteilungen der Vorstände halten sollten. Sie definiert die Grundanforderungen an die Berufsausübung. Auf einer Fortbildungstagung mit Seminarleitern/Seminarleiterinnen in Sprockhövel haben wir dazu im Jahr 1999 einige Leitsätze formuliert:

Leitsätze
1. Seminarleiter/-innen sind *Fachleute* für die gewerkschaftliche Bildungsarbeit. Sie kennen sich in ihrem Aufgabenbereich aus. Sie haben gemeinsame politische und pädagogische Grundkenntnisse und verfolgen gemeinsame Ziele.
2. Sie begegnen den Teilnehmenden mit *Respekt* und betrachten sie als Partner der Seminararbeit.
3. Sie betrachten die *Heterogenität* der Teilnehmenden als Chance und nicht als Bedrohung.

---

6   Siehe das in Kapitel 2.3.3 skizzierte Modell des «cognitive apprenticeship».

4. Sie versuchen, *Konflikte* durch Gespräche und Kompromissangebote zu entschärfen.
5. Sie schreiten bei kulturell, religiös oder sexuell motivierten *Übergriffen* gegen einzelne oder gegen Gruppen sofort ein.
6. Sie arbeiten gern im *Team.*
7. Sie betrachten sich als Mitglieder einer *professionellen Lerngemeinschaft* und bilden sich regelmäßig fort.
8. *Selbst- und Fremdbeurteilung* ihrer Arbeit ist für sie eine Selbstverständlichkeit.

Die Orientierung an einer solchen Berufsethik ist anspruchsvoll, sie kann aber auch dazu beitragen, die Ansprüche auf ein zumutbares Maß zu senken. Sie wird Konflikte nicht verhindern, aber sie kann bei diesen Konflikten als Folie für die Konfliktlösung dienen.

6.1.3 «Auf dem Teppich bleiben» oder: Der Anteil der Lehrenden am Lernerfolg der Lernenden

Es ist wichtig für die eigene Psychohygiene, sich bewusst zu machen, wie hoch der eigene Anteil des Seminarleiters/der Seminarleiterin an der Kompetenzentwicklung der Teilnehmenden ist. Laien haben da manchmal unrealistische Vorstellungen, im schlimmsten Fall sogar die Idee, dass 100 Prozent dessen, was die Seminarteilnehmer/-innen am Ende des Seminars wissen und können, durch die Professionalität der Seminarleitung ausgelöst worden ist. Diese Vorstellung ist falsch. Viele weitere Faktoren spielen eine Rolle, die die Seminarleitung kaum oder gar nicht beeinflussen kann. Der Neuseeländer John Hattie (2007) hat diese Faktoren auch empirisch erfasst und kommt zu folgendem Bild:

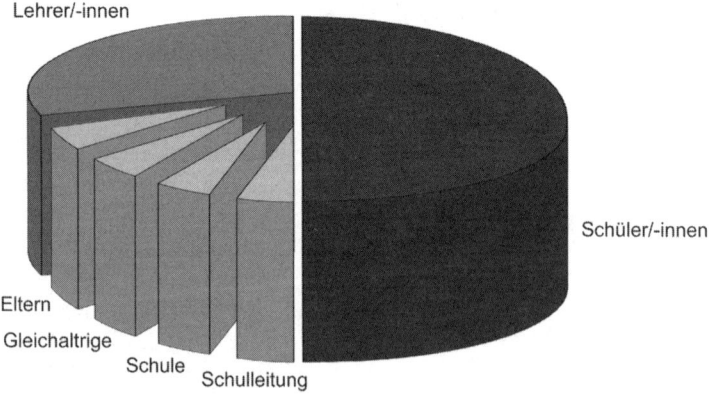

Abb. 30: Anteile am Lernerfolg

Durchschnittlich 50 Prozent des unterrichtlichen Lernerfolgs werden durch das «Lernpotenzial»[7] der Schülerinnen und Schüler ausgelöst, ungefähr 30 Prozent durch die Qualität des Unterrichts und die Professionalität des Lehrerhandelns. Im Einzelfall können die Prozentwerte natürlich stark variieren.

Sind diese Ergebnisse, die mehrheitlich in der Sekundarstufe I (Klassen 5 bis 10) gewonnen wurden, auf die Weiterbildung von Erwachsenen und auf die gewerkschaftliche Bildungsarbeit übertragbar? Wir wissen es nicht genau, da keine entsprechenden Studien vorliegen.[8] Wir meinen jedoch, dass Hatties Analysen zumindest eine grobe Orientierung liefern, und behaupten:

These: Auch in der gewerkschaftlichen Bildungsarbeit werden durchschnittlich 50 Prozent des Lernerfolgs, wahrscheinlich sogar noch mehr durch die Teilnehmer/-innen selbst ausgelöst.

Durchschnittlich 30 Prozent hängen vom Geschick des Seminarleiters/der Seminarleiterin und von der Qualität der Lernarrangements ab.

Dass 50 oder noch mehr Prozent des Lernerfolgs vom Teilnehmenden selbst ausgelöst werden, sollte niemanden überraschen, schon gar nicht kränken, sondern eher freuen. Denn nur dann, wenn die Selbstregulationskräfte der Teilnehmer/-innen hoch anzusetzen sind, kann das in Kapitel 2 skizzierte expansive Lernen stattfinden.

6.2   Ein Orientierungsrahmen für Seminarqualität

Wer die Qualität der eigenen oder fremder Seminararbeit fundiert beurteilen will, benötigt einen theoretischen Bezugsrahmen. Wir werden zu diesem Zwecke einen Katalog mit zehn Merkmalen guten Unterrichts (Meyer 2004) vorstellen und ihn für die gewerkschaftliche Bildungsarbeit überarbeiten. Wir leisten damit einen Beitrag zur Bestimmung der Prozessqualität von Bildungsarbeit. Eine Reihe von Lehrern/Lehrerinnen der IG Metall-Bildungsstätten arbeitet mit diesem Katalog, so dass wir sagen können: Er ist ohne wesentliche Abstriche auf die gewerkschaftliche Bildungsarbeit übertragbar.

---

7   Damit sind Faktoren wie Intelligenz, Motivation, Interesse und Selbstwirksamkeitsüberzeugungen gemeint.

8   Die in Kapitel 1.2.9 dargestellten Bi-Metall-Studien (s. Seite 44) sagen viel über Prozesskriterien guten Unterrichts, folgen aber einer anderen Forschungslogik, weil dort nicht erfasst wurde, welche tatsächlichen Kompetenzsteigerungen nach dem Besuch der Seminare eingetreten sind.

6.2.1 Der Zehnerkatalog in Kurzform

Der *Zehnerkatalog* spiegelt den aktuell erreichten Stand der Lehr-/Lernforschung wider. Er fasst Teile aus verschiedenen Studien zusammen, stellt also einen Kriterienmix dar. Für die Mehrzahl der Kriterien ist – bezogen auf schulischen Unterricht – nachgewiesen, dass sie einen hohen positiven Einfluss auf den Lernerfolg der Schülerinnen und Schüler haben. Die Merkmale sind aber nicht eins zu eins aus den Studien übernommen, sondern von uns nach bildungs- und lerntheoretischen Überlegungen gewichtet worden.[9] Sie lassen sich wie ein Kranz um das *Didaktische Sechseck* aus Kapitel 3.2.2 herumlegen.

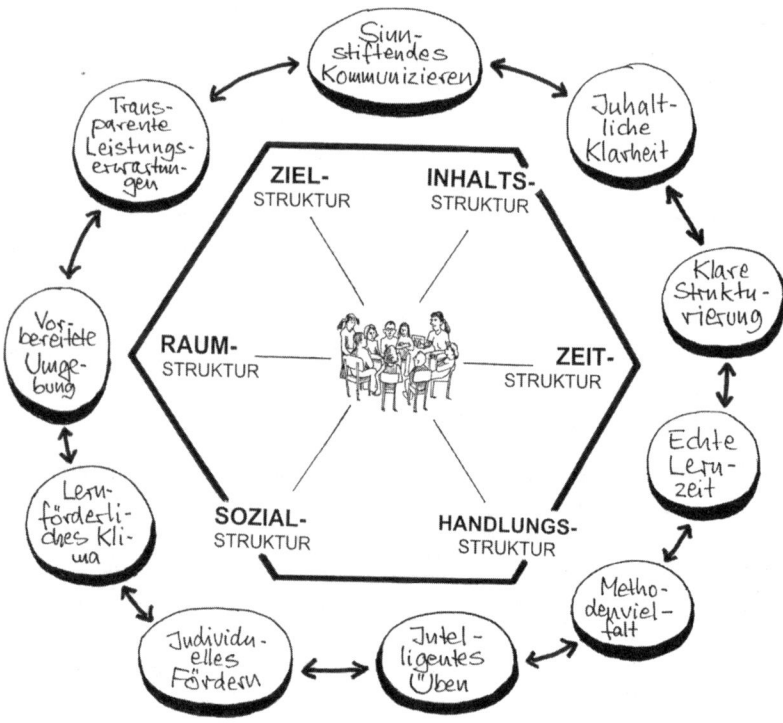

Abb. 31: Zehnerkatalog (aus: Meyer 2007, S. 228)

---

9 Zwei der Merkmale sind schlecht belegt: die Merkmale 5 und 10. Sie sind aber so wichtig, dass sie dennoch aufgenommen worden sind. Zum Merkmal 3 liegen viele Forschungsergebnisse vor, die allerdings zu der überraschenden Aussage kommen, dass das Klima für den (kognitiven) Lernerfolg nicht so wichtig sei. Das widerspricht unserer Erfahrung deutlich. Deshalb akzeptieren wir diese Forschungsergebnisse nicht, sondern fordern neue und komplexere Studien.

Gute Seminararbeit entsteht, wenn Seminarleiter/-innen und Teilnehmer/-innen in gemeinsamer Anstrengung die Kriterien beherzigen. So können sich die zehn Merkmale gegenseitig stabilisieren und einen positiven Einfluss auf den Lehr-Lern-Prozess ausüben. Dann ist mit vielen Synergieeffekten zwischen den zehn Merkmalen zu rechnen, die allerdings noch nicht gut erforscht sind.

Zehnerkatalog
1. **klare Strukturierung des Seminarablaufs** (Prozessklarheit, Rollenklarheit, Absprache von Regeln, Ritualen und Freiräumen)
2. **hoher Anteil echter Lernzeit** (durch gutes Zeitmanagement, geschickte Rhythmisierung, Auslagerung von Organisationskram)
3. **lernförderliches Klima** (durch gegenseitigen Respekt, verlässlich eingehaltene Regeln und Verantwortungsübernahme)
4. **inhaltliche Klarheit** (durch Verständlichkeit der Aufgabenstellung, Plausibilität des thematischen Gangs, Klarheit und Verbindlichkeit der Ergebnissicherung)
5. **sinnstiftendes Kommunizieren** (durch Planungsbeteiligung, Gesprächskultur und Feedback)
6. **Methodenvielfalt und Methodentiefe** (Reichtum an Inszenierungstechniken, Vielfalt der Handlungsmuster, Variabilität der Verlaufsformen, Aufbau von Methodenkompetenz)
7. **individuelles Fördern** (durch Freiräume, Geduld und Zeit, durch innere Differenzierung)
8. **intelligentes Üben** (durch Bewusstmachen von Lernstrategien, passgenaue Übungsaufträge und gezielte Hilfestellungen)
9. **transparente Leistungserwartungen** (durch ein den Lernvoraussetzungen angepasstes Lernangebot)
10. **vorbereitete Umgebung** (durch gute Ordnung, funktionale Einrichtung und brauchbares Lernwerkzeug)

Es gibt ein Merkmal, das im Katalog fehlt, obwohl es in der Definition guter Seminararbeit in Kapitel 3.1.4 einen zentralen Stellenwert hat: die demokratische Orientierung. Das Merkmal fehlt im *Zehnerkatalog*, weil die empirische Unterrichtsforschung nur sehr wenige verlässliche Ergebnisse dazu vorzuweisen hat. Wir ergänzen es dennoch als weiteres Merkmal:

11. **demokratische Seminarkultur** (durch Teilnehmeraktivierung, offene Gesprächsführung, Arbeitsbündnis und Feedbackkultur)

Konstruktionsregeln: Der *Zehnerkatalog* sollte weiter entwickelt und noch genauer auf die gewerkschaftliche Bildungsarbeit zugespitzt werden. Deshalb nennen wir die Konstruktionsregeln, an denen Sie sich bei der Weiterentwicklung orientieren können:

1. Alle zehn Merkmale sind so ausgewählt und definiert worden, dass sowohl die Seminarleitung als auch die Teilnehmenden dazu beitragen können, die Merkmalsausprägungen bei der Arbeit stark zu machen.
2. Die Merkmale sind zwar durchnummeriert, aber sie bilden keine Rangfolge in der Wichtigkeit. Vielmehr handelt es sich um so etwas wie ein Puzzle aus einzelnen Bausteinen, die erst zusammengefügt ein Ganzes ergeben.
3. Die zehn Merkmale sind bewusst abstrakt gehalten, damit sie nicht mit Rezepten verwechselt werden.

Gewichtung: Die Merkmale müssen gewichtet werden, auch wenn sich die empirischen Unterrichtsforscher bei dieser Frage zurückhalten und in neoliberaler Denkweise nichts anderes als Effektivitätsmerkmale benennen. Wir halten dagegen und sagen: Die beiden eng miteinander verknüpften Merkmale «sinnstiftendes Kommunizieren» und «demokratische Orientierung» sind für uns die wichtigsten.

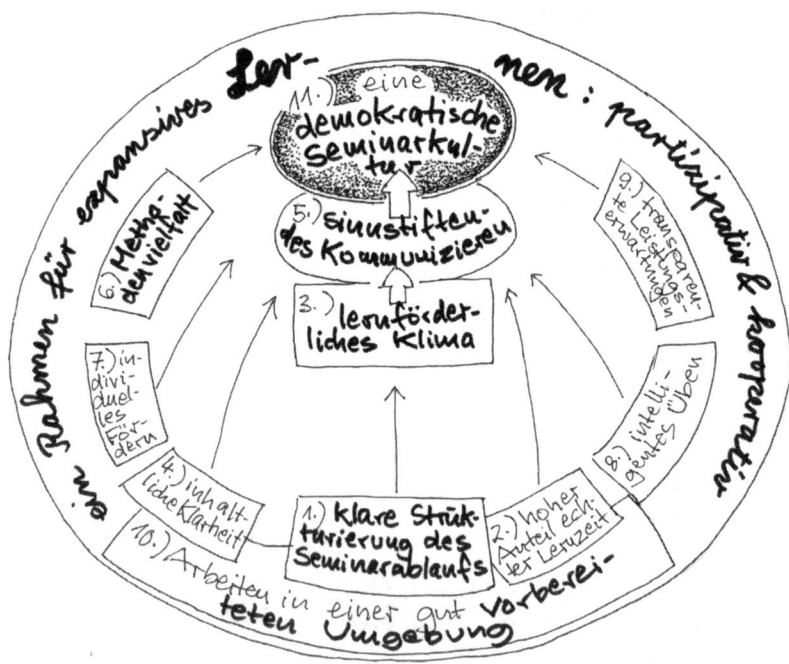

Abb. 32: Ein Rahmen für expansives Lernen

Viele Wege führen nach Rom: Die Wege zum Erfolg können sehr unterschiedlich aussehen, zumal die Lehrerpersönlichkeit eine große Rolle spielt. Das belegt auch die empirische Unterrichtsforschung. Die eine Lehrerin erzielt sehr gute Ergebnisse mit den stark ausgeprägten Merkmalen 1, 2 und 4; bei der anderen Lehrerin sind diese Merkmale nur mittelstark entwickelt, aber sie hat dennoch Spitzenleistungen aufgrund stark ausgeprägter anderer Merkmale. Das wird in der Erwachsenenbildung nicht anders sein. Daraus folgt: Gerade hochqualifizierte Seminararbeit hat ein je individuelles Profil.

6.2.2 Der Zehnerkatalog im Detail

In dem nun folgenden Abschnitt werden wir den *Zehnerkatalog* auf die IG Metall-Bildungsarbeit auslegen. Die Kommentare sind von *Birgit Schröder*, IG Metall-Bildungsstätte Sprockhövel, auf der Grundlage des Buches Meyer (2004) verfasst und von uns geringfügig weiter bearbeitet worden.[10]

(1) Klare Strukturierung des Unterrichts

Definition Meyer: «Unterricht ist dann klar strukturiert, wenn das Unterrichtsmanagement funktioniert und wenn sich ein für Lehrer/-innen und Schüler/-innen gleichermaßen gut erkennbarer ‹roter Faden› durch die Stunde zieht.» Diesen roten Faden bezeichnen wir im Anschluss an Lothar Klingberg (s. o., Seite 110) als den methodischen Gang der Seminararbeit.

Kommentar Schröder: Wir müssen uns darüber im Klaren sein, mit welchen Zielen wir das jeweilige Seminar, den jeweiligen Seminarschritt angehen; welche Inhalte vermittelt werden sollen und wie wir den Prozess unseres Seminars gestalten. Auch wenn wir es in unserer Arbeit mit Erwachsenenbildung zu tun haben, ist es trotzdem notwendig, Rollenklarheit für die Teilnehmer/-innen herzustellen – zumeist jedoch eher uns selbst gegenüber. Wir sind im Seminar nicht «Gleiche unter Gleichen». Unsere Teilnehmenden sehen uns als Seminarleitung und erwarten (durchaus zu Recht) ein entsprechendes Verhalten. So ist es u. a. unsere Aufgabe, dafür zu sorgen, dass Absprachen über Regeln, Rituale und Freiräume stattfinden können. Für deren Einhaltung tragen wir aber nicht allein die Verantwortung, sondern können die Teilnehmenden ebenso in die Pflicht nehmen.

(2) Hoher Anteil echter Lernzeit

Definition: «Die ‹echte Lernzeit› ist die vom Schüler tatsächlich aufgewendete Zeit für das Erreichen der angestrebten Ziele.»

---

10 Veröffentlicht in der Broschüre «Wie der Mensch lernt», herausgegeben von der IG Metall Bezirk Niedersachsen und Sachsen-Anhalt (2008).

Kommentar: Jenseits von all dem Schlechten, das einem bei Schule möglicherweise einfällt, gilt: Auch in unseren Seminaren soll und wird gelernt (zum Glück allerdings ohne lästiges Abfragen oder Prüfen). Unser Anteil als Teamer/-in ist es, darauf zu achten, dass unsere Teilnehmer/-innen möglichst viel Lernzeit bekommen. Daran sollte sich unser gutes Zeitmanagement orientieren. Pünktlichkeit ist dabei ein Kriterium. Wir müssen auf ausreichende Pausen achten, aber auch darauf, dass das Pausenende eingehalten wird (ein Ratschlag: einfach mit denen, die bereits da sind, das Seminar beginnen; das wirkt oft mehr als Meckern). Der Tagesablauf muss rhythmisiert werden, z. B. durch den Wechsel von intensiverem und lockerem Lernen. Abrechnungen, Absprachen und anderes gehören zum Seminar dazu – aber dies alles frisst Zeit/Lernzeit. Deshalb gilt der Grundsatz: Auslagerung von Organisationskram nach dem Motto «so viel wie nötig – so kurz wie möglich».

(3) Lernförderliches Klima

Definition: «Ein lernförderliches Klima bezeichnet eine Unterrichtsatmosphäre, die gekennzeichnet ist durch: (1) gegenseitigen Respekt, (2) verlässlich eingehaltene Regeln, (3) gemeinsam geteilte Verantwortung, (4) Gerechtigkeit des Lehrers gegenüber jedem Einzelnen und dem Lernverband insgesamt und (5) Fürsorge der Lehrer/-innen für die Schüler und Schülerinnen untereinander.»

Kommentar: Der in der Definition formulierte Anspruch wird vermutlich von den meisten Menschen geteilt. Auch in unseren Seminaren reagieren alle Beteiligten zumeist mit beifälligem Nicken und teilweise mit dem Ausspruch, dass das ja wohl selbstverständlich und klar sei. Aber klar ist eigentlich nur, dass das Einhalten der in der Definition genannten Teilkriterien schwer ist. Hier gilt für Teamer/-innen im Einzelfall, die Absprachen wieder in den Vordergrund des Geschehens zu holen und gegebenenfalls mit den Teilnehmenden zu überprüfen, ob Teilabsprachen neu oder genauer formuliert werden müssen. In jedem Fall gilt für Teamer/-innen jedoch, dass alle fünf Merkmale zu jeder Zeit auch eine Herausforderung sind, der wir uns stellen müssen. Wir sollten sie im Hinterkopf behalten und uns immer wieder klar machen, dass die Teilnehmenden uns und unsere Glaubwürdigkeit daran messen.

(4) Inhaltliche Klarheit

Definition: «Inhaltliche Klarheit liegt dann vor, wenn die Aufgabenstellung verständlich, der thematische Gang plausibel und Ergebnissicherung klar und verbindlich gestaltet worden sind.»

Kommentar: Inhaltliche Klarheit ist eine unverzichtbare Voraussetzung guten Unterrichts. Ohne inhaltliche Klarheit verstehen die Teilnehmenden nur «Bahnhof». Zur Verständlichkeit der Aufgabenstellung gehört die genaue Ausformulierung der Arbeitsaufträge (siehe Kapitel 3.2.6) und die geschickte Formulierung der Fragestellungen für Arbeitsgruppen oder Textbearbeitung. Es ist nicht so einfach, verständliche Fragen zu stellen. Am besten übt sich das im Ausprobieren. Beim genauen Zuhören, wenn Teilnehmende nachfragen, «ob die Frage so … oder so … gemeint sei», bekommen wir ebenso Rückmeldungen über unsere Verständlichkeit wie beim Betrachten der Ergebnisse und im Rahmen von Diskussionen. Entscheidend für die Verständlichkeit bei den Teilnehmenden ist aber immer die Plausibilität des thematischen Gangs, also die Nachvollziehbarkeit unseres Vorgehens im Seminar.

(5) Sinnstiftendes Kommunizieren

Definition: «Sinnstiftendes Kommunizieren bezeichnet den Prozess, in dem die Schüler/-innen im Austausch mit ihren Lehrern/Lehrerinnen dem Lehr-Lern-Prozess und seinen Ergebnissen eine persönliche Bedeutung geben.»

Kommentar: Für unsere Seminararbeit ist dieses Kriterium in zweifacher Sicht wesentlich. Zum einen geht es darum, dass die Teilnehmenden das Seminar mit seinen Inhalten als etwas erleben, das mit ihnen, ihrem (persönlichen, betrieblichen, gewerkschaftlichen) Alltag etwas zu tun hat, dass sie also etwas erfahren können, das ihnen hilft, sich nachher besser zu orientieren und zu handeln. Das ist eigentlich der wichtigste Zweck unserer Bildungsarbeit überhaupt, der sich im Seminar dann erfüllt, wenn Teilnehmende dies rückmelden. Zum anderen soll das Seminar «ihr Seminar» werden, in dem sie mit ihren Bedürfnissen und Anforderungen ernst- und wahrgenommen werden. Für die Arbeit als Teamer/-in heißt das, eine Gesprächskultur zu pflegen, die es jedem und jeder möglich macht, sich zu beteiligen und sichtbar zu werden. Unsere Seminarplanung sollte den Teilnehmenden eine Planungsbeteiligung ermöglichen. Regelmäßige Feedbackrunden geben die Chance, auch jenseits der Seminarplanvorstellung, auf den Seminarverlauf Einfluss zu nehmen.

(6) Methodenvielfalt

Definition: «Methodenvielfalt liegt vor, (1) wenn der Reichtum der verfügbaren Inszenierungstechniken genutzt wird, (2) wenn eine Vielfalt von Handlungsmustern eingesetzt wird, (3) wenn Verlaufsformen des Unterrichts variabel gestaltet werden und (4) das Gewicht der Grundformen des Unterrichts ausbalanciert ist.»

Kommentar: Methoden haben keinen Wert an sich – sie sind immer die «Krücken» für die Vermittlung des Inhaltes und sollten deshalb immer zum Inhalt passen und nicht zum Inhalt selbst werden. Methoden dienen den Teilnehmenden. Sie sollen helfen, den Inhalt besser zu verstehen. Methodenreichtum im Seminar heißt deshalb auch, dass Abwechslung in der Stoffvermittlung stattfindet, aber auch, dass dadurch die Chance wächst, verschiedene Lerntypen anzusprechen. Methoden sollten immer auch zu den Teamern und Teamerinnen passen. Deshalb mein Ratschlag: Nichts im Seminar anwenden, was man nicht selber schon mal ausprobiert hat.

(7) Individuelles Fördern

Definition: «Individuelles Fördern heißt, jeder Schülerin und jedem Schüler (1) die Chance zu geben, ihr bzw. sein motorisches, intellektuelles, emotionales und soziales Potenzial umfassend zu entwickeln und (2) sie bzw. ihn dabei durch geeignete Maßnahmen zu unterstützen (durch die Gewährung ausreichender Lernzeit, durch spezifische Fördermethoden, durch angepasste Lernmittel und gegebenenfalls durch Hilfestellungen weiterer Personen mit Spezialkompetenz).»

Kommentar: Gemäß dieser Definition können wir in unserer Seminarpraxis nicht arbeiten. Dennoch findet individuelles Fördern auch bei uns statt, indem wir z. B. bei der Auswahl von Texten und anderem Material berücksichtigen, dass nicht alle Menschen gleichermaßen (vor-)gebildet sind. Durch gelebte Solidarität in unseren Seminaren achten wir darauf, dass niemand z. B. wegen einer Rechtschreibschwäche o. Ä. gehänselt wird; wir achten darauf, dass anderen beim Lesen geholfen wird und soziale oder kreative Fähigkeiten ebenso Wertschätzung finden wie gute Wortbeiträge und Erklärungen.

(8) Intelligentes Üben

Definition: «Übungsphasen des Unterrichts sind intelligent gestaltet, (1) wenn ausreichend oft und im richtigen Rhythmus geübt wird, (2) wenn die Übungsaufgaben passgenau zum Lernstand formuliert werden, (3) wenn die Schüler/-innen Übekompetenz entwickeln und die richtigen Lernstrategien nutzen und (4) wenn die Lehrer/-innen gezielte Hilfestellungen beim Üben geben.»

Kommentar: Auch hier unterscheiden wir uns in unserer «Kurzzeitpädagogik» (unsere Seminare dauern maximal zwei Wochen) von der Schulpädagogik. Dennoch kann auch in unseren Seminaren geübt werden. Im Bereich der sozial-methodischen Kompetenzen bieten unsere Seminare viel Übungsraum: zuhören, sich aufeinander beziehen, einen Redebeitrag verständlich und gut rüberbringen usw. Nicht zuletzt ist jede Ergebnispräsentation (ob als Rede oder in Form einer Visualisierung) eine Übung.

(9) Transparente Leistungserwartungen

Definition: «Transparenz der Leistungserwartungen besteht darin, (1) den Schülern und Schülerinnen ein an den gültigen Richtlinien oder an Bildungsstandards ausgerichtetes und ihrem Leistungsvermögen angepasstes Lernangebot zu machen, (2) dieses Angebot verständlich zu kommunizieren und zum Gegenstand eines Arbeitsbündnisses zu machen und (3) ihnen nach formellen und informellen Leistungskontrollen zügig Rückmeldungen zum Lernfortschritt zu geben.»

Kommentar: Das klingt jetzt aber sehr nach Schule, Hausaufgaben, Tests, Klassenarbeiten – aber der Schein trügt. Vielleicht würden wir es in unserer Bildungsarbeit anders nennen, aber Leistungserwartungen haben wir auch! Deshalb sind Teile der Definition durchaus auf uns zu übertragen. Unsere Bildungsarbeit ist Zweckbildung. Die Themen, die wir in unseren Seminaren bearbeiten, sind nicht zufällig gewählt, sondern ergeben sich aus den Handlungsnotwendigkeiten nicht nur unserer Teilnehmenden. Darüber sollten wir Transparenz herstellen und auch die Teilnehmenden auffordern, ihrerseits zu formulieren, was sie von dem Seminarbesuch erwarten. Die klare Formulierung der Leistungserwartungen ist ein Teil des Arbeitsbündnisses zwischen dem Team und den Teilnehmenden.

(10) Vorbereitete Umgebung

Definition: «Klassen- und Fachräume sind ‹vorbereitete Umgebungen›, wenn sie (1) eine gute Ordnung, (2) eine funktionale Einrichtung und (3) brauchbares Lernwerkzeug bereithalten, sodass Lehrkräfte und Schüler/-innen (4) den Raum zu ihrem Eigentum machen, (5) eine effektive Raumregie praktizieren und (6) erfolgreich arbeiten können.»

Kommentar: Die vorbereitete Umgebung bezieht sich zum einen auf den Raum (Seminar- und AG-Räume) selber, der von den Teamenden, aber auch von den Teilnehmenden selbst gestaltet werden kann. Die vorbereitete Umgebung beeinflusst zum anderen die Seminargestaltung: Sind alle Materialien und Texte da? Welcher Schritt kommt wann? Wann setzen wir die Tafel, den Beamer, die Wandzeitungen oder die Flipcharts ein? Was brauchen die Teilnehmenden? Je besser alles geplant und vorbereitet ist, desto mehr Sicherheit haben wir und desto eher können die Teilnehmenden dem Verlauf folgen und Einfluss nehmen. Eine «gute Ordnung» verregelt aber nicht alles, sondern lässt Handlungs- und Spielräume für unkonventionelle Ideen und sperrige Arbeitsprodukte.

6.2.3 Nutzungsmöglichkeiten des Zehnerkatalogs

Sie können den *Zehnerkatalog* vielfältig bei der Vorbereitung, Durchführung und Auswertung Ihrer Seminararbeit nutzen:

- Sie können ihn als Orientierungsrahmen für ihre persönliche Vor- und Nachbereitung verwenden.
- Sie können Ihren Teampartner/Ihre Teampartnerin bitten, Sie bei der Seminararbeit zu beobachten und anhand des Katalogs eine Nachbesprechung zu machen.
- Sie können den Katalog zu Beginn des Seminars oder auf halber Strecke den Teilnehmenden vorlegen und diese zur Kritik herausfordern.
- Sie können den Katalog zu einem Beobachtungsbogen weiterentwickeln und Ihren Teampartner/Ihre Teampartnerin bitten, den Bogen auszufüllen. Im Buch Meyer (2007, S. 230–235) finden Sie drei Beispiele für solche Beobachtungsbögen.

Eine **Feedback-Idee** (die wir mehrfach mit gutem Erfolg erprobt haben): Sie können auf halber Strecke des Seminars die zehn Merkmale auf kleine Zettelchen schreiben und dann den Teilnehmenden den Auftrag geben: «Wählt zwei Stärke-Karten, bei denen wir in unserer gemeinsamen Seminararbeit gut sind, und danach zwei Schwäche-Karten, wo wir uns noch verbessern können.» Bilden Sie dann Dreierteams, die sich gegenseitig erläutern, warum sie welche Karten gezogen haben. Fordern Sie die Teams auf, eine gemeinsam gesehene Stärke und eine gemeinsam gesehene Schwäche im Plenum vorzutragen. Unterbreiten Sie am nächsten Morgen einen Vorschlag zur Verbesserung nach dem IG Metall-Motto: «Die Stärken stärken und die Schwächen schwächen!»

6.3 Selbstevaluation

Evaluation dient dazu, methodisch kontrolliert zu überprüfen, ob das, was man sich vorgenommen hat, auch tatsächlich passiert. Selbstevaluation, also die Fusion von Seminarleiter- und Forscherrolle, entspricht dabei am deutlichsten unserem Konzept expansiven Lernens, ist aber anspruchsvoll und mit Mehrarbeit verbunden. Gerd Eikenbusch (Soest/Stockholm) merkt an: «Selbstevaluation ist Operieren am offenen Herzen.» Deshalb sollten Sie nur dann ans Evaluieren gehen, wenn Sie auch bereit und in der Lage sind, aus den erhobenen Daten Konsequenzen zu ziehen.

Wir empfehlen Ihnen deshalb, Selbstevaluation im Team vorzunehmen. Das reduziert den Arbeitsumfang, hat aber darüber hinaus den entscheidenden Vorteil, dass Ihre Teampartner/-innen weitere Perspektiven und Kompetenzen in den Evaluationsprozess einbringen können. Die Zusammenarbeit mit Teampartnern/-partnerinnen kann Ihnen beim Perspektivenwechseln helfen – und das ist, wie die folgende Geschichte illustrieren soll, in Lehrberufen besonders wichtig.

«Ein schielendes Huhn sah die ganze Welt etwas schief und glaubte daher, sie sei tatsächlich schief. Auch seine Mithühner und den Hahn sah es schief. Es lief immer schräg und stieß oft gegen Wände.

An einem windigen Tag ging es mit seinen Mithühnern am Turm von Pisa vorbei. ‹Schaut euch das an›, sagten die Hühner, ‹der Wind hat diesen Turm schiefgeblasen.› Auch das schielende Huhn betrachtete den Turm und fand ihn völlig gerade. Es sagte nichts, dachte aber bei sich, daß die anderen Hühner womöglich schielten.»[11]

---

11 Luigi Malerba: Die schielenden Hühner. In: Luigi Malerba: Die nachdenklichen Hühner (Berlin 2009).

Dort, wo die Selbstevaluation methodisch kontrolliert erfolgt, nähert man sich dem an, was weltweit als Praktiker-, Aktions- oder Handlungsforschung bezeichnet wird und auch den methodologischen Rahmen für die Bi-Metall-Studien lieferte. Dafür haben die Österreicher Herbert Altrichter und Peter Posch (2007) ein umfassendes Konzept vorgelegt, das unseres Erachtens auch in der gewerkschaftlichen Bildungsarbeit eingesetzt werden kann.

Es gibt ernstzunehmende Zweifel an der Qualität von Selbstevaluation und Handlungsforschung. Die Kritiker warnen davor, dass die für seriöse Forschung unverzichtbare kritische Distanz fehle, weil ja der Akteur und der Forscher in ein und derselben Person vereint sei. Die Warnung ist berechtigt, sie kann aber durch handwerklich korrektes Arbeiten und durch den Einbezug weiterer Perspektiven verringert werden.

6.3.1 Unser Evaluationsverständnis

Evaluation ist eine methodisch anspruchsvolle Form der Seminarauswertung, bei der die gesammelten Daten dokumentiert, systematisiert und nach wissenschaftlichen Regeln ausgewertet werden. Evaluationsmaßnahmen verfolgen unterschiedliche, zumeist gut kombinierbare Ziele:

1. Evaluation dient der eigenen Professionalisierung durch Selbstreflexion und Kontrolle der eigenen Arbeit. Sie wird genutzt, um vermutete Stärken, aber auch Schwächen auf ihre Stichhaltigkeit zu überprüfen.
2. Sie liefert als prozessbegleitende Evaluation bei Innovationsmaßnahmen zur Weiterentwicklung der Bildungsarbeit Daten zur Steuerung dieser Vorhaben.
3. Sie liefert lokales wissenschaftliches Wissen, das dokumentiert, mit anderen Evaluationsergebnissen zusammengefasst und so öffentlich verfügbar gemacht werden kann.

Wir definieren:

Arbeitsdefinition: **Evaluation** ist die methodisch kontrollierte Sammlung, Aufbereitung und Auswertung nützlicher Daten und Informationen, die zur eigenen Professionalisierung, zur Weiterentwicklung der Bildungsarbeit und zur Sammlung lokalen wissenschaftlichen Wissens genutzt werden können.

Für eine subjektwissenschaftlich orientierte Bildungsarbeit ist die Frage entscheidend, wer die Subjekte und wer die Objekte von Evaluationsmaßnahmen sind. Es ist üblich, die folgenden zwei Varianten zu unterscheiden:

- *Selbstevaluation:* Die Seminarleiter/-innen untersuchen selbst die Qualität ihrer eigenen Seminararbeit und versuchen, daraus Informationen über Stärken, Schwächen und Handlungsbedarf abzuleiten.
- *Auftrags- oder Fremdevaluation, Expertenevaluation, externe Evaluation:* Außenstehende Experten kommen in die Seminare, beobachten, befragen und testen Leiter/-in und Teilnehmer/-innen und evaluieren die stattfindende Entwicklungsarbeit.

Aus der Sicht der Teilnehmenden kann die Selbstevaluation der Seminarleitung schnell wieder als fremdbestimmt erscheinen. Also ist ein wichtiges Gütekriterium die Beteiligung der Erforschten an der Planung, Durchführung und Auswertung von Evaluationsmaßnahmen.

Für jede Evaluationsmaßnahme müssen bestimmte Spielregeln definiert und ihre Akzeptanz gesichert werden.

Ethischer Kode
1. Die Erforschten haben Rechte. Sie müssen über die Forschungsfragen informiert werden und der Methodenwahl zustimmen.
2. Die erhobenen Daten «gehören» den Datenspendern. Wenn sie an den Auftraggeber oder sonstige Interessenten weitergegeben werden, müssen sie vorher anonymisiert worden sein.
3. Die Erforschten werden über die Forschungsergebnisse in geeigneter Art und Weise informiert.

6.3.2 Prozessmodell

Bloße Mutmaßungen und Bewertungen der Seminararbeit «aus dem Bauche heraus» finden immer statt, verdienen aber noch nicht das Etikett Evaluation. Davon kann erst dann gesprochen werden, wenn eine «methodisch kontrollierte» Erhebung und Auswertung der Daten stattfindet. Nur unter diesem Anspruch hat Evaluation etwas mit Wissenschaft zu tun. Die Datenerhebung, Aufbereitung und Auswertung muss für Dritte nachvollziehbar sein. «Transparenz» des Zustandekommens der Bewertungen ist deshalb das erste Gütekriterium wissenschaftlicher Selbstevaluation, die Brauchbarkeit und Nützlichkeit der erhobenen Daten ein zweites.

Einzelne Maßnahmen, die die Transparenz Ihrer Selbstevaluation erhöhen können, sind:

- *Problemformulierung:* Ich kläre präzis, was das Ziel und was der Gegenstand meiner Selbstevaluation sein sollen.
- *Beobachtungs- oder Forschungsfrage:* Ich bemühe mich, meine Überlegungen zu einer klar definierten Forschungsfrage umzuformulieren.

Abb. 33: Prozessmodell

- *Tagebuchschreiben:* Ich halte meine Beobachtungen und Eindrücke in einem Lern- oder Forschungstagebuch schriftlich fest.
- *Perspektivenerweiterung:* Ich ziehe eine weitere Perspektive hinzu, z. B. dadurch, dass ich meinen Teampartner/meine Teampartnerin bitte, meine Seminarpraxis gezielt zu beobachten und seine/ihre Eindrücke wiederzugeben.
- *systematische Datensammlung:* Ich sammle kontrolliert Daten (z. B. dadurch, dass ich meinen Teilnehmern/Teilnehmerinnen mehrfach einen Feedback-Bogen zum Ausfüllen gebe) und werte die Daten überschlagartig aus.
- *systematische Datenauswertung:* Ich bearbeite die Rohdaten, z. B. indem ich die Antworten aus mehreren Feedback-Runden kategorisiere und danach in einem weiteren Arbeitsschritt quantifiziere.

• *Trennung von Auswertung und Interpretation:* Ich bemühe mich, die bei vielen Praktikern übliche Vermengung von Auswertungsdaten mit der Interpretation zu vermeiden. Das ist schwierig, aber nötig, um deutlich zu machen, dass aus ein und demselben Auswertungsergebnis unterschiedliche Konsequenzen gezogen werden können.

Immer gilt: Die Methodenentscheidung und die Form sowie der Umfang der Datenerhebung müssen mit den Teilnehmenden abgestimmt werden.

Wenn die verschiedenen Maßnahmen weiter systematisiert werden, entsteht ein einfaches Prozessmodell der Selbstevaluation (Abb. 33), das sich prinzipiell nicht von jeder anderen Forschung an Universitäten unterscheidet (vgl. Obolenski/Meyer 2003, S. 139).

Die Zuspitzung der zumeist noch pauschalen Problemformulierung hin zu einer geschickt formulierten Forschungsfrage ist für Anfänger schwierig. Es ist wichtig, die Forschungsfrage von «guten Absichten»[12] zu reinigen und sie auf den empirisch überprüfbaren Kern zu reduzieren. Ein Beispiel für eine klar ausformulierte Forschungsfrage stammt aus einem Seminar «Betriebsrätearbeit kompakt: Betriebliche Arbeitsgestaltung»:

• *Forschungsfrage:* «Wie schätzen die Teilnehmer/-innen den Seminarprozess ein im Hinblick auf ihre persönliche fachliche, soziale und methodische Kompetenzentwicklung und im Blick auf den Transfer des neu Gelernten in die Betriebsarbeit?»

Man kann solch eine Forschungsfrage durch logische Umformung zu einer Forschungshypothese machen, die dann im Forschungsvorhaben überprüft wird:

• *Forschungshypothese:* «Mehr als drei Viertel der Teilnehmer/-innen beurteilt den Seminarprozess im Hinblick auf die fachliche Kompetenzentwicklung und im Blick auf den Transfer des neu Gelernten in die Betriebsarbeit positiv.»

Erst danach kann entschieden werden, welche Methode geeignet ist, um relevante Daten zur Überprüfung der Forschungshypothese zu erhalten. Hier machen Anfänger häufig einen Fehler. Sie entscheiden sich zu früh für eine Methode, ohne überprüft zu haben, ob die Methode überhaupt geeignet ist, Daten für die Beantwortung der Forschungsfrage zu liefern. Deshalb ist es wichtig, die Stärken und Schwächen der Methoden zu kennen:

---

12 Ein Beispiel für eine schlecht formulierte und in dieser Form nicht erforschbare Frage: «Was muss ich tun, damit meine Seminarteilnehmer/-innen solidarisch handeln können?» Das lässt sich nicht erforschen, weil nach etwas gefragt wird, das in der Zukunft liegt. Erforschbar wäre demgegenüber die Frage: «Beurteilen meine Seminarteilnehmer/-innen meine Methodenpraxis als solidaritätsfördernd?»

- Ein Fragebogen mit «geschlossenen»[13] Fragen ist gut geeignet, um einen Überblick über die Stimmungslage im ganzen Kurs zu erhalten. Das passt zu der oben formulierten Forschungsfrage.
- Ein Interview mit einzelnen Teilnehmern/Teilnehmerinnen ist gut geeignet, um vertiefende Einsichten in die Stärken und Schwächen des Seminars zu erhalten. Es ist schlecht geeignet, um Daten über den tatsächlichen Lernfortschritt zu erhalten.

So wie in der Didaktik eine Stimmigkeit von Ziel-, Inhalts- und Methodenentscheidungen hergestellt werden muss, so muss also auch beim Forschen eine Stimmigkeit von Forschungszielen, Forschungsgegenstand und Forschungsmethoden angestrebt werden.

Wenn die Methodenauswahl getroffen ist, wird das Erhebungsinstrument hergestellt. Das kann z. B. ein Katalog mit fünf Leitfragen für ein Interview oder ein ausformulierter Fragebogen sein (siehe das Beispiel auf Seite 115). Die Datenerhebung selbst ist dann eher einfach und wenig zeitraubend. Man verteilt die vorbereiteten Fragebogen, sichert die Anonymität der Auswertung zu, lässt die Fragebogen ausfüllen und sammelt sie wieder ein. Oder man führt zehn fünfminütige Kurzinterviews mit Hilfe der Leitfragensammlung. Dabei muss man sich genau überlegen, *wer* befragt oder interviewt werden soll. Bei einer Fragebogenaktion liegt es nahe, alle Seminarteilnehmer/-innen zu befragen; vielleicht kann man die Befragung sogar in einem Parallelseminar wiederholen. Bei Interviews wäre das zu aufwändig. Dann sollte man sich schon vorher überlegt haben, bei welchen Interviewpartnern besonders ergiebige Antworten zu erwarten sind.

Der nächste Schritt besteht in der Aufbereitung der gewonnenen Daten. Das kann darin bestehen, dass die Interviews verschriftlicht oder die ausgefüllten Fragebogenantworten in Säulentabellen oder Kreisdiagrammen erfasst, in Prozentwerte umgerechnet und grafisch dargestellt werden.

Der übernächste Schritt ist die Datenauswertung. Um Daten auszuwerten, braucht man Auswertungskategorien. Das sind die «Überschriften», die ich einzelnen Aussagen oder Antworten der Befragten gebe. Sie helfen mir also, das Rohmaterial zu ordnen. Bei einem Fragebogen stecken diese Kategorien schon in den Frageformulierungen, bei einem Interview in den Interviewleitfragen. Erst danach kann ich verschiedene Aussagen kategoriengestützt miteinander vergleichen. Man kann die Kategorien *vor* der Datenerhebung im Anschluss an die Formulierung der

---

13 Das sind Fragen, die mit ja oder nein beantwortet werden können oder bei denen wie bei Führerscheinprüfungen mehrere Antworten zur Auswahl gestellt werden. Offene Fragen liegen dort vor, wo die Befragten mit einem ganzen Satz inhaltlich Stellung nehmen. Man kann in ein und demselben Fragebogen auch eine Kombination von geschlossenen und offenen Fragen vornehmen.

Forschungsfrage festlegen. Man kann sie auch *nach* Vorliegen der Daten festlegen; man kann den vorher definierten Kategorienkatalog auch im Nachhinein ergänzen. Ein Grundsatz der Handlungsforschung lautet: Nur wenn die Kategorien intelligent formuliert worden sind, kann auch ein vernünftiges Ergebnis entstehen. Die Datenauswertung kann sehr unterschiedliche Formen annehmen: Man kann bei Fragebogenauswertungen die Durchschnittswerte oder auch die Extrempositionen zu den vorher definierten Kategorien herausfiltern. Man kann bei Interviews die Kernbotschaften ermitteln oder nach den Extrempositionen fahnden oder bestimmte Antworttypen ermitteln. Die Datenaufbereitung und -auswertung ist mühsam und langwierig. Sie kann zwanzig oder dreißig Mal so viel Zeit kosten wie die Datenerhebung. Deshalb gilt als Grundsatz jeder Selbstevaluation: «Small is beautiful» (sprich: lieber eine ganz eng gefasste Frage gründlich untersuchen, als über ein Dutzend verschiedener Forschungsfragen hinwegzuhuschen). Besonderes Gewicht hat der Schlusspunkt, die Rückmeldung der Ergebnisse an die Erforschten. In diesem Punkt unterscheidet sich die Handlungsforschung am deutlichsten von der «klassischen» empirischen Forschung.

6.3.3 Evaluationsmethoden

Folgende einfach zu handhabende Methoden kommen für die Selbstevaluation gewerkschaftlicher Bildungsarbeit in Betracht:

- **Beobachten:** Genaues Beobachten ist eine Grundvoraussetzung für die Handlungsforschung. Da die Seminarleiter/-innen mit der Leitung beschäftigt sind, müssen sie diese Aufgabe ihren Tandempartnern/-partnerinnen oder dafür gezielt ausgesuchten Seminarmitgliedern überlassen. Ein interessanter Ersatz: Man setzt sich abends hin und schreibt ein Erinnerungsprotokoll. Dabei ist es sinnvoll, schon vorher festzulegen, worauf man besonders achten will.
- **Protokollschreiben:** Der Tandempartner/die Tandempartnerin oder ein Seminarmitglied protokolliert den Ablauf einer Sitzung. Er/sie sollte vorher gesagt bekommen, worauf besonders zu achten ist.
- **Forschungstagebuch:** Die Forscherin/der Forscher führt ein Tagebuch nach festgelegten Regeln (die bei Altrichter/Posch [2007] und Moser [1997, S. 25–28] beschrieben werden). Sie/er hält die Beobachtungen fest und unterscheidet sie von den eigenen und anderer Leute Interpretationen.
- Auch das **Memo-Schreiben** gehört hierher (s. Seite 172).
- **Fragebogen:** Vielen Anfängern/Anfängerinnen im Evaluationsgeschäft fällt als erstes die Fragebogenmethode ein. Für den Hausgebrauch ist das auch vernünftig. Schwieriger wird es, wenn der Fragebogen mehrfach eingesetzt

werden soll und wenn vergleichbare Ergebnisse herauskommen sollen.[14] Hilfreiche Anleitungen zum Fragebogenbasteln liefern Altrichter/Posch (2007, S. 136–148) und Moser (1997, S. 37–39).

- **Karteikartenabfragen:** Das ist eine vereinfachte Form der Fragebogenabfrage. Ein Beispiel finden Sie auf Seite 114.

- **Leitfragengestütztes Interview:** Vier, fünf oder sechs Fragen werden vorher festgelegt und flexibel in das Interview eingebracht. Zum Schluss kann dann noch gefragt werden: «Hast du noch etwas Wichtiges zu ergänzen?»

- **Fokussiertes Interview:** Die Forscher/-innen interviewen Gesprächspartner/-innen im Blick auf einen selbst gesetzten Fokus, also einen Punkt, der sie besonders interessiert. Sie nennen diesen Punkt, aber sie führen das Gespräch «an langer Leine», lassen also zu, dass der Gesprächspartner bzw. die Gesprächspartnerin ihre eigenen Deutungen und Assoziationen einbringt. Das fokussierte Interview ist für Anfänger/-innen zu empfehlen, weil die Ansprüche an die Gesprächsleitung niedriger sind als bei der nächsten Interviewform! – Eine vorzügliche Anleitung findet sich bei Moser (1997, S. 32 ff.).

- **SOFT-Methode:** Die SOFT-Methode ist ein einfaches, aber wirkungsvolles Verfahren zur Analyse von Problemen und Perspektiven und Entwicklungsaufgaben. Sie ist insbesondere für Teams gut geeignet, die sich über die nächsten Entwicklungsschritte verständigen wollen. «SOFT» kommt aus dem Englischen und ist ein sogenanntes Akronym[15] für:

- **S** = Satisfactions (unsere Stärken für die Weiterentwicklung unserer Bildungsarbeit)
- **O** = Opportunities (unsere Chancen)
- **F** = Faults (unsere Probleme und Defizite)
- **T** = Threats (Gefahren)

Diese vier Kategorien werden zeitlich geordnet, also auf Gegenwart und Zukunft ausgelegt. Dann müssen alle Teilnehmer mindestens vier Antworten geben, die in ein intelligent ausgetüfteltes Fragenkreuz eingetragen werden:

---

14 In der empirischen Forschung sind die Ansprüche an die theoretisch basierte Formulierung der Fragebogen sehr hoch. Insbesondere muss sichergestellt werden, dass die Befragten die Fragen genau so verstehen, wie sie der Fragensteller gemeint hat. Für den «Hausgebrauch» kann man auf den Nachweis, dass das der Fall ist, verzichten. Man sollte aber immer auf der Hut sein und gegebenenfalls nachfragen.

15 Akronym = ein Initialwort, bei dem der Anfangsbuchstabe ein neues Wort ergibt; soft = weich.

Gegenwart	Zukunft
Darauf sind wir stolz. Das können wir wirklich gut.	Das sind unsere Chancen. Das sollten wir nutzen.
S **O**	
F **T**	
Hier gibt es Probleme. Das behindert unsere Arbeit. Daran müssen wir arbeiten.	Hier lauern Gefahren. Da müssen wir vorsichtig sein.

Der *Trick* dieser Methode besteht darin, die Nutzer zu zwingen, nicht nur darüber zu grübeln, was alles gut und schlecht gelaufen ist, sondern gleich die Konsequenzen für die zukünftige Arbeit zu ziehen. Wichtig ist dabei die präzise, also nicht zu pauschale Formulierung des Reflexionsauftrags, z. B.: «Erstelle eine SOFT-Analyse zur Praxis der Gruppenarbeit in unserem Seminar.»

• **Auswertung von Seminarergebnissen:** Man muss bei der Evaluation selbst nicht immer neue Daten produzieren. Man kann auch eine gründliche Auswertung der im Seminarprozess erstellten Texte, Wandzeitungen usw. vornehmen.

7 Zukunftsfragen

Wir kommen zum Schluss. In einer Zeit, in der sich deutlich Zerfallserscheinungen und Polarisierungstendenzen in der Gesellschaft zeigen und in der die Politikverdrossenheit wächst, hat politische Bildungsarbeit eine hohe Bedeutung – vor allem dann, wenn sie auch gesellschaftliche Gruppen erreicht, die von Krisenentwicklungen besonders hart betroffen sind. Gewerkschaftliche Bildung leistet hier einen besonderen, unverwechselbaren Beitrag zur Sicherung und zum Ausbau demokratischer Strukturen und zur Öffnung der Gesellschaft für eine Entwicklung, die sich an Werten wie Freiheit und Gerechtigkeit, Solidarität und Nachhaltigkeit, Respekt und Würde orientiert.

Dabei dürften die Aufgaben, die auf die Gewerkschaften zukommen, in Zukunft noch komplexer und anspruchsvoller werden, als sie es jetzt schon sind. Das verändert auch die Strukturen der Bildungsarbeit. Die Ansprüche und Erwartungen, die an sie gerichtet werden, werden eher noch anwachsen. Wir fassen diese Aufgaben noch einmal gebündelt zusammen:

1. Die gewerkschaftliche Bildungsarbeit muss und kann ihre lange eigene Bildungstradition weiterentwickeln. Insbesondere von dem in den Kapiteln 2 und 3 entfalteten «subjektwissenschaftlichen Verständnis des Lernens» können noch viele fruchtbare Impulse für die gewerkschaftliche Bildungspraxis ausgehen.

2. Die gewerkschaftliche Bildungsarbeit sollte sich stärker in die Debatte um die politische Bildung einschalten. Sie kann mit ihren Ansätzen wichtige Beiträge zur dringend benötigten Erneuerung dieser Debatte leisten.

3. Das in den ersten Kapiteln entfaltete kritisch-emanzipatorische Bildungsverständnis ist nicht überholt. Es bleibt der zentrale Bezugspunkt für die anstehenden Auseinandersetzungen. Es muss aber «klein gearbeitet» und auf konkrete Schlüsselprobleme der gewerkschaftlichen Bildungsarbeit ausgelegt werden. Dazu liefern wir in allen sechs Kapiteln Anregungen.

4. Gewerkschaftliche Bildungsarbeit sollte stärker ihre Brückenfunktion zur Wissenschaft wahrnehmen. Sie kann durch eigene Veranstaltungen wesentlich dazu beitragen, dass wissenschaftliche Debatten und Forschungsarbeiten, die für gewerkschaftliches Handeln orientierend wirken können, in den Gewerkschaften stärker wahrgenommen werden. Umgekehrt wird durch solche Arbeitskontakte Wissenschaftlern/Wissenschaftlerinnen der Zugang zu gewerkschaftlichen Debatten erleichtert und neue Kooperationsmöglichkeiten werden erschlossen.

5. Gewerkschaften sind mehr denn je gefordert, ihre Mitgliederbasis zu verbreitern, um dem enormen Druck auf Entgelte und Arbeitsbedingungen standhalten und den nötigen gesellschaftlichen Einfluss entwickeln zu können. Dazu können die in Kapitel 5 genannten Organizing-Konzepte, die vor allem in der amerikanischen Gewerkschaftsbewegung entstanden sind, einen wichtigen Beitrag liefern. In diesen Konzepten spielt Bildungsarbeit eine bedeutende Rolle, die aber – wie der ganze Ansatz – für die deutschen Verhältnisse weiterentwickelt werden muss. Dabei kann auf die Erfahrungen mit der betriebsnahen Bildungsarbeit zurückgegriffen werden.

6. Die Bildungsangebote der Gewerkschaften sind in den letzten Jahren wieder stärker auf die Unterstützung der Interessenvertretungen in einzelnen Betrieben zugeschnitten worden. Auch die in Kapitel 2 geforderte stärkere Verzahnung von Bildung und Beratung ist in diesem Zusammenhang zu sehen. Solche Angebote sind zwar aufwändig, aber hier liegen auch große Möglichkeiten, die Bildungsanstrengungen betriebs- und gewerkschaftspolitisch fruchtbar zu machen.

7. Vor allem die örtlichen Gewerkschaftseinheiten nutzen die Angebote der Bildungsarbeit noch zu wenig als Mittel zur direkten Unterstützung ihrer Tagesarbeit. Es wäre sinnvoll, Anregungen und Hilfen für eine Integration der Bildung in die aktuellen Arbeitsanforderungen vor Ort zu liefern. Daraus kann eine Art strategische Bildungsplanung auf örtlicher Ebene entstehen. Ein Kernstück für solche Planungen sind die betriebsbezogenen Bildungsangebote.

8. Die regionale gewerkschaftliche Bildungsarbeit wird zum größten Teil von ehrenamtlichen Lehrkräften geleitet. In den regionalen Seminaren haben die Mitglieder oft zum ersten Mal engeren Kontakt zur Gewerkschaft. Hier entscheidet sich nicht selten das weitere Engagement in und für die Gewerkschaften. Die politischen Rahmenbedingungen sind aber schwieriger und die Erwartungen der Teilnehmer/-innen größer geworden. Damit sind auch die pädagogischen Anforderungen gewachsen.

Die ehrenamtlichen Lehrkräfte müssen deshalb stärker unterstützt werden. Ein ganz entscheidender Faktor sind dabei gut funktionierende Referentenarbeitskreise, in denen die positiven Erfahrungen, aber auch die Probleme der Seminartätigkeit aufgearbeitet werden können. Weiterbildung und Qualitätssicherungsschritte, die auf die ehrenamtliche Bildungsarbeit zugeschnitten sind, können zusätzlich helfen, die Arbeit zu reflektieren und gezielt zu verbessern.

9. Die hauptamtlichen pädagogischen Mitarbeiter/-innen, von denen viele keine ausgebildeten Pädagogen sind, werden in einer hohen Anzahl von Seminaren eingesetzt. Um die eigene pädagogische Qualifikation zu sichern

und zu verbessern, benötigen sie gründliche Möglichkeiten zum Erfahrungsaustausch und zur Weiterbildung. Auch die Instrumente zur Qualitätsentwicklung und neue Arbeitsformen wie kollegiale Praxisbegleitung (Coaching) und Supervision sollten stärker genutzt werden. Hier besteht ein Bedarf, den die Einzelgewerkschaften zum Teil auch gemeinsam abdecken können.

10. Die gewerkschaftliche Jugendbildungsarbeit findet bei den Mitgliedern der Jugend- und Auszubildendenvertretungen eine gute Resonanz. Darüber hinaus gibt es aber einen erheblichen Bedarf an zeitgemäßen Jugendbildungsangeboten. Besonders schwer ist die Gruppe der 25- bis 35-Jährigen anzusprechen. Hier sollten neue Konzepte entwickelt werden.

11. Die Unternehmen stellen sich zunehmend global auf und haben Standorte in allen wichtigen Wirtschaftszentren der Welt. Gewerkschaftsarbeit bewegt sich dagegen immer noch in erster Linie im nationalen Rahmen und ist bisher wenig in der Lage, auf globale Unternehmensstrategien zu reagieren. Dies ist eine große Herausforderung für die gesamte Gewerkschaftspolitik. Gerade die Bildungsarbeit kann mit ihren Mitteln einen wichtigen Beitrag dazu liefern, den Aufbau tragfähiger internationaler Arbeitsstrukturen (Eurobetriebsräte, grenzüberschreitende Tarifkommissionen, gewerkschaftliche Netzwerke in multinationalen Konzernen usw.) zu unterstützen.

12. Die Gewerkschaften müssen sich entschieden gegen die zunehmende Kommerzialisierung der Betriebsrätebildung zur Wehr setzen. Sie sollten ihre Stärken deutlicher ins Spiel bringen: ihre größere Nähe zu den betrieblichen Entwicklungen, ihre Fähigkeit zur dauerhaften Beratung der Betriebsräte und ihre Interessenorientierung. Sie sollten auch neue Wege suchen, schneller und zielgenauer auf betriebliche Bedarfe reagieren zu können.

13. Bildung entscheidet immer mehr über die Arbeits- und Lebenschancen der Menschen. Die PISA-Studien zeigen, dass in keinem vergleichbaren Industrieland der Bildungserfolg so sehr vom Status der Eltern abhängig ist wie in Deutschland. Die Chancengleichheit scheint eher noch geringer zu werden. Deshalb müssen die Gewerkschaften das Bildungsthema stärker in den Mittelpunkt ihres Handelns rücken. Alle Gewerkschaften sollten auch «Bildungsgewerkschaften» werden.

Der Bildungsbereich sollte dazu als Ganzes thematisiert werden: vorschulische und schulische Bildung, die Berufsausbildung, die Studiengänge der Hochschulen und die berufliche Weiterbildung. Sowohl die BCE wie die IG Metall planen, unter dem Begriff «Bildungsoffensive» die Diskussion um die Rolle von Bildung für eine demokratische Gesellschaft und für eine nachhaltige ökonomische Entwicklung in die Öffentlichkeit zu tragen und sich in die politischen Debatten einzuschalten. Die politische Bildungsarbeit der Gewerkschaften ist inhaltlich mit diesen Fragen eng verbunden und zugleich ein wichtiger Träger einer solchen Kampagne.

14. Die Gewerkschaften sollten die Leistung ihrer Bildungsarbeit in der Öffentlichkeit stärker sichtbar machen. Nach dem öffentlichen Bildungswesen sind sie die größten Anbieter politischer Bildung in Deutschland. Während sich andere Einrichtungen – z. B. viele Volkshochschulen – weitgehend aus der politischen Bildung zurückgezogen haben, halten die Gewerkschaften daran mit Entschlossenheit fest.

15. Die globale Wirtschaftskrise führt uns noch einmal deutlich vor Augen, wie wichtig das Denken in großen gesellschaftspolitischen Zusammenhängen ist. Die politische Bildung muss noch stärker daran arbeiten, solche Zusammenhänge aus den Alltagserfahrungen und den daraus entstehenden Erkenntnisinteressen zu entwickeln.

«Nichts ist praktischer als eine gute Theorie», schrieb Kurt Lewin. – Richtig! Aber das heißt nicht, dass Theorien eins zu eins in praktisches Handeln umgesetzt werden können. Das geht nicht einmal dann, wenn man gehörige Abstriche macht. Vielmehr ist jede Theorie darauf angewiesen, vor Ort auf phantasievolle Art und Weise neu erfunden zu werden. Für dieses Wechselspiel von Theorie und Praxis gibt unser Buch einen Orientierungsrahmen.

Literatur

Abendroth, Wolfgang (1997): Einführung in die Geschichte der Arbeiterbewegung. Heilbronn.

Achten, Udo (1976): Gemeinsam lernen, solidarisch handeln. Frankfurt a. M.

Ahlheim, Klaus (2004): Scheingefechte. Schwalbach/Ts.

Ahlheim, Klaus / Mathes, Horst (2005): Plädoyer für eine kritische politische Bildung. Ein Streitaufruf. In: Sozialismus, Heft 5/2005, Hamburg, S. 48–52.

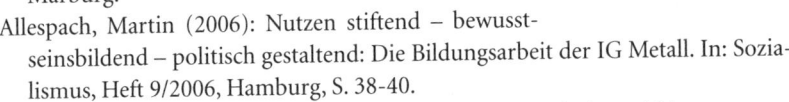

Allespach, Martin (2005): Betriebliche Weiterbildung als Beteiligungsprozess. Subjektive Bedeutsamkeiten als Grundlage für eine partizipative Bildungsplanung. Marburg.

Allespach, Martin (2006): Nutzen stiftend – bewusstseinsbildend – politisch gestaltend: Die Bildungsarbeit der IG Metall. In: Sozialismus, Heft 9/2006, Hamburg, S. 38-40.

Altrichter, Herbert (1998): Reflexion und Evaluation in Schulentwicklungsprozessen. In: Altrichter, Herbert / Schley, Wilfried / Schratz, Michael (Hrsg.): Handbuch zur Schulentwicklung. Innsbruck, S. 263–335.

Altrichter, Herbert / Posch, Peter (2007): Lehrerinnen und Lehrer erforschen ihren Unterricht. Eine Einführung in die Methoden der Aktionsforschung. 4. Aufl. Bad Heilbrunn.

Antrick, Otto (1966): Die Akademie der Arbeit in der Universität Frankfurt a. M. Idee – Werden – Gestalt. Darmstadt.

Arnold, Rolf (1998): Politische Bildung durch Schlüsselqualifikationen. In: kursiv, Heft 2/1998, S. 42–45.

Artelt, Cordula / Moschner, Barbara (Hrsg.) (2005): Lernstrategien und Metakognition. Münster, New York u. a.

Bastian, Johannes / Combe, Arno / Langer, Roman (2003): Feedback-Methoden. Weinheim, Basel und Berlin.

Beerhorst, Joachim (2006): Die IG Metall und ihre Bildungsarbeit nach dem Gewerkschaftstag. In: Röder, Wolf Jürgen / Dörre, Klaus (Hrsg.): Das Politische an (in) der Politischen Bildung. Recklinghausen, S. 49–61.

BI-Metall-Forschungsprojekt: siehe Hovestadt, Gertrud (1996 und 1997), Wienold, Hanns (1996), Weischer, Christoph (1996 a, 1996 b, 1997), Weischer, Christoph / Blöing, Peter / Hovestadt, Gertrud / Wienold, Hanns (1998).

Literatur

Blankertz, Herwig (1982): Die Geschichte der Pädagogik. Von der Aufklärung bis zur Gegenwart. Wetzlar.

Blöing, Peter (1994): Zwischen Selbstaufklärung und Zweckbildung. In: BiMetall, Projektmaterialien Nr. 11, S.1–7, Münster.

Boekaerts, Monique / Pintrich, Paul / Zeidner, Moshe (Eds.) (2000): Handbook of self-regulated learning. San Diego.

Bolder, Axel / Hendrich, Wolfgang (2002): Widerstand gegen Maßnahmen beruflicher Weiterbildung: Subjektives Wissensmanagement. In: WSI-Mitteilungen Heft 1/2002, S. 19–24.

Bourdieu, Pierre (1983): Die feinen Unterschiede. Frankfurt a. M.

Brammerts, Hermann / Gerlach, Gerhard / Trautwein, Norbert (1976): Lernen in der Gewerkschaft. Frankfurt a. M., Köln.

Brinkmann, Ulrich / Choi, Hae-Lin / Detje, Richard / Dörre, Klaus / Holst, Hajo / Karakayali, Serhat / Schmalstieg, Catharina (2008): Strategic Unionism: Aus der Krise in die Erneuerung? Wiesbaden.

Brock, Adolf / Müller, Hans Dieter / Negt, Oskar (Hrsg.) (1978): arbeiterbildung, soziologische phantasie und exemplarisches lernen in theorie, kritik und praxis. Hamburg.

Bromme, Rainer (1992): Der Lehrer als Experte. Zur Psychologie des professionellen Wissens. Bern.

Burkard, Christoph / Eikenbusch, Gerhard (2000): Praxishandbuch Evaluation in der Schule. Berlin.

Burow, Olaf-Axel / Neumann-Schönwetter, Marina (Hrsg.) (1995): Zukunftswerkstatt in Schule und Unterricht. Hamburg.

Cohn, Ruth (1975): Von der Psychoanalyse zur Themenzentrierten Interaktion. Stuttgart.

Collins, Allan / Brown, J. / Newman, S. (1989): Cognitive apprenticeship: Teaching crafts of reading, writing and mathematics. In: Resnick, L. B. (Ed.): Knowing, learning and instruction. Hilldale, NJ.

Collins, Allan M. (2004): Cognitive Apprenticeship und Veränderungen in der Arbeitswelt. In: Gruber, Hans / Harteis, Christian / Heid, Helmut / Meier, Bettina (Hrsg.): Kapital und Kompetenz. Wiesbaden, S. 111–128.

Collins, Allan M. / Brown, J. S. / Newman, S. E. (1989): Cognitive Apprenticeship: Teaching the crafts of reading, writing, and mathematics. In: Resnick, L. B. (Ed.): Knowing, learning and instruction. Hillsdale, pp. 453–494.

Deci, Edward / Ryan, Richard M. (1993): Die Selbstbestimmungstheorie der Motivation und ihre Bedeutung für die Pädagogik. In: Zeitschrift für Pädagogik, Jg. 39, Heft 2, S. 223–238.

Deppe, Frank / Füllberth, Georg / Harrer, Jürgen (Hrsg.) (1989): Geschichte der deutschen Gewerkschaften. Köln.

Der Gewerkschafter. Monatszeitschrift für die Funktionäre der IG Metall, IG Metall Vorstand (Hrsg.), erschienen 1953 – 1994, Frankfurt a. M.

Dera, Klaus / Kolbe, Harald (2008): Wie der Mensch lernt. Hannover.

Dera, Klaus / Meier, Karsten (2006): Theorie und Praxis der gewerkschaftlichen Grundlagenbildung. Hannover.

docfilm/Darmstadt (1983): Willi Bleicher – Ein Leben für die Gewerkschaften. Dokumentarfilm, Frankfurt a. M.

Dörre, Klaus (2008): Neue Landnahme und die Krise der gewerkschaftlichen Repräsentation. In: Brinkmann, Ulrich / Choi, Hae-Lin u. a.: Strategic Unionism: Aus der Krise zur Erneuerung? Wiesbaden, S. 15–44.

Dreibus, Werner (2002 a): Vor lauter Modulen verstehen wir die Welt nicht mehr. Politische Bildung auf dem Rückzug. In: Sozialismus, Heft 5/2002, Hamburg, S. 6–9.

Dreibus, Werner (2002 b): Eine Runde Nachsitzen. Neues Bildungskonzept der IG Metall. In: Sozialismus, Heft 9/2002, Hamburg S. 12–15.

Dreibus, Werner (2003): Wir brauchen eine Mobilisierung zunächst in den Köpfen. In: Sozialismus, Heft 3/2003, Hamburg, S. 30–34.

Dreibus, Werner (2005): Wer sich im Kreis bewegt, kommt nicht wirklich voran. In: Sozialismus, Heft 5/2005, Hamburg, S. 48–52.

Dybowski, Gisela / Thomssen, Wilke (1976): Praxis und Weiterbildung. Untersuchungen über die Voraussetzungen und Bedingungen der Weiterbildung von betrieblichen Interessenvertretern. Berlin.

Faulstich, Peter (2002): Vom selbstorganisierten zum selbstbestimmten Lernen. In: Faulstich, Peter / Gnahs, Dieter / Seidel, Sabine / Bayer, Mechthild (Hrsg.): Praxishandbuch selbstbestimmtes Lernen. Konzepte, Perspektiven und Instrumente für die berufliche Aus- und Weiterbildung. Weinheim, München, S. 61–98.

Forum Bildung. Informationsdienst und Diskussionsplattform der IG Metall, Hrsg. IG Metall Vorstand; erschien unregelmäßig, Nr. 1/1998 bis Nr. 15/2007.

Freinet, Célestin (1980): Pädagogische Texte. Mit Beispielen aus der praktischen Arbeit nach Freinet. Reinbek.

Frerichs, Joke (2002): Lernerfahrungen – Erfahrungslernen. Köln.

Geißler, Karlheinz A. (1989): Anfangssituationen. Was man tun und besser lassen sollte. Weinheim, Basel.

Geißler, Karlheinz A. (1992): Schlußsituationen. Die Suche nach dem guten Ende. Weinheim, Basel.

Geißler, Karlheinz A. (1995): Lernprozesse steuern. Weinheim, Basel.

Görs, Dieter (1978): Zur politischen Kontroverse um den Bildungsurlaub. Köln.

Greif, Siegfried / Rauen, Christopher (1995): Aktiv und selbstorganisiert Lernen. Hannover.

Grell, Jochen / Grell, Monika (1979): Unterrichtsrezepte. München.

Greving, Johannes / Paradies, Liane (1996): Unterrichts-Einstiege. Berlin.

Großpietsch, Edith / Benz, Georg (2002): Wissen, um zu handeln. Ein Buch der Solidarität mit Heinz Dürrbeck. Göttingen.

Gruber, Hans (2006): Situiertes Lernen. In: Arnold, Karl-Heinz / Sandfuchs, Uwe / Wiechmann, Jürgen (Hrsg.): Handbuch Unterricht. Bad Heilbrunn, S. 331–334.

Gudjons, Herbert (2001): Handlungsorientiert lehren und lernen. 6. überarbeitete u. erweiterte Aufl., Bad Heilbrunn.

Hälker, Juri / Vellay, Caudius (Hrsg.) (2006): Union Renewal – Gewerkschaften in der Veränderung. Düsseldorf.

Hartwich-Oppelt, Claudia (2001): Was fasziniert mich an TZI? In: Forum Bildung, Hrsg. IG Metall Vorstand, Heft 8/Januar 2001. Frankfurt a. M., S. 24–26.

Hattie, John (2007): Developing Potentials for Learning. Evidence, assessment, and progress. Key Lecture at EARLI 12th Biennal Conference Budapest 2007.

Haug, Wilhelm Fritz (1996): Aussichten der Zivilgesellschaft unter Bedingungen neoliberaler Globalisierungspolitik. In: Das Argument 217, S. 665–683.

Held, Josef (2000): Lernen aus der Perspektive des «Subjekts». In: Funke, Edmund / Rihm, Thomas (Hrsg.): Subjektsein in der Schule? Bad Heilbrunn, S. 82–99.

Helmke, Andreas (2003): Unterrichtsqualität – erfassen, bewerten, verbessern. Hannover.

Helmke, Andreas (2009): Unterrichtsqualität und Lehrerprofessionalität. Seelze-Velber.

Hensch, Susanne / Meier, Karsten (1992): Bildung kommt von Bild. Hannover.

Herrmann, Ulrich (Hrsg.) (2006): Neurodidaktik. Weinheim, Basel.

Hof, Gerd / Kletzin, Jochen (2003): Die Gewerkschaftsleier vom Kapitalismus. In: Frankfurter Rundschau vom 14.10. 2003, S. 9.

Holzkamp, Klaus (1983): Der Mensch als Subjekt wissenschaftlicher Methodik. In: Braun, Karl-Heinz / Hollitscher, Walter / Holzkamp, Klaus / Wetzel, Konstanze: Karl Marx und die Wissenschaft vom Individuum. Marburg.

Holzkamp, Klaus (1985): Grundlagen der Psychologie. Frankfurt a. M./ New York.

Holzkamp, Klaus (1993): Lernen – Subjektwissenschaftliche Grundlegung. Frankfurt a. M.

Holzkamp, Klaus (1996): Wider den Lehr-Lern-Kurzschluss. In: Arnold, Rolf (Hrsg.): Lebendiges Lernen. Hohengehren, S. 21–30.

Hovestadt, Gertrud (1995): Gewerkschaftliche Grundlagenbildung ist nicht die Grundschule für GewerkschafterInnen. Unveröffentlichtes Manuskript, Münster.

Hovestadt, Gertrud (1996 a): Leidenschaft und Profession: Lehrerinnen und Lehrer in der Bildungsarbeit der IG Metall. Münster.

Hovestadt, Gertrud (1996 b): «Schade, dass so wenig Frauen da sind». Normalitätskonstruktionen der Geschlechter in männerdominierter Bildungsarbeit. Münster.

IG Metall Bezirk Stuttgart (Hrsg.) (2005): Lernen in der betrieblichen Weiterbildung. Stuttgart.

IG Metall Vorstand, Funktionsbereich Gewerkschaftliche Bildungsarbeit (2008): Gewerkschaftspolitische Einstiegseminare für Vertrauensleute und Mitglieder. Ein Kompass für Referentinnen und Referenten. Frankfurt a. M.

IG Metall, Abteilung Bildungswesen / Bildungspolitik (Hrsg.) (1998): Beerhorst, Joachim / Hartwich-Oppelt, Claudia / Remppel, Norbert / Wentzel, Lothar: Rahmenkonzeption für die Bildungsarbeit der IG Metall. Frankfurt a. M.

Jank, Werner / Meyer, Hilbert (2002): Didaktische Modelle. Berlin.

Johannson, Kurt (1990): Interessenvertretung im Lernprozeß. Das «Sprockhöveler Modellseminar». Frankfurt a. M.

Jungk, Robert / Müllert, Norbert-Rüdiger (1981): Zukunftswerkstätten. Hamburg.

Kade, Jochen (1993): Aneignungsverhältnisse diesseits und jenseits der Erwachsenenbildung. In: Zeitschrift für Pädagogik, Jg. 939, Heft 3, S. 391–408.

Kielmann, Harald / Ludwig, Joachim (2000): Beraten statt verkünden. Neue Wege in der gewerkschaftlichen Bildungsarbeit. In: Werden 2000/2001. Jahrbuch für die deutschen Gewerkschaften.

Klafki, Wolfgang (1985; 5. erw. Aufl. 1996): Neue Studien zur Bildungstheorie und Didaktik. Beiträge zur kritisch-konstruktiven Didaktik. Weinheim, Basel.

Klafki, Wolfgang (1995): «Schlüsselprobleme» als thematische Dimension eines zukunftsorientierten Konzepts von «Allgemeinbildung». In: Münzinger, Wolfgang / Klafki, Wolfgang (Hrsg.): Schlüsselprobleme im Unterricht. In: Die Deutsche Schule, 3. Beiheft, S. 9–14.

Klafki, Wolfgang (2002): Verändert Schulforschung die Schulwirklichkeit? Zugleich ein undogmatisches Plädoyer für Handlungsforschung. In: Klafki, Wolfgang: Schultheorie, Schulforschung und Schulentwicklung im politisch-gesellschaftlichen Kontext. Weinheim, Basel, S. 198–218.

Klieme, Eckart / Avenarius, Hermann / Blum, Werner / Döbrich, Peter u. a. (Hrsg.) (2003): Zur Entwicklung nationaler Bildungsstandards. Eine Expertise. Bundesministerium für Bildung und Forschung. Bonn.

Klingberg, Lothar (1986): Unterrichtsprozeß und didaktische Fragestellung. Studien und Versuche. 3. Aufl. Berlin.

Klingberg, Lothar (1989): Einführung in die Allgemeine Didaktik. 7. bearbeitete Aufl. Berlin.

Klingberg, Lothar (1990): Lehrende und Lernende im Unterricht. Berlin.

Klönne, Arno (1985): Die Deutsche Arbeiterbewegung. Köln.

Krug, Peter (1980): Gewerkschaften und Arbeiterbildung. Köln.

Kuhnt, Beate / Müllert, Norbert R. (1996): Moderationsfibel Zukunftswerkstätten. Münster.

Kurzer, Brigitte / Scheerbaum, Manfred / Tiedemann, Andreas (2002): Krise, Krisenerfahrungen und Bildungsarbeit. In: Sozialismus, Heft 6/2002, Hamburg, S. 28–32.

Langmaack, Barbara / Braune-Krickau, Michael (1993): Wie die Gruppe laufen lernt. Weinheim, Basel.

Lefrançois, Guy R. (2006): Psychologie des Lernens. 4. erweiterte Aufl. Heidelberg.

Legner, Peter / Müller, Cäcilia u. a. (1997): Beteiligung durch Projektarbeit – Ein Konzept mit Zukunft. Köln.

Lernen, um zu handeln. Probleme und Perspektiven der zentralen Bildungsarbeit der IG Metall. Forschungsprojekt 1991–94, s. BI-Metall.

Liebknecht, Wilhelm (1888): Wissen ist Macht – Macht ist Wissen. In: Sozialdemokratische Bibliothek, Bd. 2., Hottingen-Zürich.

Lompscher, Joachim (2001): Lehrstrategien. In: Rost, Detlef (Hrsg.): Handwörterbuch Pädagogische Psychologie. 2. Aufl. Weinheim, S. 394–401.

Loreck, Jochen (1978): Wie man früher Sozialdemokrat wurde. Bonn.

Ludwig, Isolde (1998): Jenseits von Traditionalisten und Modernisierern. Münster.

Ludwig, Joachim (2003): Subjektwissenschaftliche Didaktik am Beispiel Fallarbeit. GdWZ: Grundlagen der Weiterbildung – Praxis, Forschung, Trends 3, Neuwied, S. 119–121.

Marx, Karl / Engels, Friedrich (1968): Werke (MEW) Bd. 26.3: Theorien über den Mehrwert. Berlin.

Mathes, Horst (2005): «Wer Anstöße geben will, muss auch Anstoß erregen können» Hans Preiss, Gewerkschafter und Bildungsarbeiter. In: Sozialismus, Heft 6/2005, Hamburg, S. 43–45.

Meueler, Erhard (1991): Erwachsene lernen. Stuttgart.

Meueler, Erhard (1993): Die Türen des Käfigs. Stuttgart.

Meyer, Hilbert (1987): Unterrichtsmethoden. 2 Bde., Berlin.

Meyer, Hilbert (1997): Schulpädagogik. 2 Bde., Berlin.

Meyer, Hilbert (2001): Türklinkendidaktik. Berlin.

Meyer, Hilbert (2004): Was ist guter Unterricht? Berlin.

Meyer, Hilbert (2007): Leitfaden Unterrichtsvorbereitung. Berlin.

Meyer, Hilbert (2008): «Mischwald ist besser als Monokultur» oder: Anregungen zur Unterrichtsentwicklung. In: SEMINAR. BAK-Vierteljahresschrift, Jg. 14, Heft 3, S. 48–70.

Meyer, Meinert A. / Meyer, Hilbert (2007): Wolfgang Klafki. Ein didaktisches Portrait. Weinheim, Basel.

Michelbrink, Andreas (2004): Bildung und Organisation – Transmissionsriemen oder Motor? Berlin.

Middendorf, Werner (2001): Bildungsbedarfe ermitteln. In: Forum Bildung, Heft 9/2001, S. 21–22.

Moser, Heinz (1997): Instrumentenkoffer für den Praxisforscher. Freiburg i. Br.

Müller, Stefan (2008): «Wissen, um zu handeln», Die Bildungsarbeit der IG Metall unter Heinz Dürrbeck. Manuskript, Duisburg.

Münster, Arno / Bloch, Ernst, Mitverfasser (1977): Tagträume vom aufrechten Gang. Franfurt am Main.

Negt, Oskar (1971): Soziologische Phantasie und exemplarisches Lernen – Zur Theorie und Praxis der Arbeiterbildung. Frankfurt a. M.

Negt, Oskar (1990): Überlegungen zur Kategorie «Zusammenhang» als einer gesellschaftlichen Schlüsselqualifikation. Literatur und Forschungsreport Weiterbildung, Nr. 26, Frankfurt a. M.

Negt, Oskar (2004): Wozu noch Gewerkschaften? Göttingen.

Obermayr, Ulrike (2008): Erste Bestandsaufnahme zur gewerkschaftlichen Bildungsarbeit. Unveröffentlichtes Manuskript. Frankfurt a. M.

Obermayr, Ulrike (2009): Bildung braucht Zeit. Gewerkschaftliche Bildungsarbeit im Spannungsverhältnis zwischen Anpassung und Selbstaufklärung. In: Sozialismus, Heft 4/2009, Hamburg, S. 47–51.

Obolenski, Alexandra / Meyer, Hilbert (Hrsg.) (2003): Forschendes Lernen. Theorie und Praxis einer professionellen LehrerInnenausbildung. Bad Heilbrunn.

Oser, Fritz (1998): Ethos – die Vermenschlichung des Erfolgs. Zur Psychologie der Berufsmoral von Lehrpersonen. Opladen.

Pallasch, Waldemar / Hameyer, Uwe (2008): Lerncoaching. Weinheim, München.

Pallasch, Waldemar / Reimers, Heino (1990): Pädagogische Werkstattarbeit. Weinheim, München.

Peterßen, Wilhelm (1999): Kleines Methoden-Lexikon. München.

Preiss, Hans (1972): Perspektiven der Bildungsarbeit. In: Gewerkschafter. Monatszeitschrift für die Funktionäre der IG Metall. Heft 11/1972, Frankfurt a. M., S. 422–425.

Rehbock, Annette (1989): Soziologisches Wissen und gewerkschaftliche Organisation. Münster.

Reich, Kersten (2002): Konstruktivistische Didaktik. Neuwied, Kriftel.

Reinmann-Rothmeier, Gabi / Mandl, Heinz (2001): Unterrichten und Lernumgebungen gestalten. In: Krapp, Andreas / Weidenmann, Bernd (Hrsg.): Pädagogische Psychologie. Weinheim, S. 601–646.

Riecke-Baulecke, Thomas (2004): SchulePlus. Managementmodell für wirksame Qualitätsentwicklung. München.

Röder, Wolf Jürgen (2006): Das Arbeitsvorhaben zur Weiterentwicklung der gewerkschaftlichen Bildungsarbeit der IG Metall zwischen den Gewerkschaftstagen. In: Röder, Wolf Jürgen / Dörre, Klaus (Hrsg.): Das Politische an (in) der Politischen Bildung. Recklinghausen, S. 179–191.

Röder, Wolf Jürgen / Dörre, Klaus (Hrsg.) (2006): Das Politische an (in) der Politischen Bildung. Recklinghausen.

Römer, Markus (2004): Bildungspolitik und gewerkschaftliche Bildung in der IG BCE. Hannover.

Rosenbusch, Heinz S. / Schober, Otto (Hrsg.) (2004): Körpersprache und Pädagogik. 4. überarb. Aufl., Baltmannsweiler.

Sander, Wolfgang (2001): Politik entdecken – Freiheit leben. Neue Lernkulturen in der politischen Bildung. Schwalbach/Ts.

Scharfenberg, Günter (1986): Die politische Bildungsarbeit des Deutschen Metallarbeiter-Verbandes 1891–1933. Berlin.

Scheller, Ingo (1998): Szenisches Spiel. Handbuch für die pädagogische Praxis. Berlin.

Scheller, Ingo (2004): Szenische Interpretation. Seelze-Velber.

Schmidt, Rainer / Weinberg, Johannes (1978): Weiterbildung als Lernhandeln, Untersuchungen zur didaktischen Begründung und Realisierung eines Seminarmodells für die Weiterbildung von betrieblichen Interessenvertretern. Münster.

Schneider, Michael (2000): Kleine Geschichte der Gewerkschaften. Bonn.

Schnoor, Heike / Lange, Carmen / Mietens, Artus (2006): Qualitätszirkel. Paderborn.

Schröder, Birgit (2008): Zehn Merkmale guten Unterrichts nach Hilbert Meyer. In: IG Metall Bezirk Niedersachsen und Sachsen-Anhalt (Hrsg.): Wie der Mensch lernt.

Schröder, Ulrike (1997): Bildungskonzept für die Jugendbildungsstätte Schliersee. IG Metall Vorstand Abteilung Bildung, Frankfurt a. M.

Schulz, Irene / Wentzel, Lothar (2002): Teilnehmeranalyse 1995–2000. Weiterentwicklung der Bildungsarbeit in der Verwaltungsstelle Berlin. Berlin.

Sennett, Richard (2005): Die Kultur des Neuen Kapitalismus. Berlin.

Silver, Beverly J. (2005): Forces of Labour. Arbeiterbewegung und Globalisierung seit 1870. Berlin.

Spitzer, Manfred (2002): Lernen. Gehirnforschung und die Schule des Lebens. Heidelberg und Berlin.

Straka, Gerald A. / Macke, Gerd (2003): Lern-Lehrtheoretische Didaktik. 2. Aufl., Münster, New York u. a.

Streek, Wolfgang (1981): Gewerkschaftliche Organisationsprobleme in der sozialstaatlichen Demokratie. Königstein/Ts.

Strittmatter, Anton (1998): Kontrakte in Beratungsbeziehungen. In: Altrichter, Herbert / Schley, Wilfried / Schratz, Michael (Hrsg.): Handbuch zur Schulentwicklung. Innsbruck, S. 218–238.

Tennfelde, Klaus / Schönhoven, Klaus u. a. (1987): Geschichte der deutschen Gewerkschaften, Köln.

Terhart, Ewald (2000): Qualität und Qualitätssicherung im Schulsystem. In: Zeitschrift für Pädagogik, Jg. 46 , S. 809–829.

Todtenberg, Iris, zusammen mit Michelbrink, Andreas (2007): Die ver.di Bildungskonzeption. (Hrsg.) ver.di, Vereinte Dienstleistungsgewerkschaften, Berlin.

Trautmann, Matthias (Hrsg.) (2004): Entwicklungsaufgaben im Bildungsgang. Wiesbaden.

Vester, Frederic (1996): Denken, Lernen, Vergessen. 23., neu überarb. Aufl., München.

Vygotskij, Lew Semjonowitsch (1987): Arbeiten zur psychischen Entwicklung der Persönlichkeit. Berlin.

Weischer, Christoph (1996 a): Politische Bildungsarbeit und gewerkschaftliche Organisation. Aspekte der Bildungsdebatte in der IGM. Münster.

Weischer, Christoph (1996 b): Handeln in Betrieb und Gewerkschaft. Orientierungsprobleme von InteressenvertreterInnen. Münster.

Weischer, Christoph (1997): Engagement und Distanz: Forschung in einer politischen Organisation, Münster.

Weischer, Christoph / Blöing, Peter / Hovestadt, Gertrud / Wienold, Hanns (1998): Das Seminar gibt sich eine Form. Seminardiskurs und sozialer Prozeß. Münster.

Wenger, Etienne (1998): Communities of Practice. Learning, Meaning, Identity. Cambridge.

Wentzel, Lothar (1980): Inflation und Arbeitslosigkeit. Der Deutsche Metallarbeiter-Verband in der Nachkriegskrise 1919–1924. Hannover.

Wentzel, Lothar (1995): Die Bildungsarbeit des Deutschen Metallarbeiter Verbandes 1891 bis 1933. Frankfurt a. M.

Werner, Harald (1981): Erfahrung, Erkenntnis und Motivation in der Arbeiterbildung. Köln.

Wiechmann, Jürgen (Hrsg.) (2008): Zwölf Unterrichtsmethoden. 4. Aufl., Weinheim, Basel.

Wienold, Hanns (1996): «Nichts als Geschichten». Von den Schwierigkeiten des Umgangs mit Wirklichkeiten und den Grenzen der Pädagogik. Münster.

Wittemann, Klaus Peter (1994): Ford-Aktion. Marburg.

Zimmer, Gerhard (2006): Was bestimmt den Lernerfolg? Aufgabenorientierte Didaktik als Grundkonzept für den Erwerb ganzheitlicher Handlungskompetenzen. In: Dieckmann, H. / Dittrich, K.-H. / Lehmann, B. (Hrsg.): Kompetenztransfer durch selbstgesteuertes Lernen. Bad Heilbrunn, S. 31–52.

Personen- und Sachwortverzeichnis

Abbildungsnachweise

S. 21, 37, 41, 48, 163: IG Metall Vorstand, Frankfurt a. M.

S. 55: Pahl-Rugenstein Nachfolger GmbH, Bonn

S. 77, 93, 95, 107, 121, 125, 128, 131, 133, 135, 140, 184: Cornelsen Verlag Scriptor, Berlin

Martin Allespach/Walter Beraus, Ernst Eisenmann/Anton Mlynczak
Arbeit gestalten – Fähigkeiten entfalten
Über Entgeltdifferenzierung, Leistungsregulierung, Qualifizierung und Abbau von Belastungen die Arbeitseffektivität und die Beschäftigungsfähigkeit fördern
224 S., Pb., € 19,90/SFr 34,50
ISBN 978-3-89473-221-0

Im Zentrum dieses Buches stehen die zwei Seiten von «Nachhaltigkeit»: die Entwicklung der längerfristigen Lebensfähigkeit eines Unternehmens auf der einen Seite und die Entwicklung der persönlichen, nachhaltigen Lebensfähigkeit oder der Persönlichkeit der Beschäftigten auf der anderen Seite. Es geht um eine gesamtgesellschaftliche, soziale und ökologische Nachhaltigkeit, die wir demokratisch und mitbestimmend sicherstellen wollen.

Dieses Buch wendet sich an Personen, die Arbeitsprozesse gestalten: einerseits an Betriebsratsmitglieder und Verantwortliche in den Gewerkschaften, andererseits an Industrial Engineers, Konstrukteure, Teamleiter, Meister, Personaler und Werksleiter.
Ziel des Buches ist es, Wege aufzuzeigen, wie Arbeitseffektivität und Beschäftigungsfähigkeit zusammen wirken können.

Schüren Verlag GmbH • www.schueren-verlag.de

SCHÜREN